東京幻想
―終末散歩―
TokyoGenso's Apocalyptic Stroll

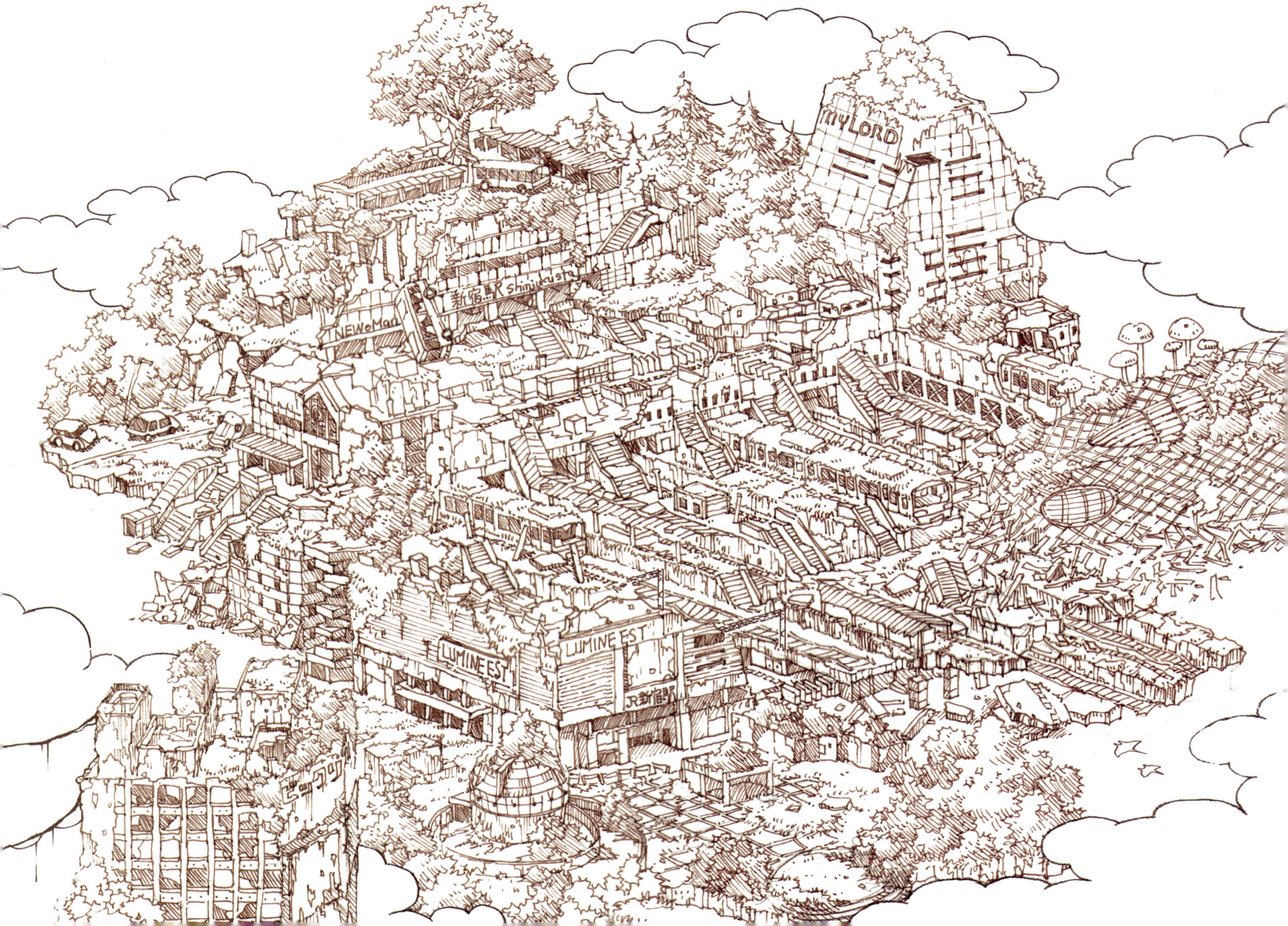
MYLORD
NEWoMan
LUMINE EST
LUMINE EST
JR新宿駅

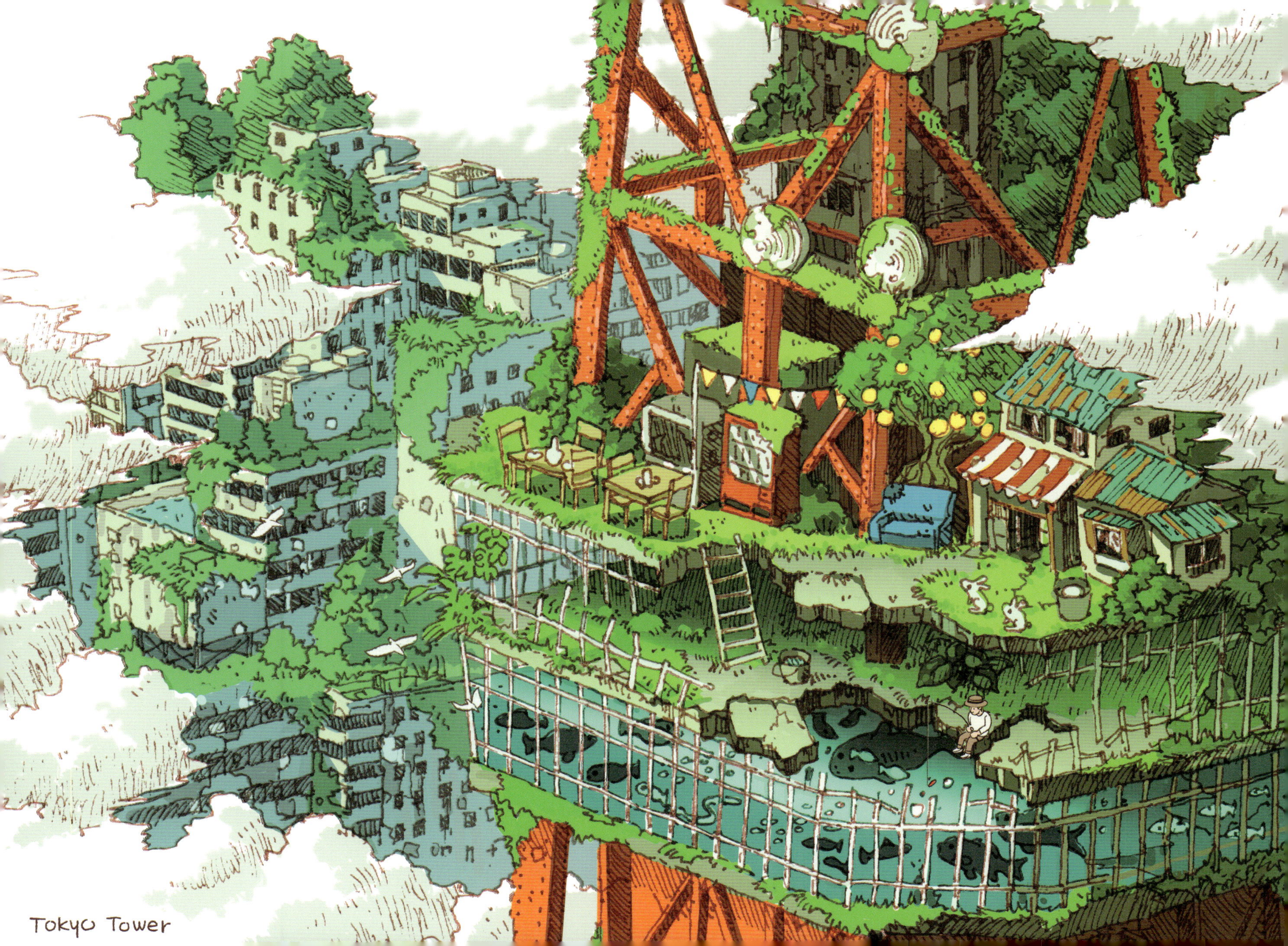

Tokyo Tower

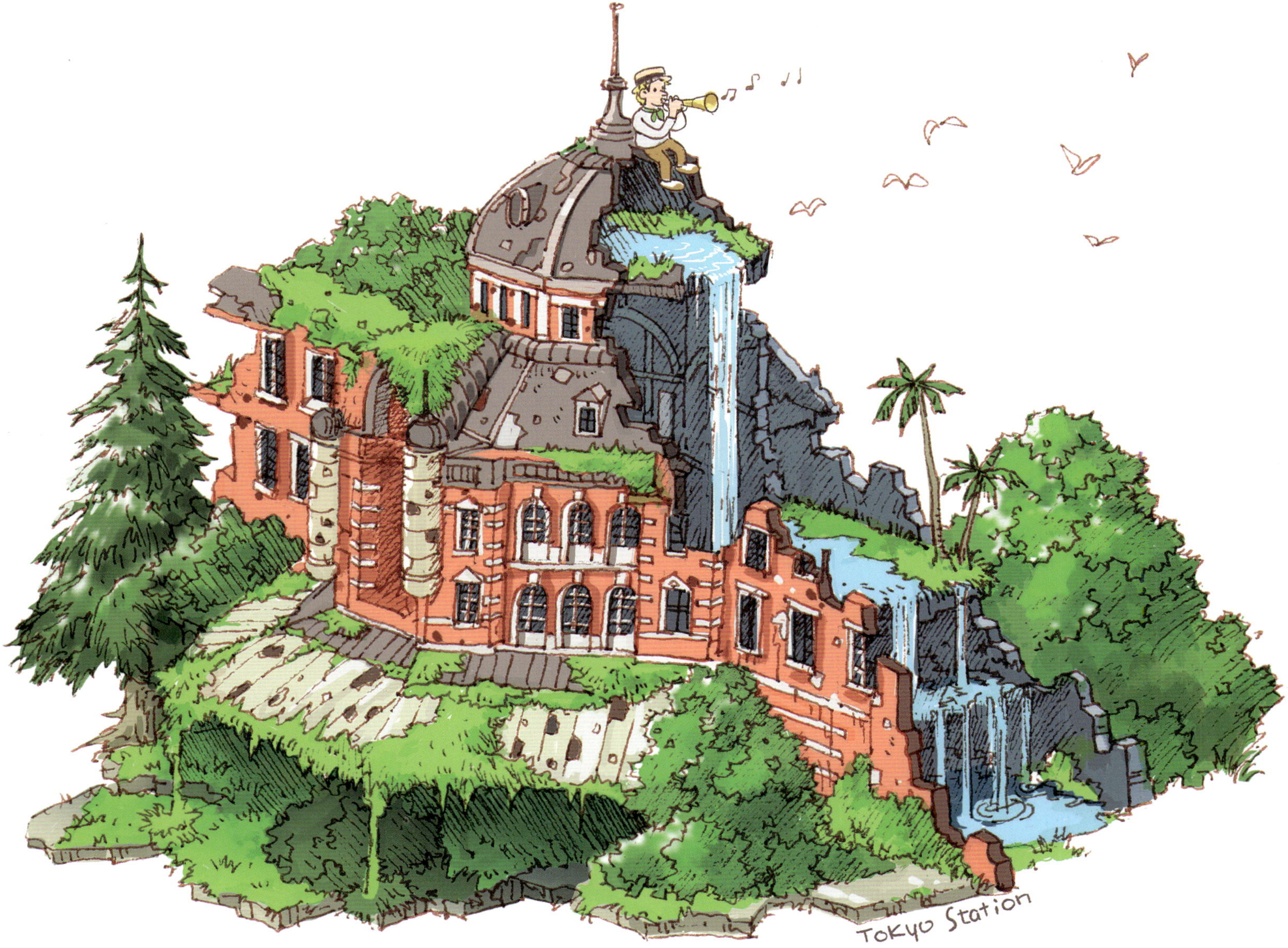
Tokyo Station

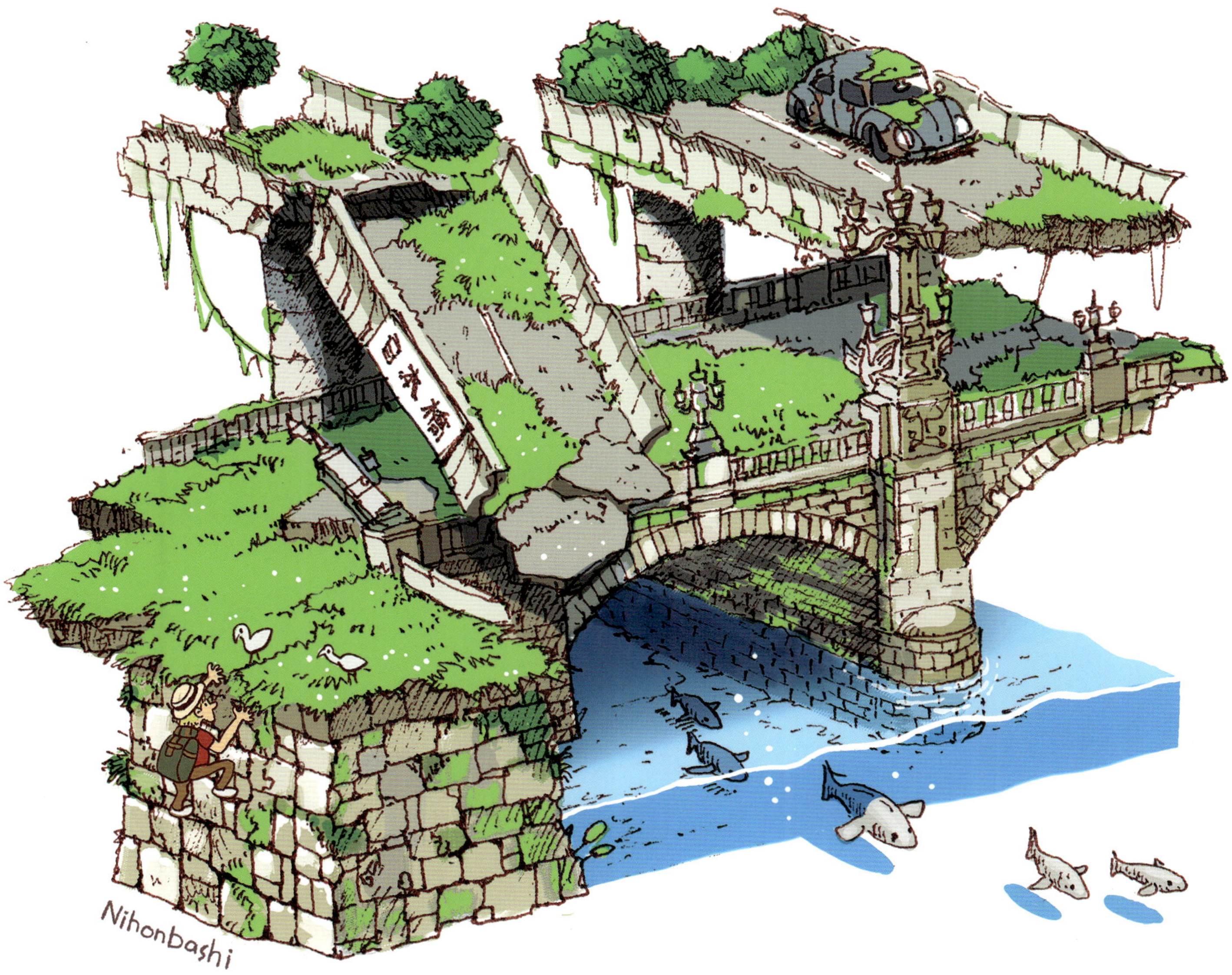
日本橋
Nihonbashi

原寸大

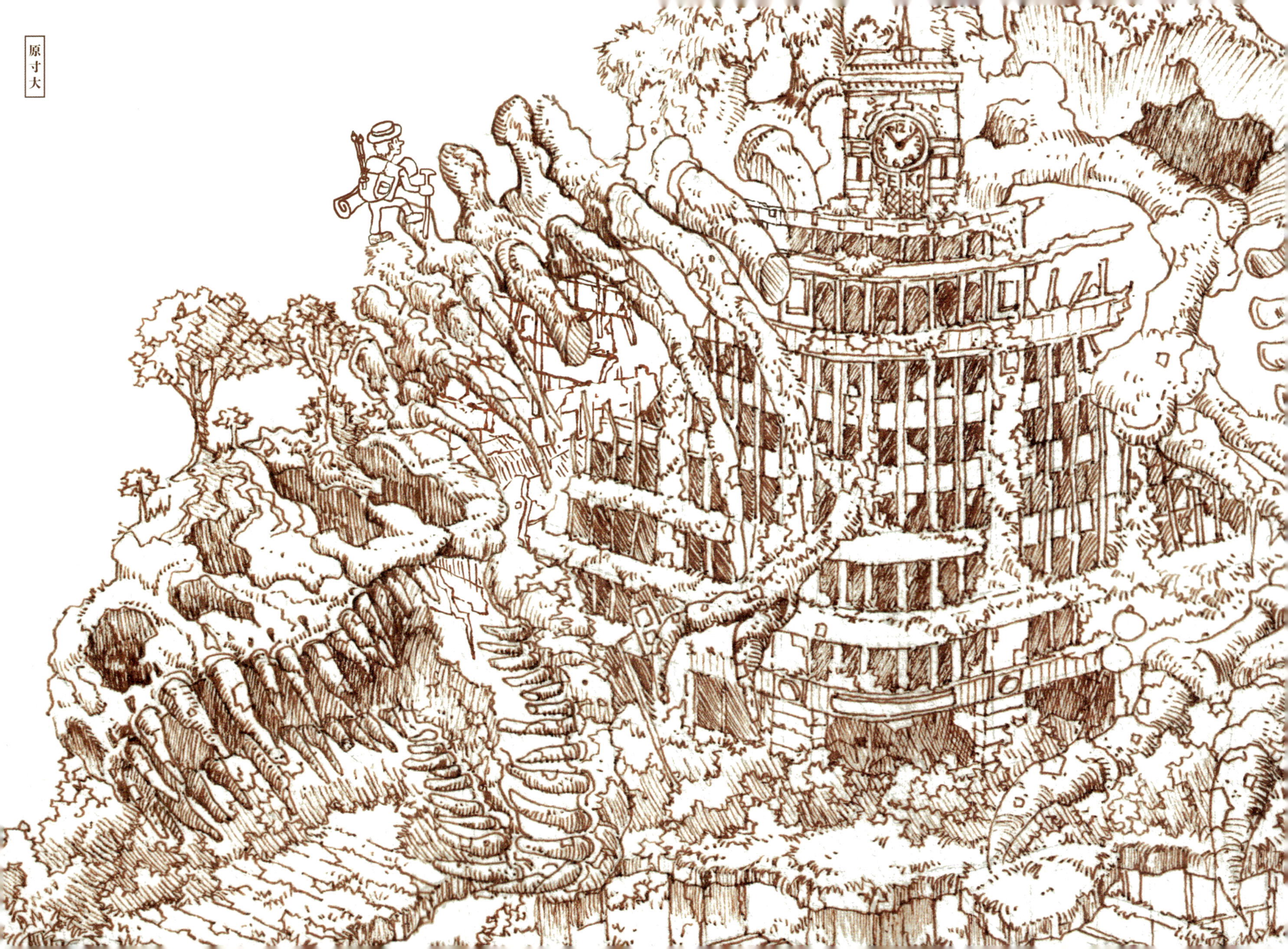

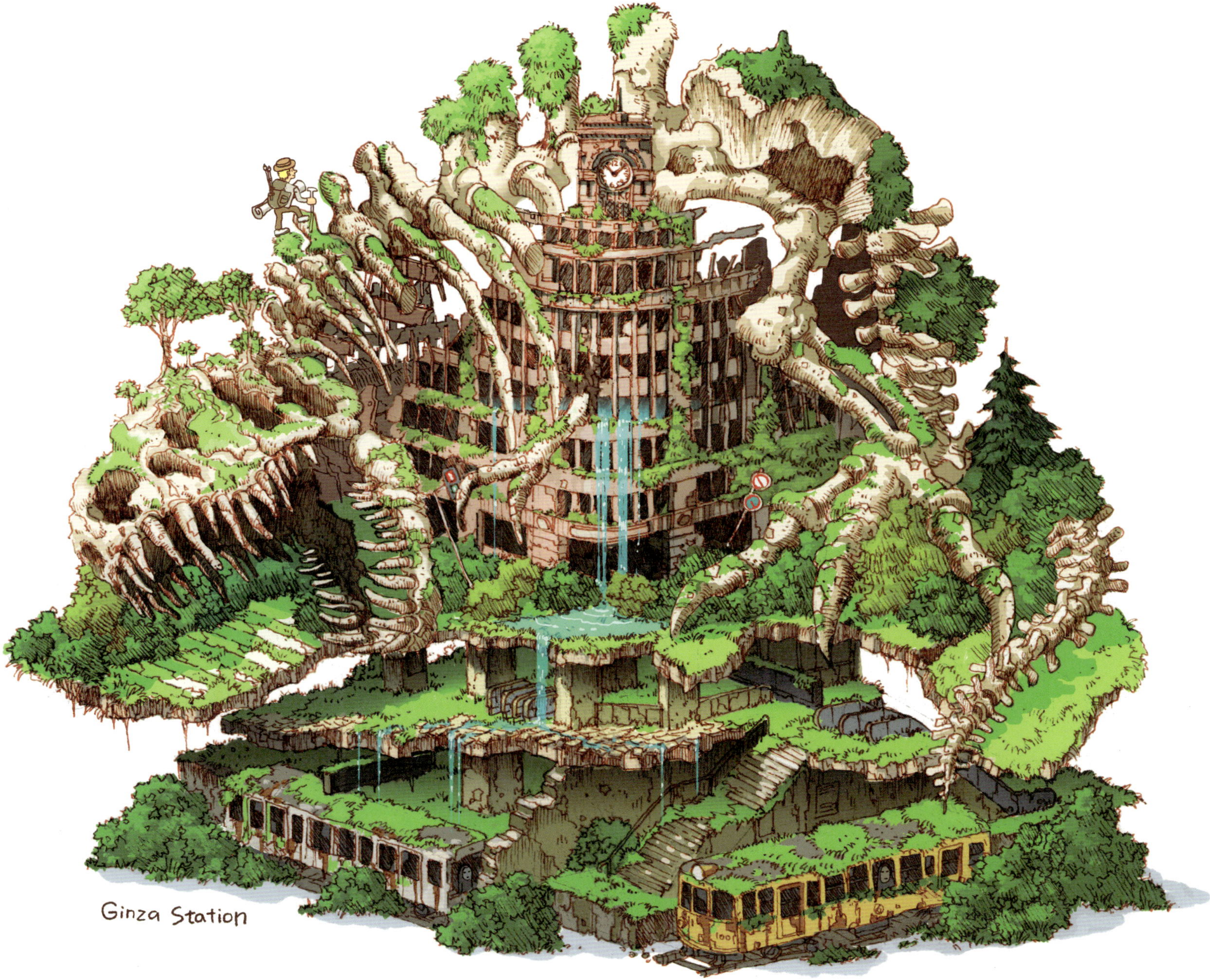

Ginza Station

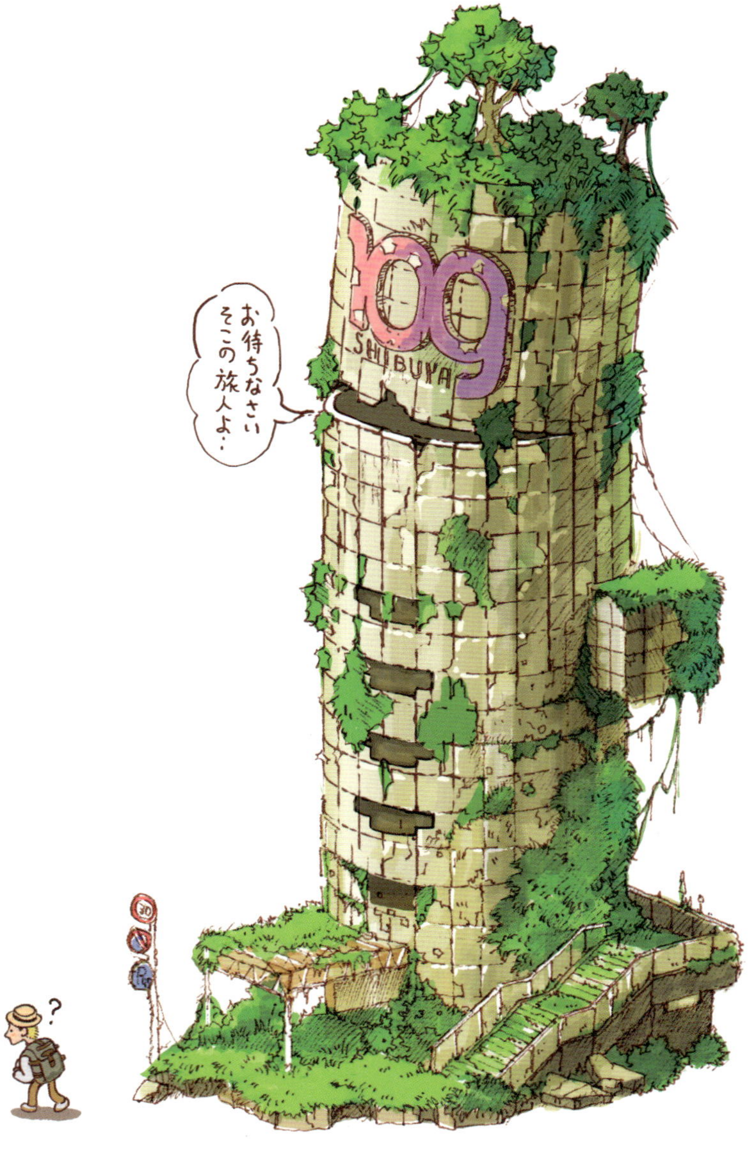
お待ちなさい
そこの旅人よ…
109
SHIBUYA
?

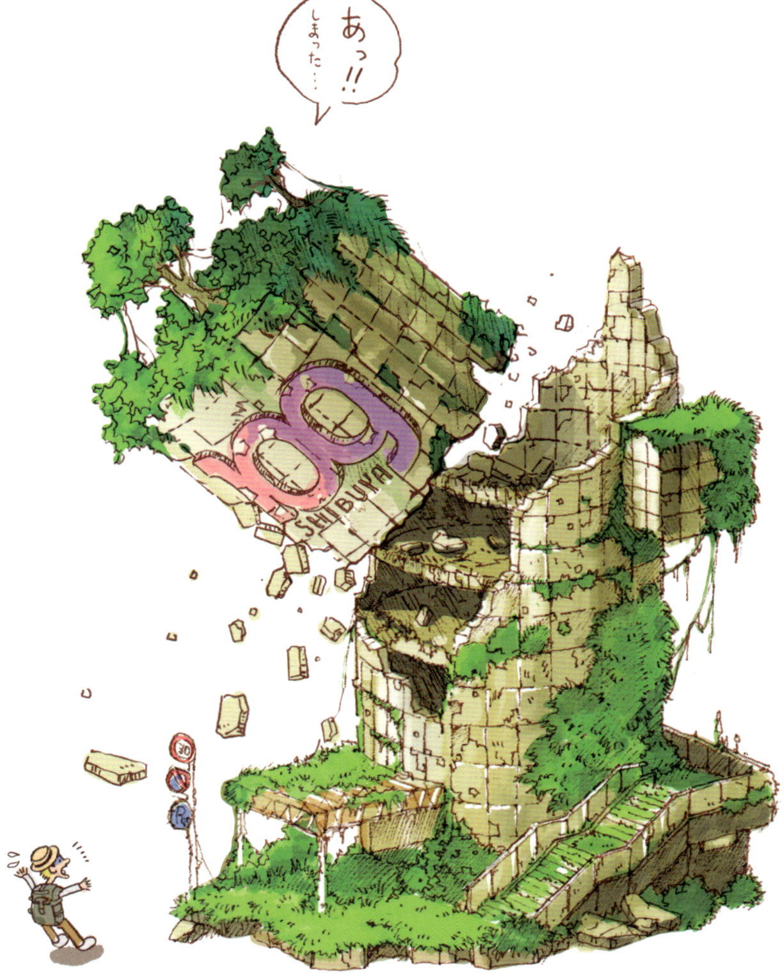
あっ!!
しまった…
109
SHIBUYA

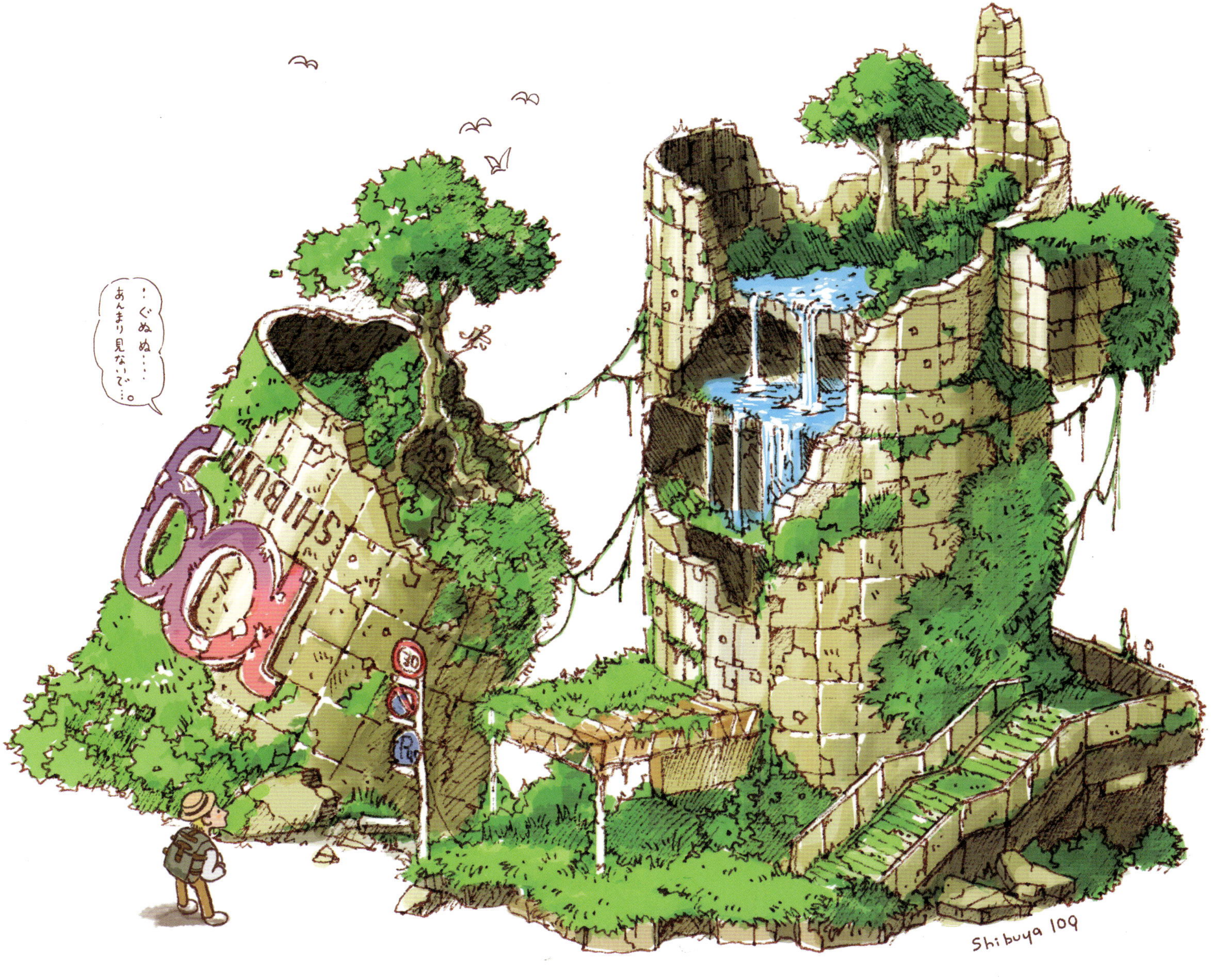
‥ぐぬぬ‥‥
あんまり見ないで‥。
SHIBUYA
109
30
Shibuya 109

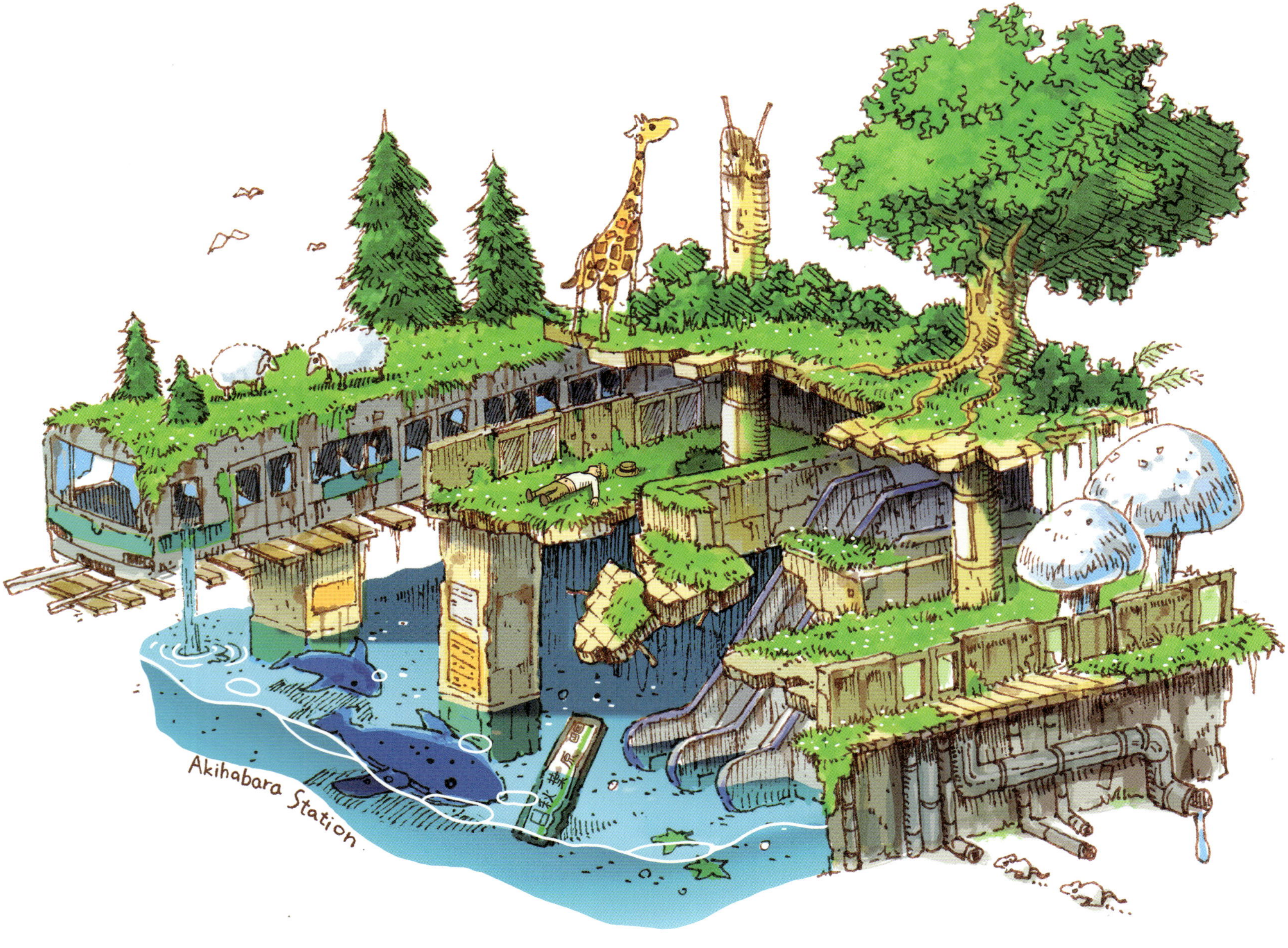
Akihabara Station

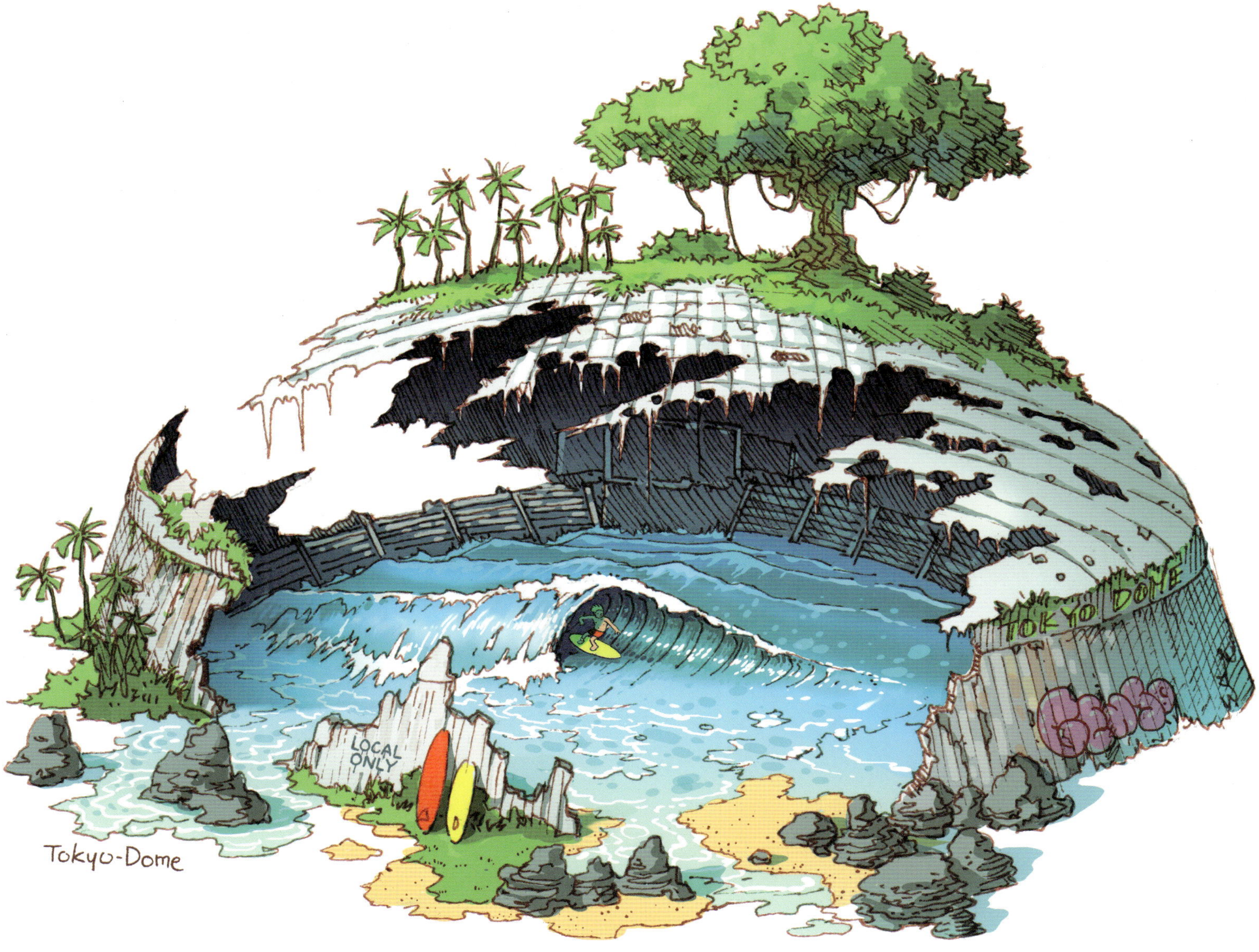

Tokyo-Dome

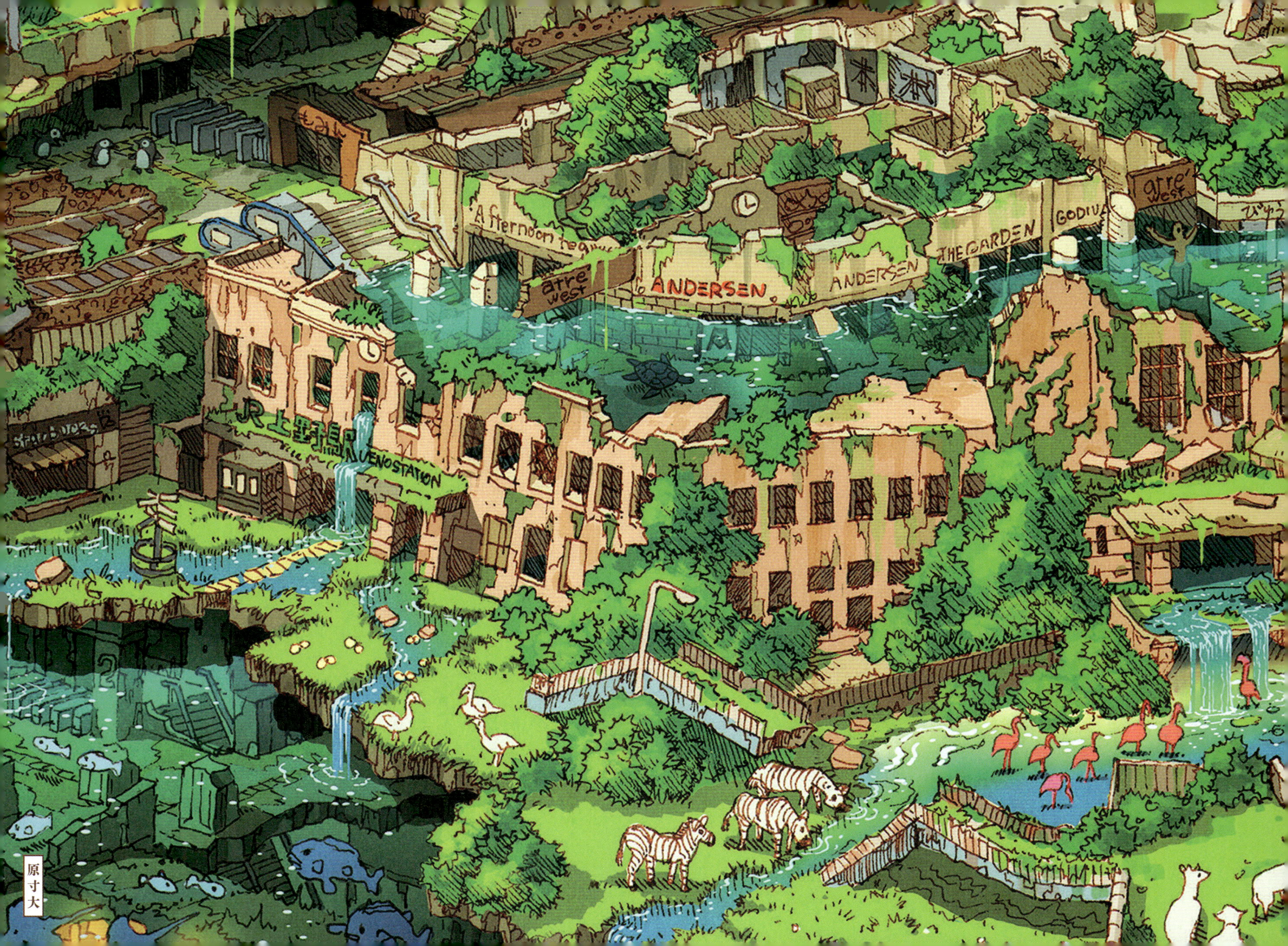

atre west
ANDERSEN
ANDERSEN
THE GARDEN
atre west
UENOSTATION

原寸大

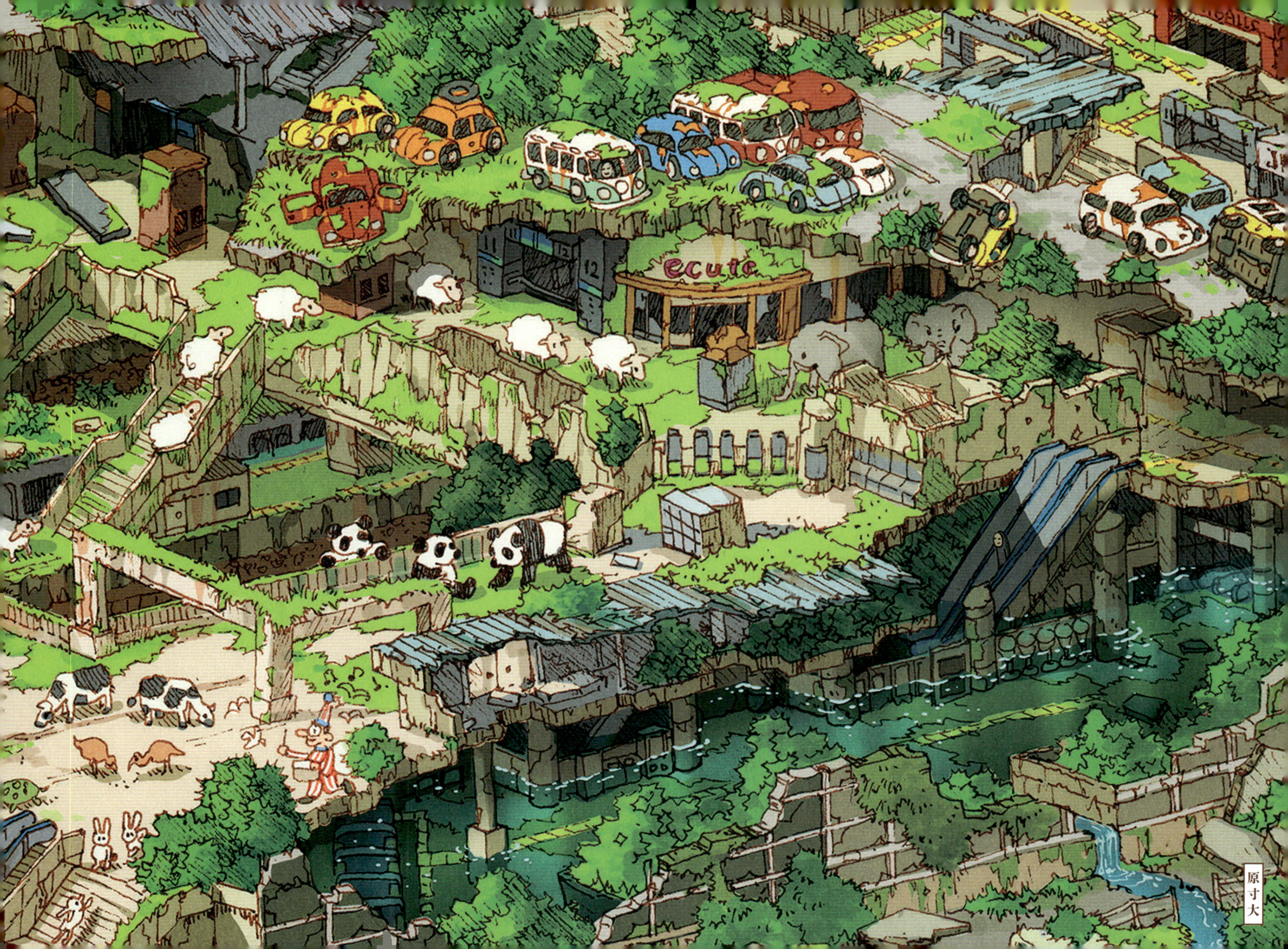

原寸大

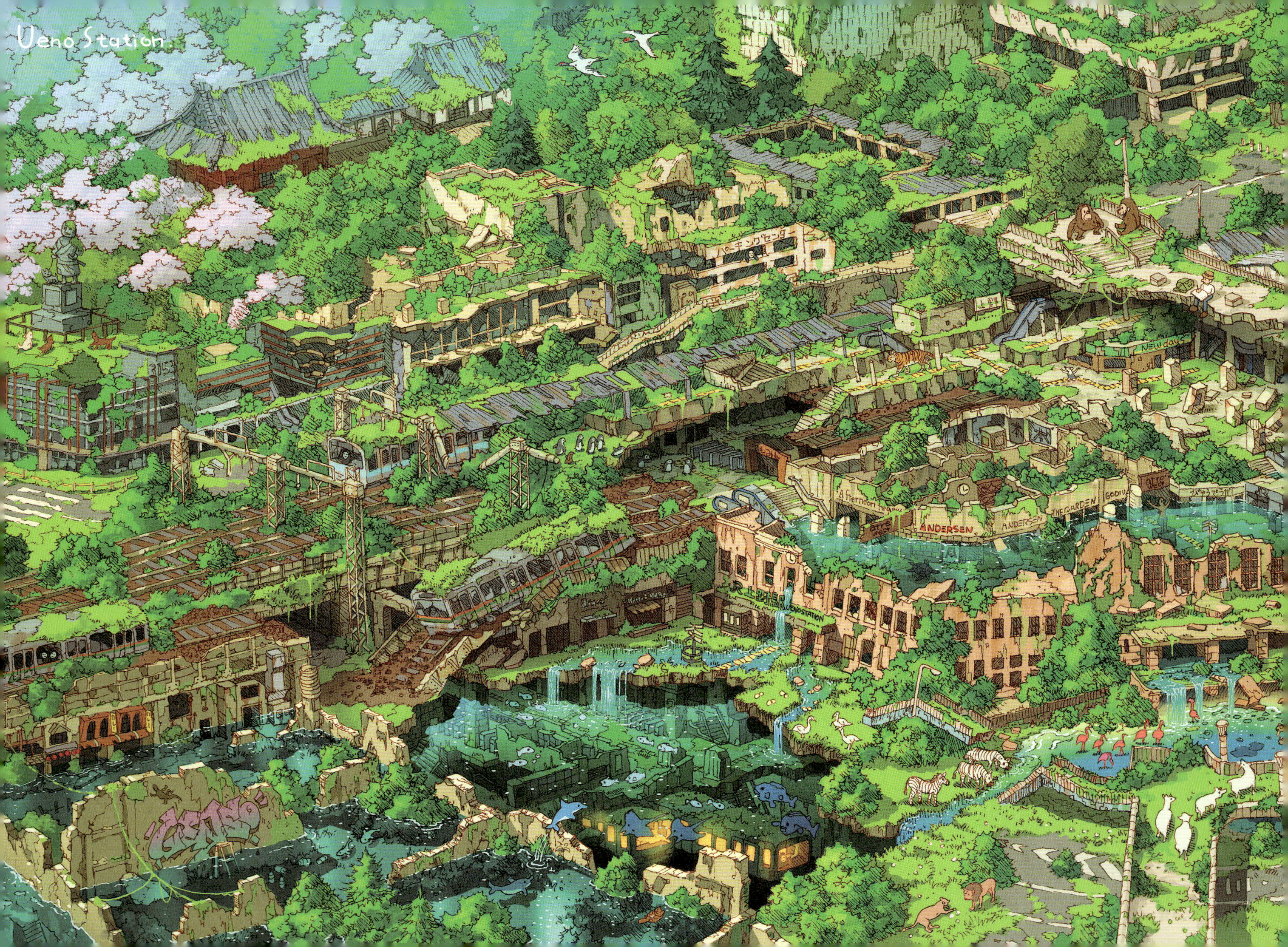
Ueno Station
パーキングセンター
Afternoon tea
atre west
ANDERSEN
ANDERSEN
THE GARDEN
GODIVA
atre west

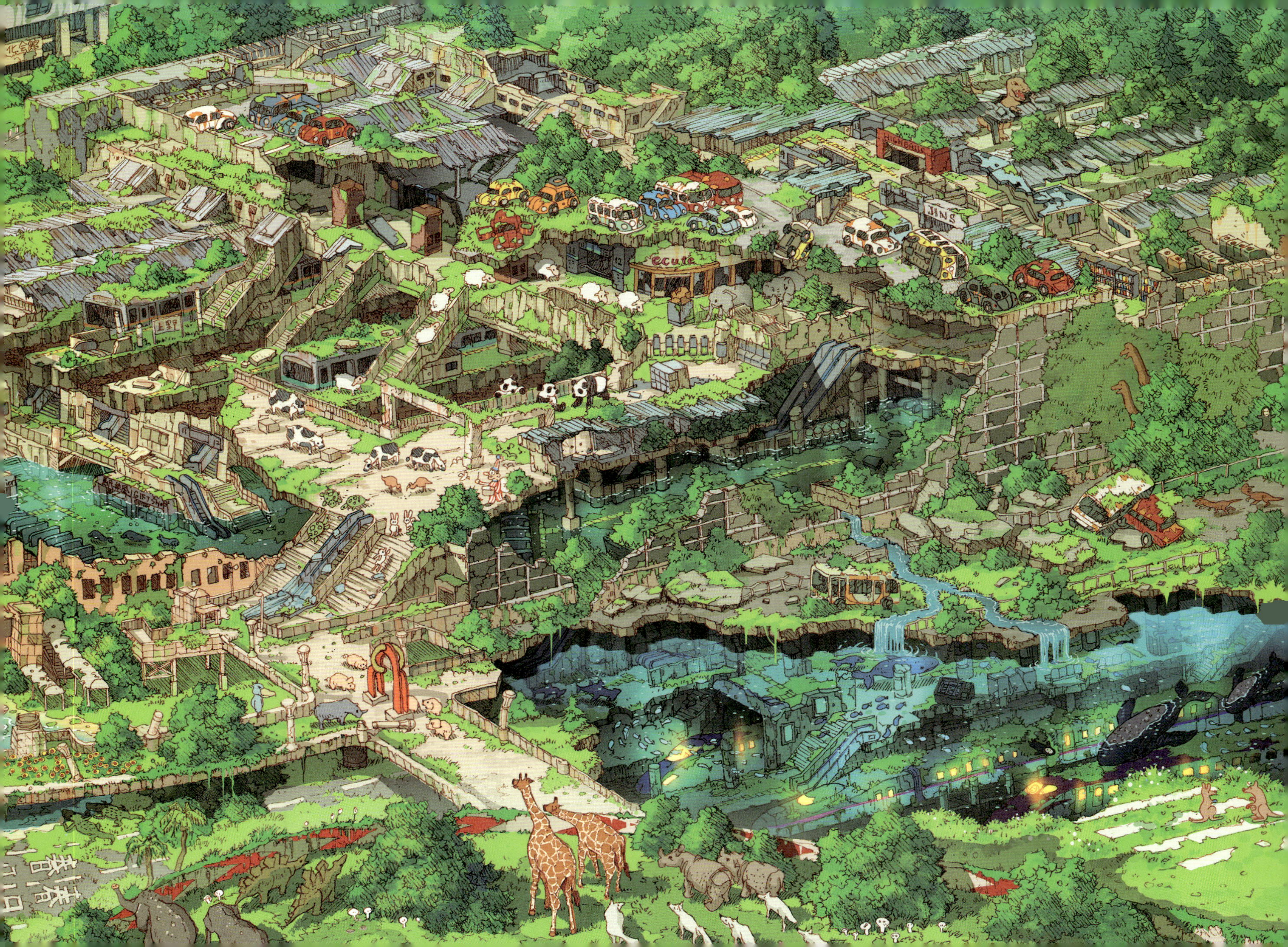

ecute
JINS

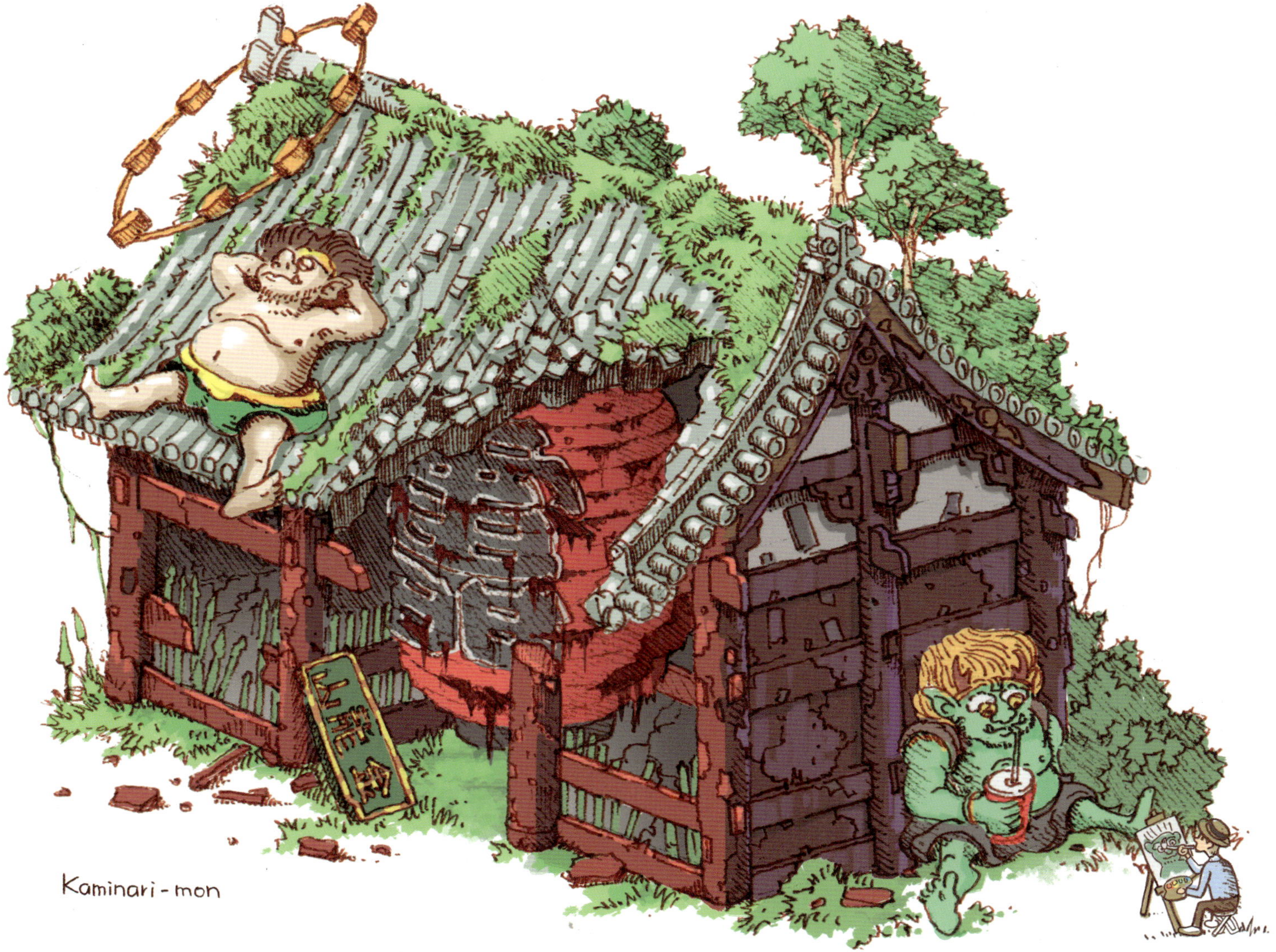

Kaminari-mon

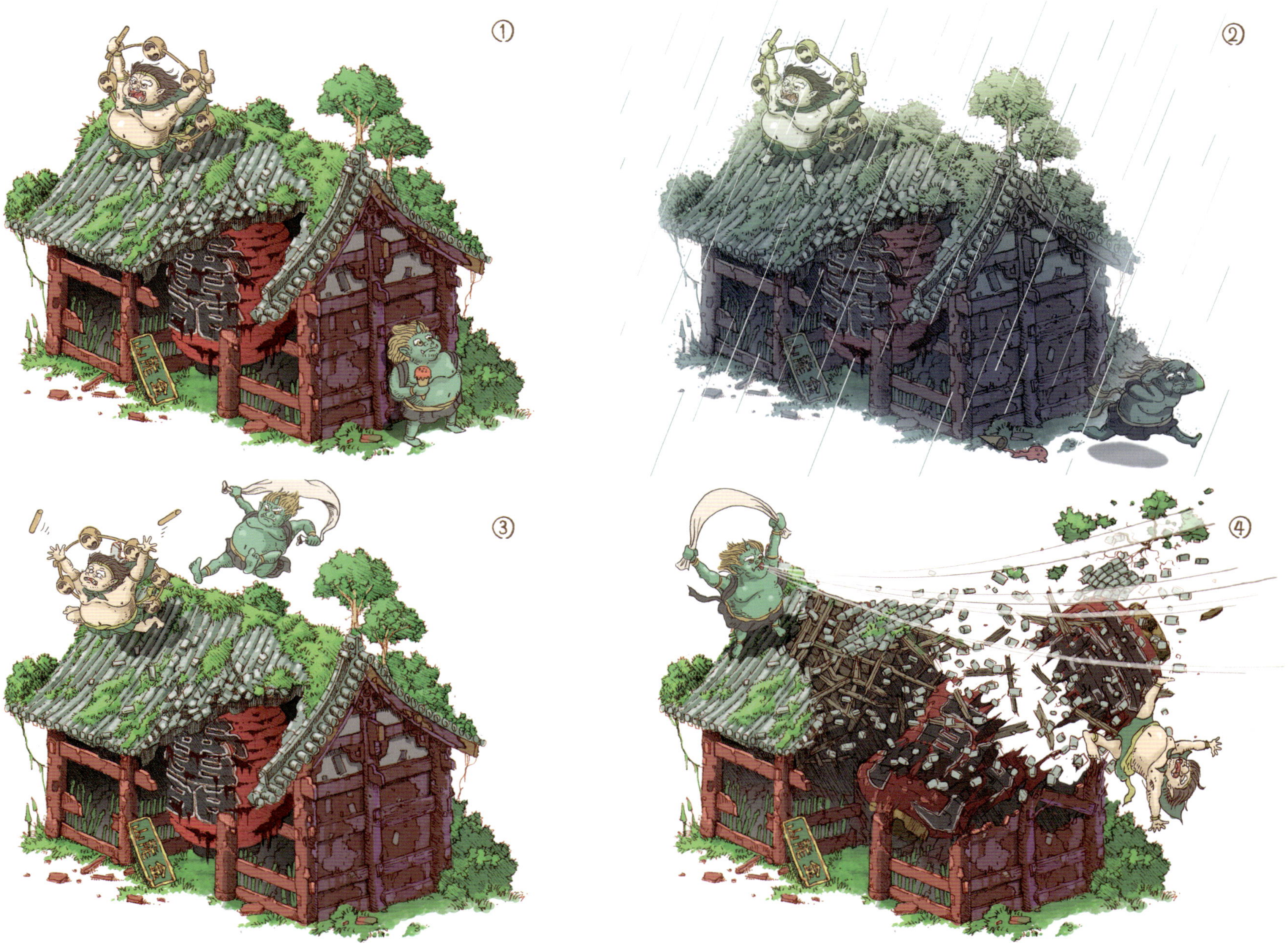
①
②
③
④

①

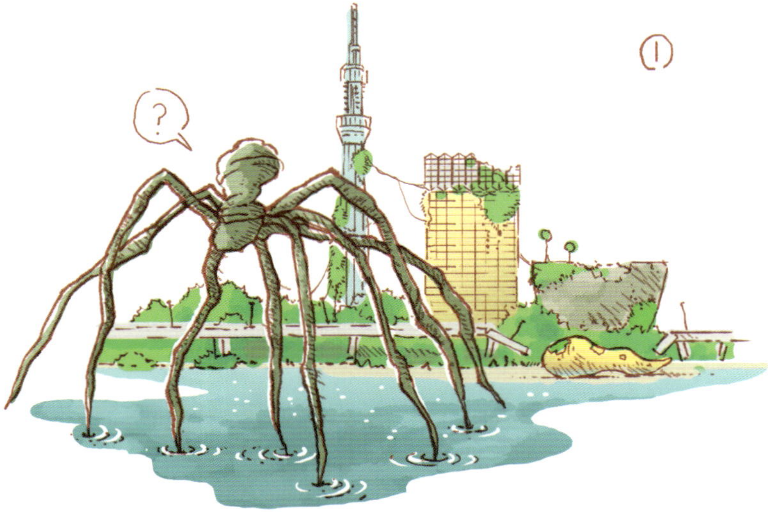

②

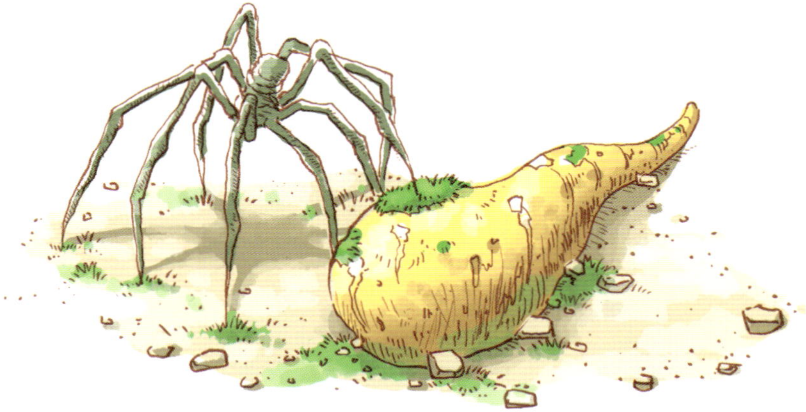

③

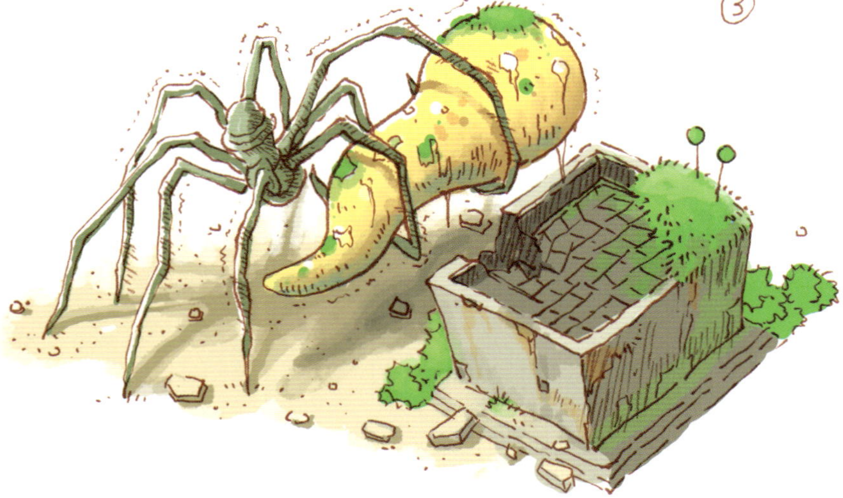

④

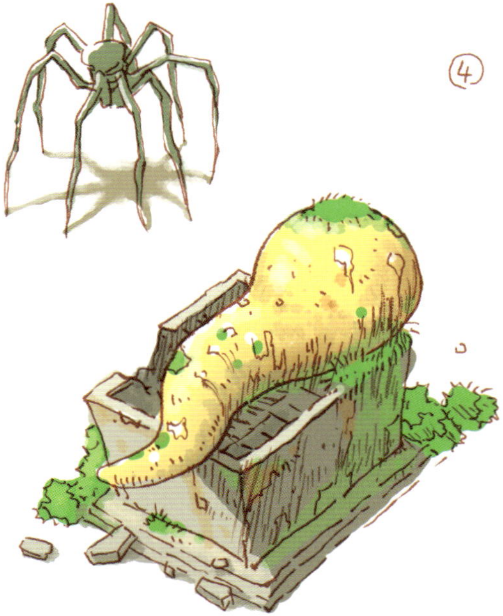

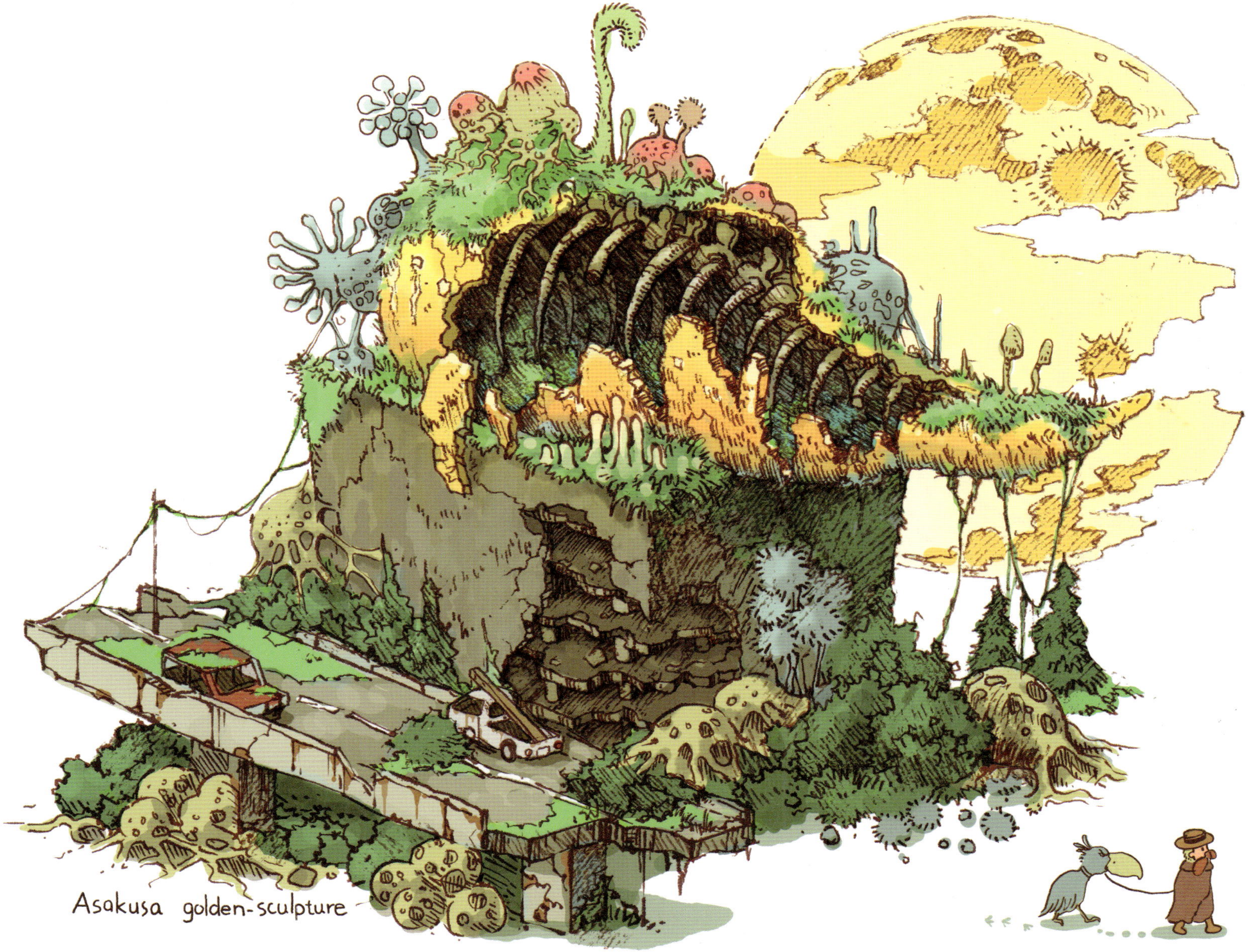
Asakusa golden-sculpture

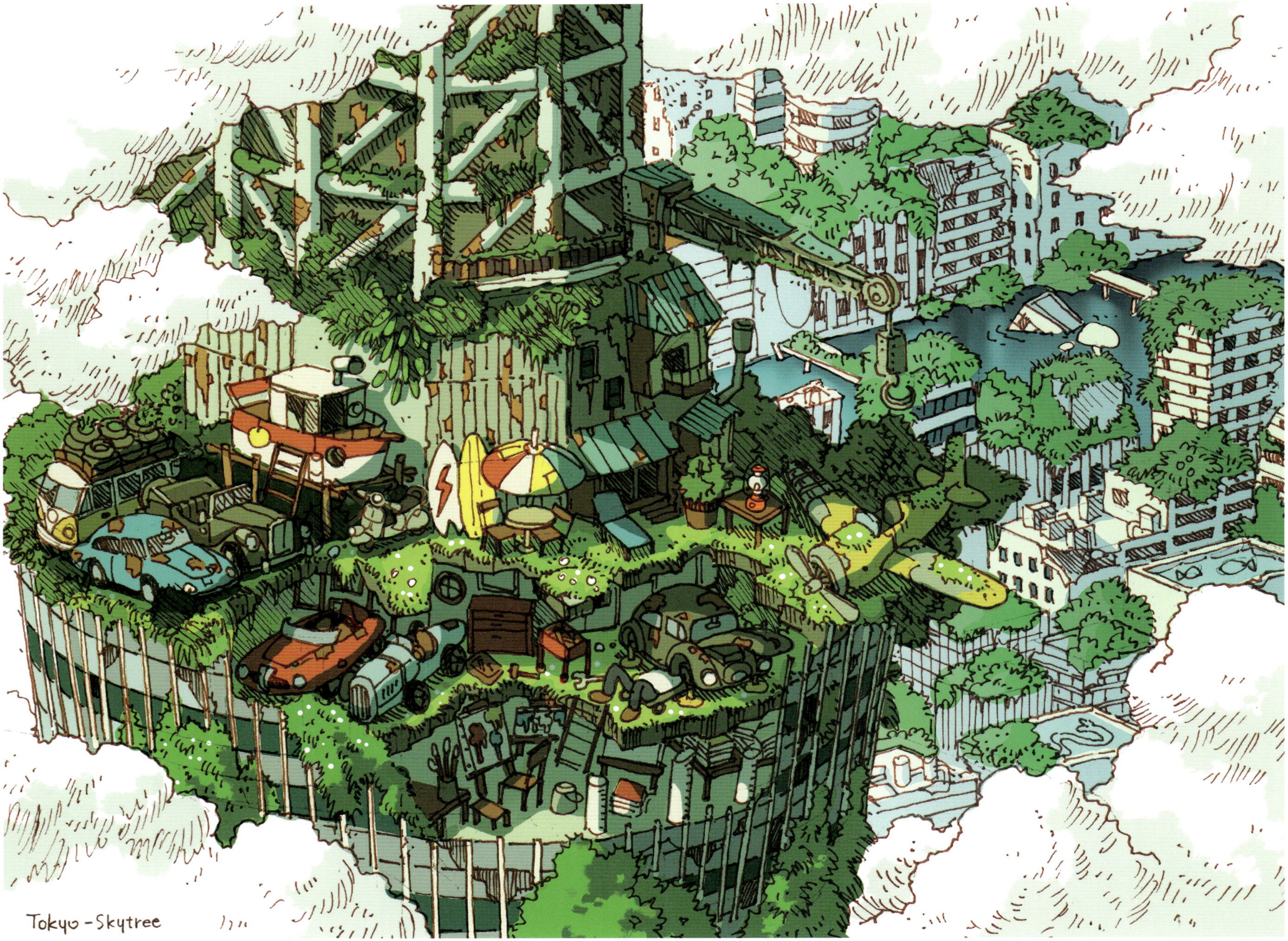
Tokyo-Skytree

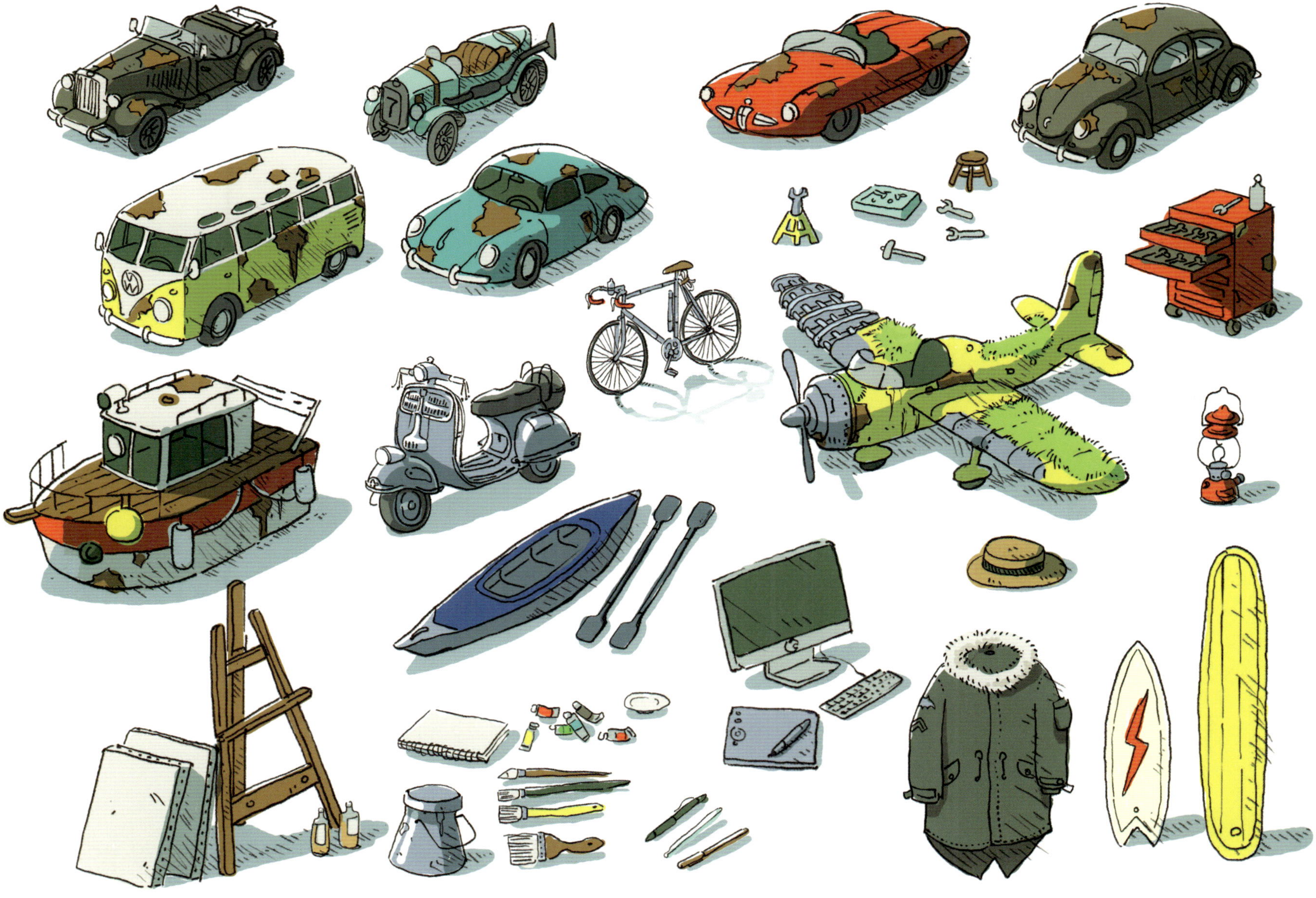

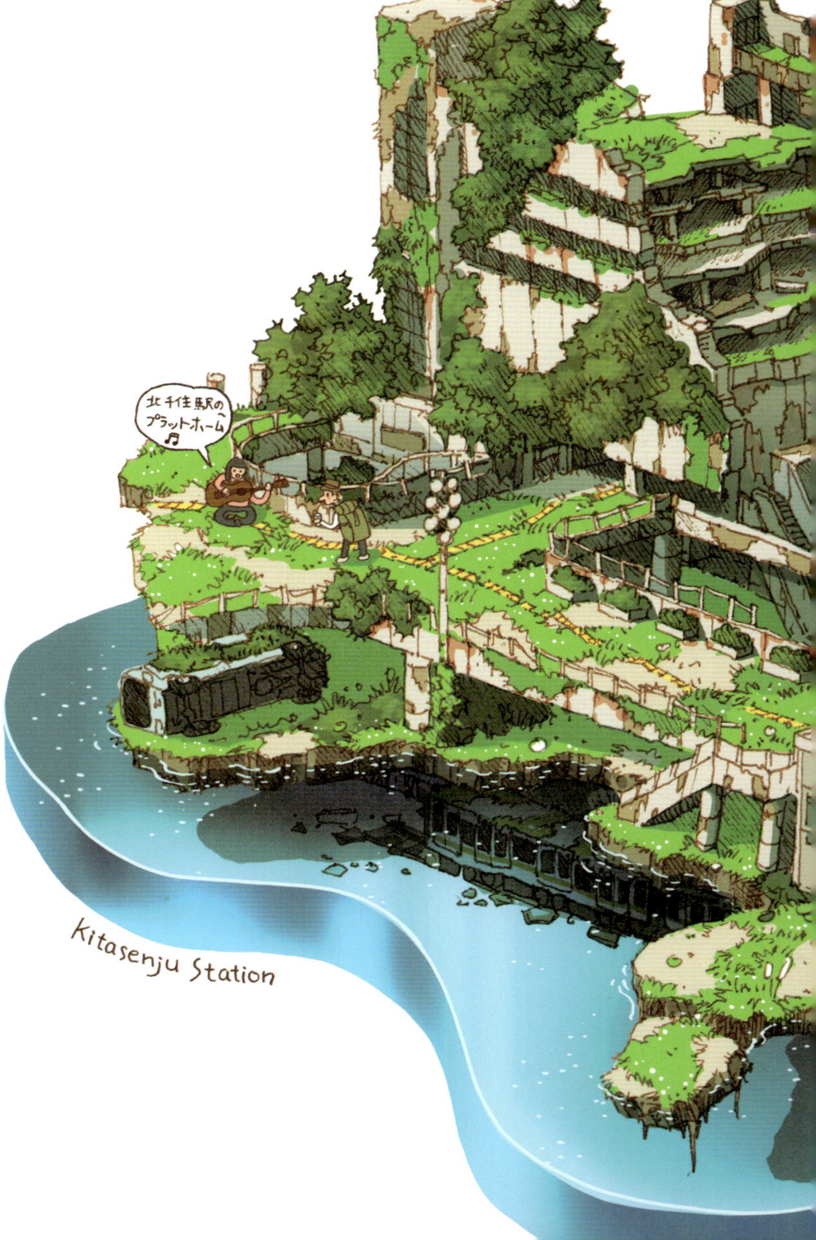
北千住駅のプラットホーム～♪
Kitasenju Station

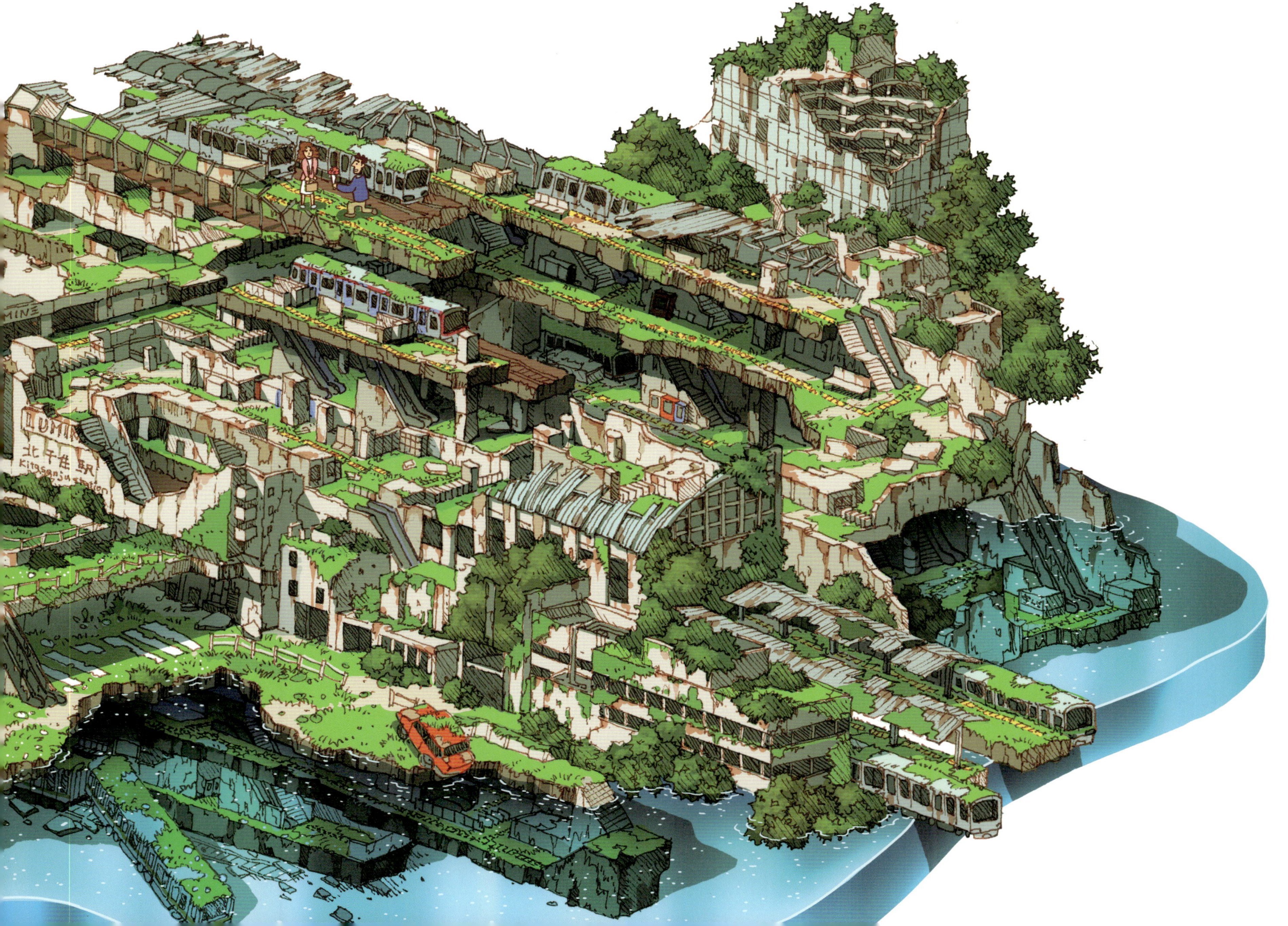
北千住駅
Kitasenju station

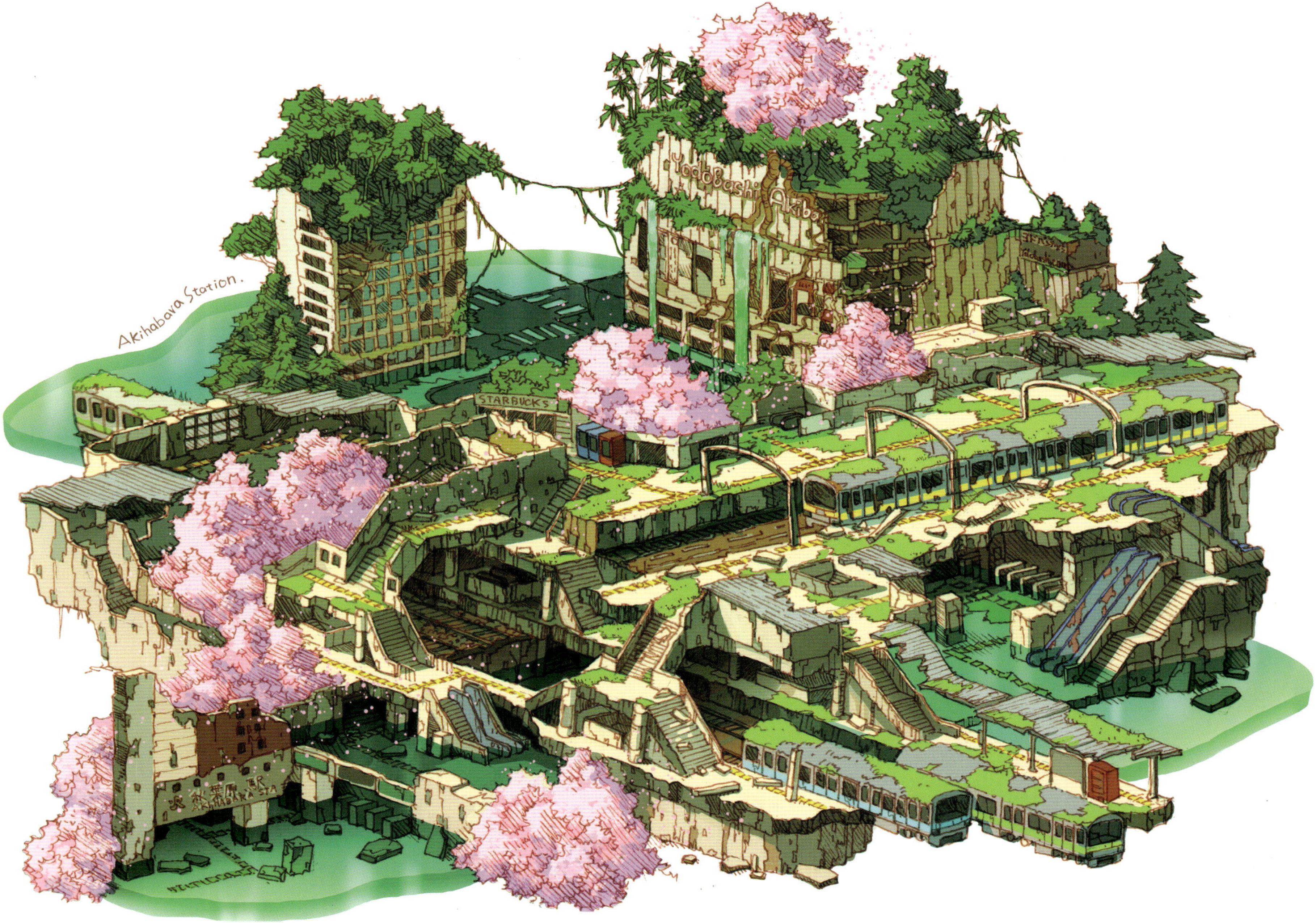
Akihabara Station.
STARBUCKS
YodoBashi Akiba

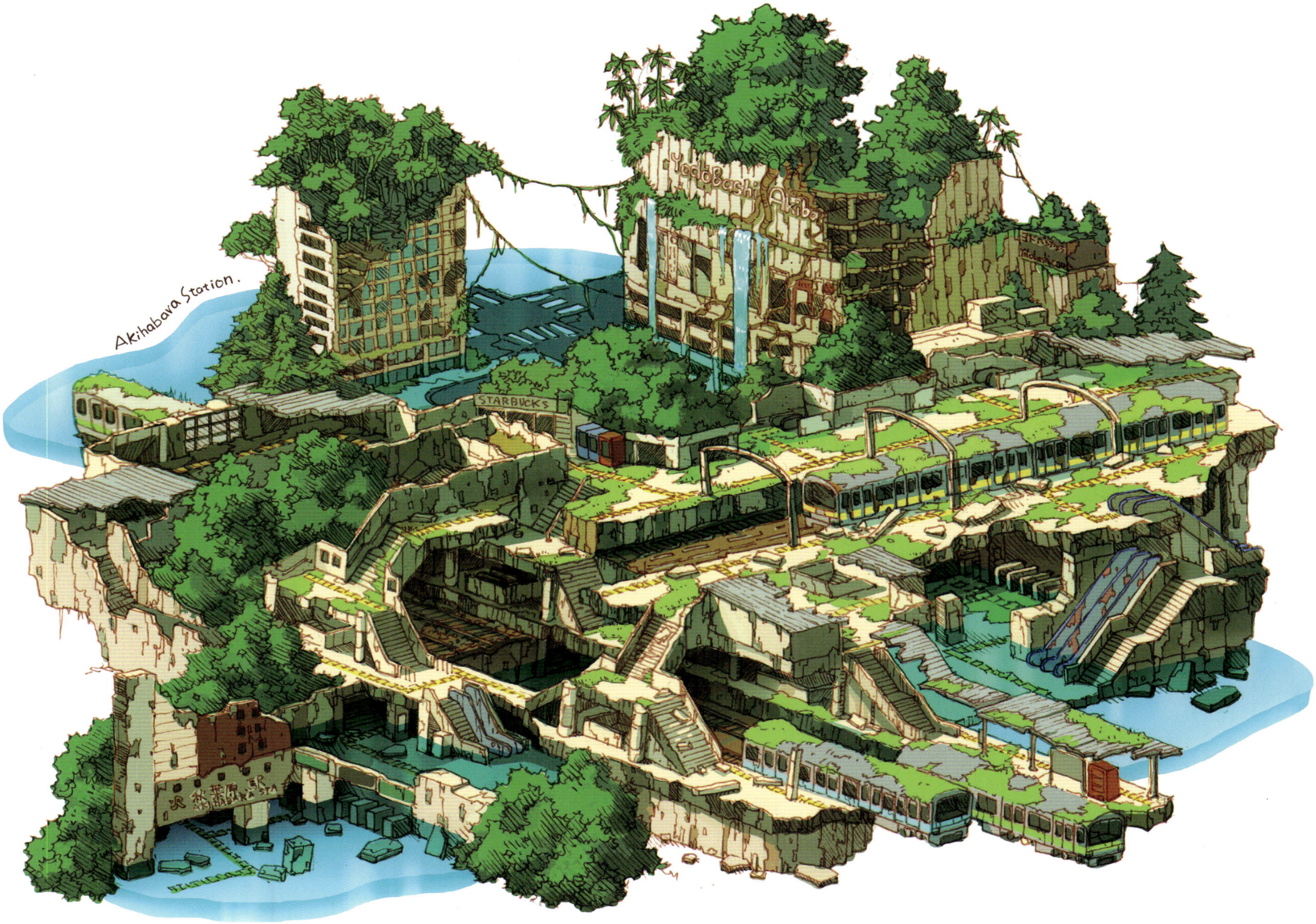
Akihabara Station.
Yodobashi Akiba
STARBUCKS
JR 秋葉原駅
AKIHABARA STA

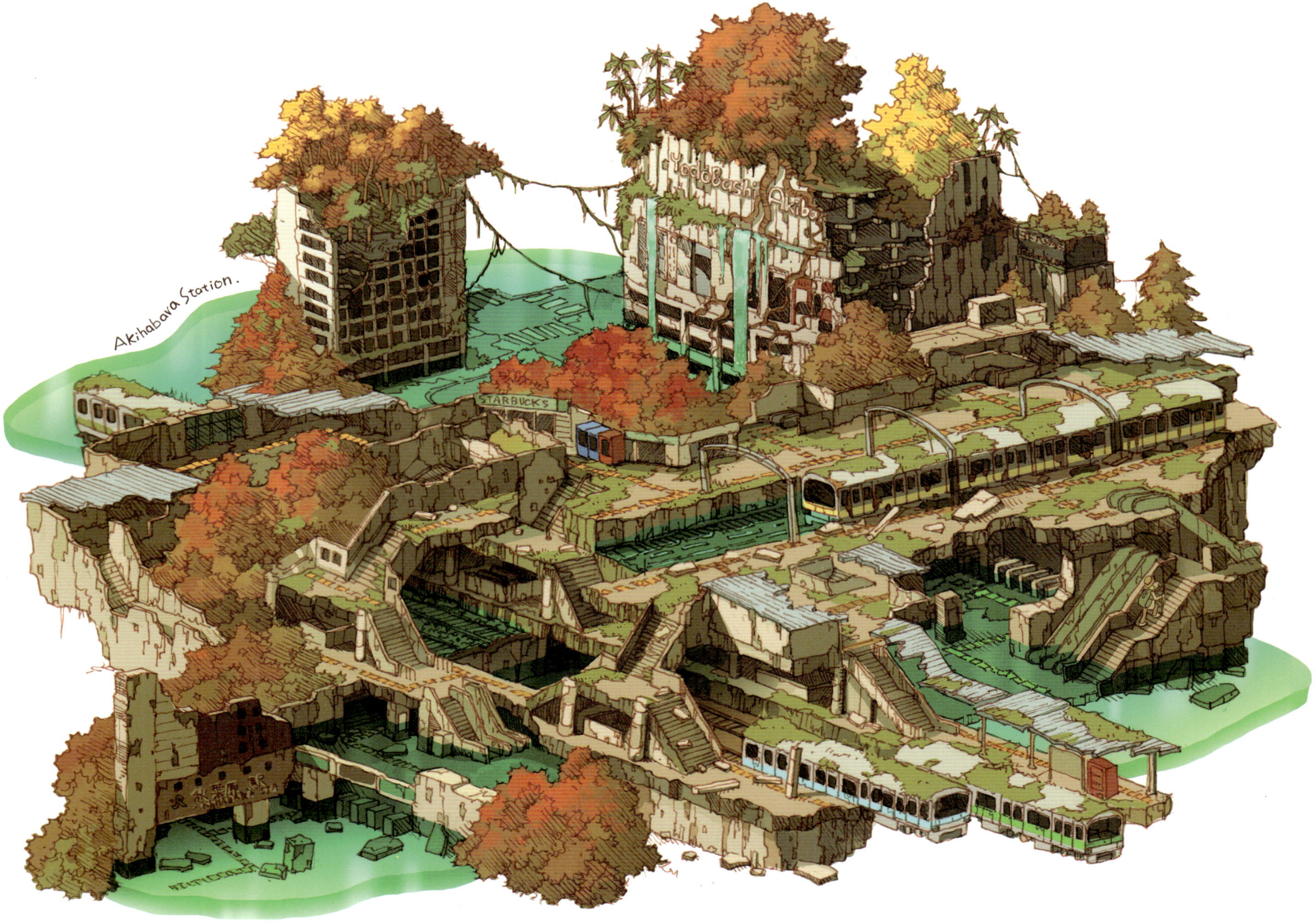
Akihabara Station.
YodoBashi Akiba
STARBUCKS

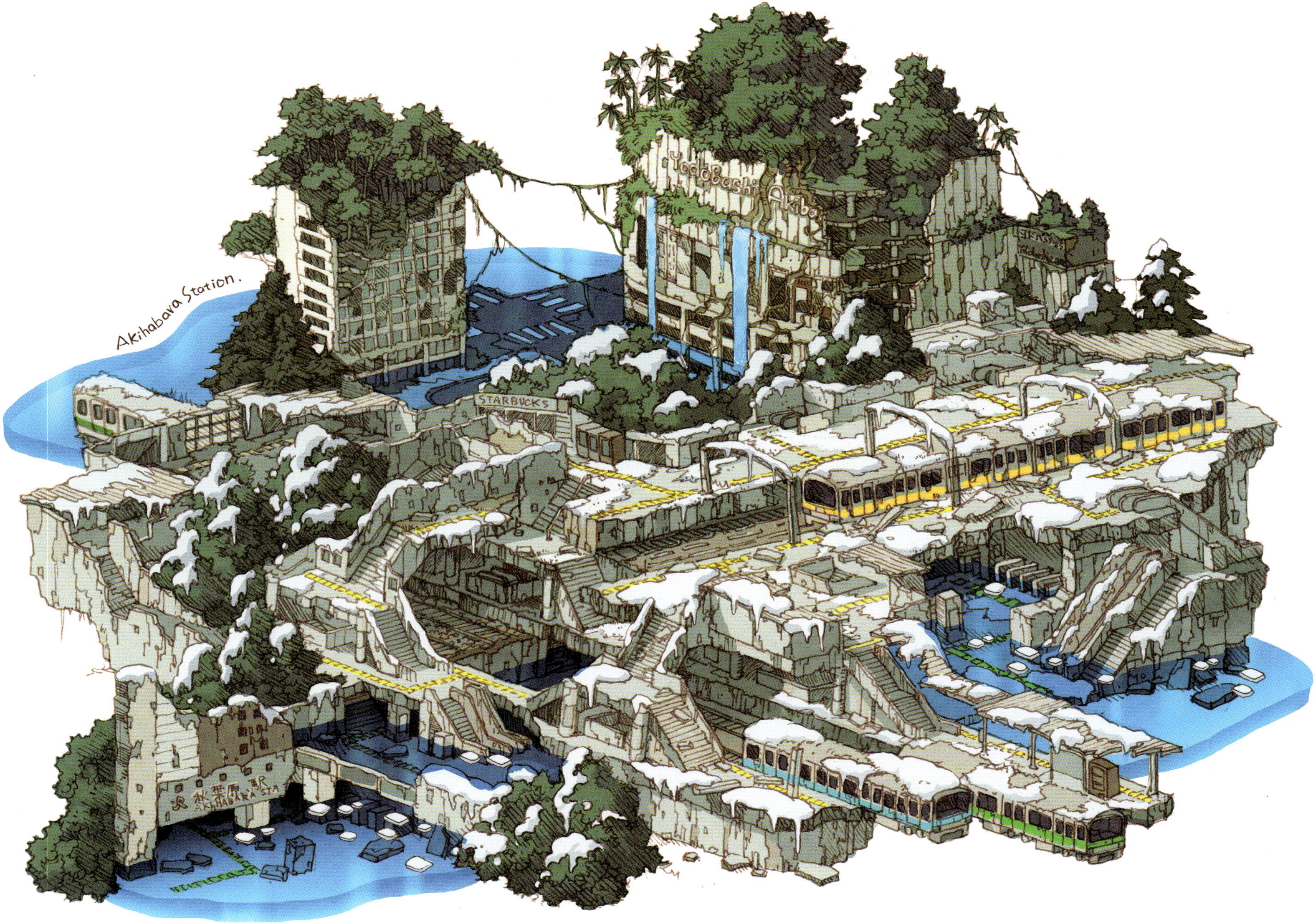
Akihabara Station.
STARBUCKS
YodoBashi Akiba
JR 秋葉原 駅
AKIHABARA STA

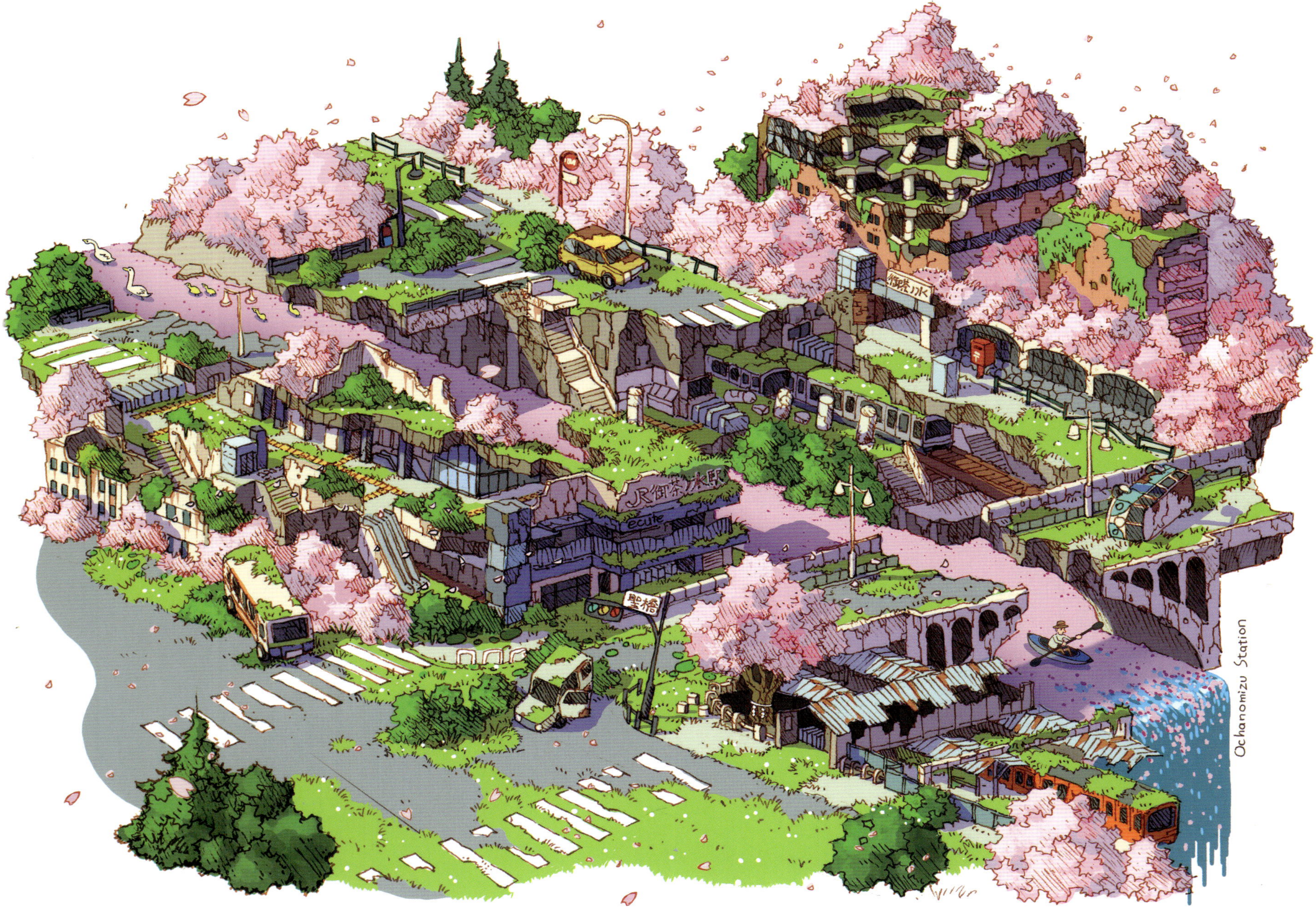

Ochanomizu Station

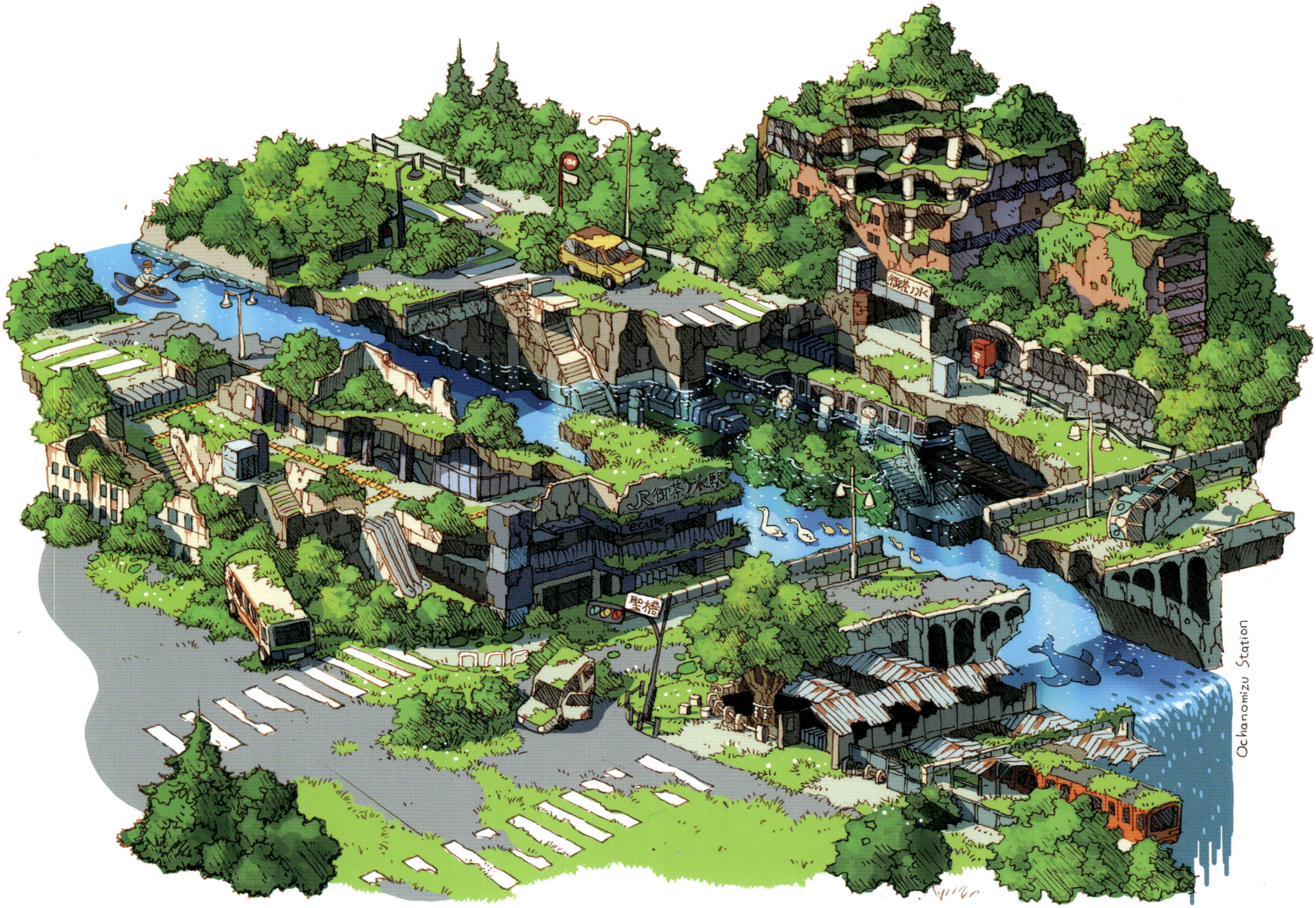
JR御茶ノ水駅
ecute
聖橋
Ochanomizu Station

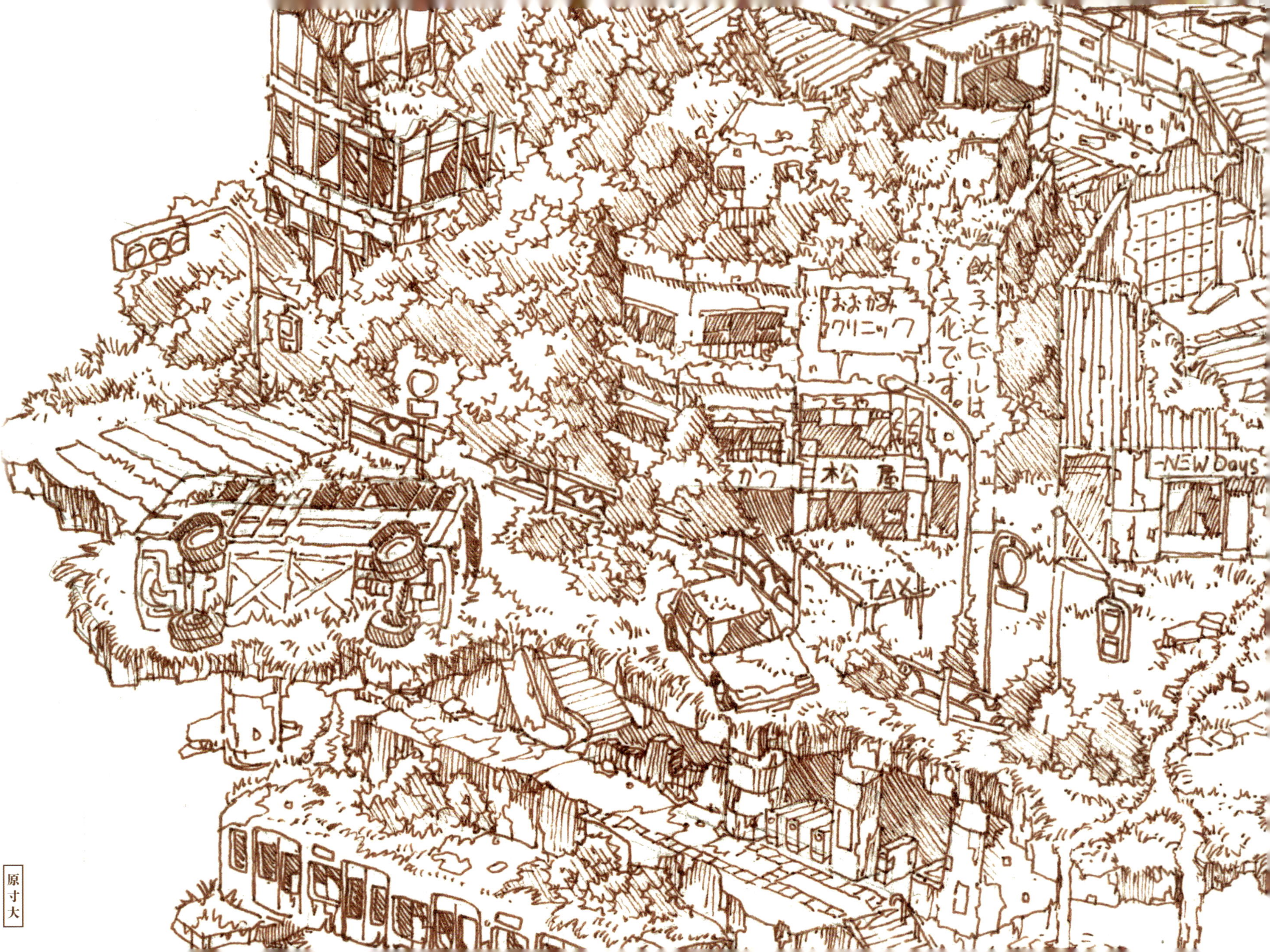

原寸大

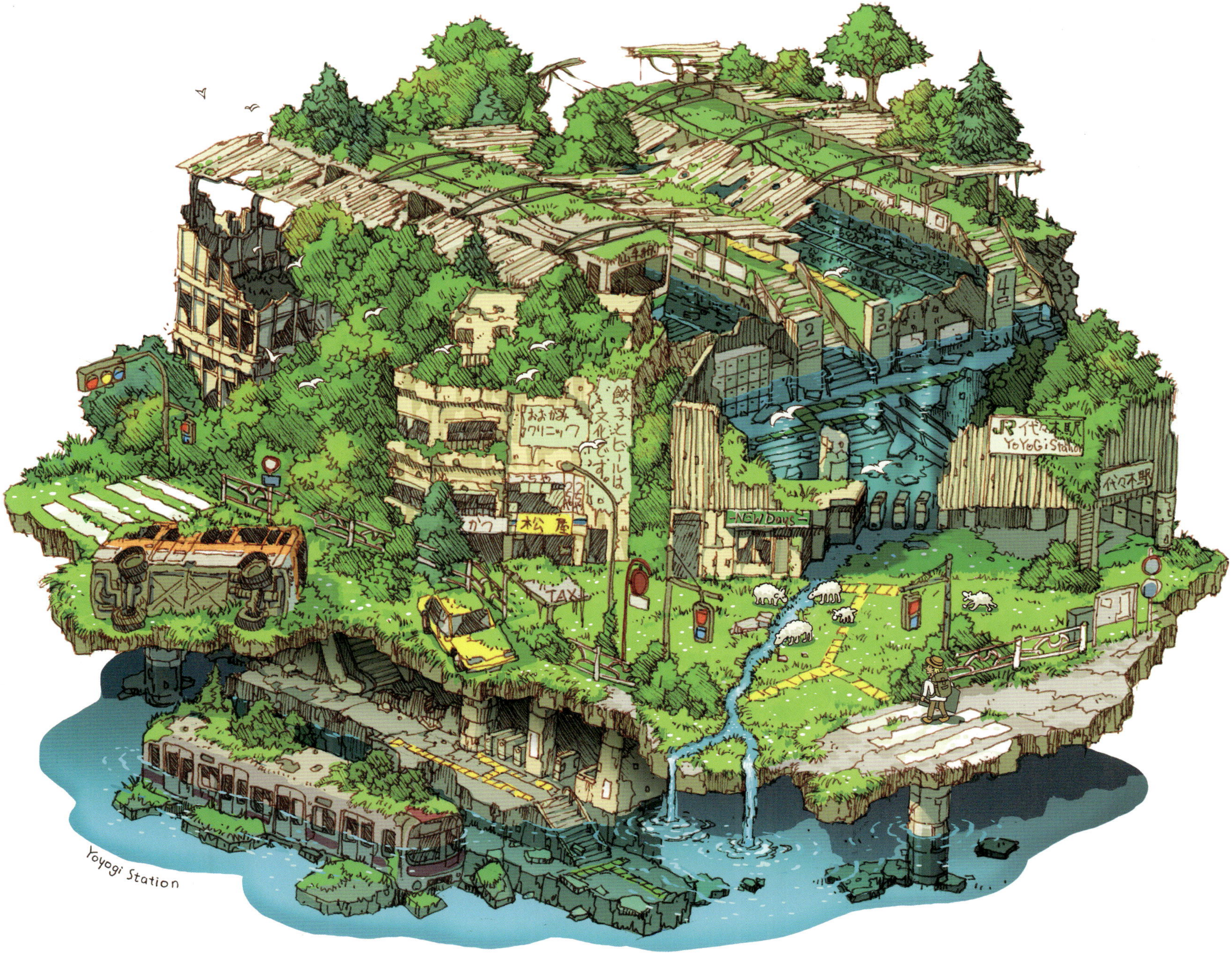
おおかみクリニック
餃子とビールは文化です。
松屋
NEW Days
JR 代々木駅
YoYoGi Station
代々木駅
TAXI
Yoyogi Station

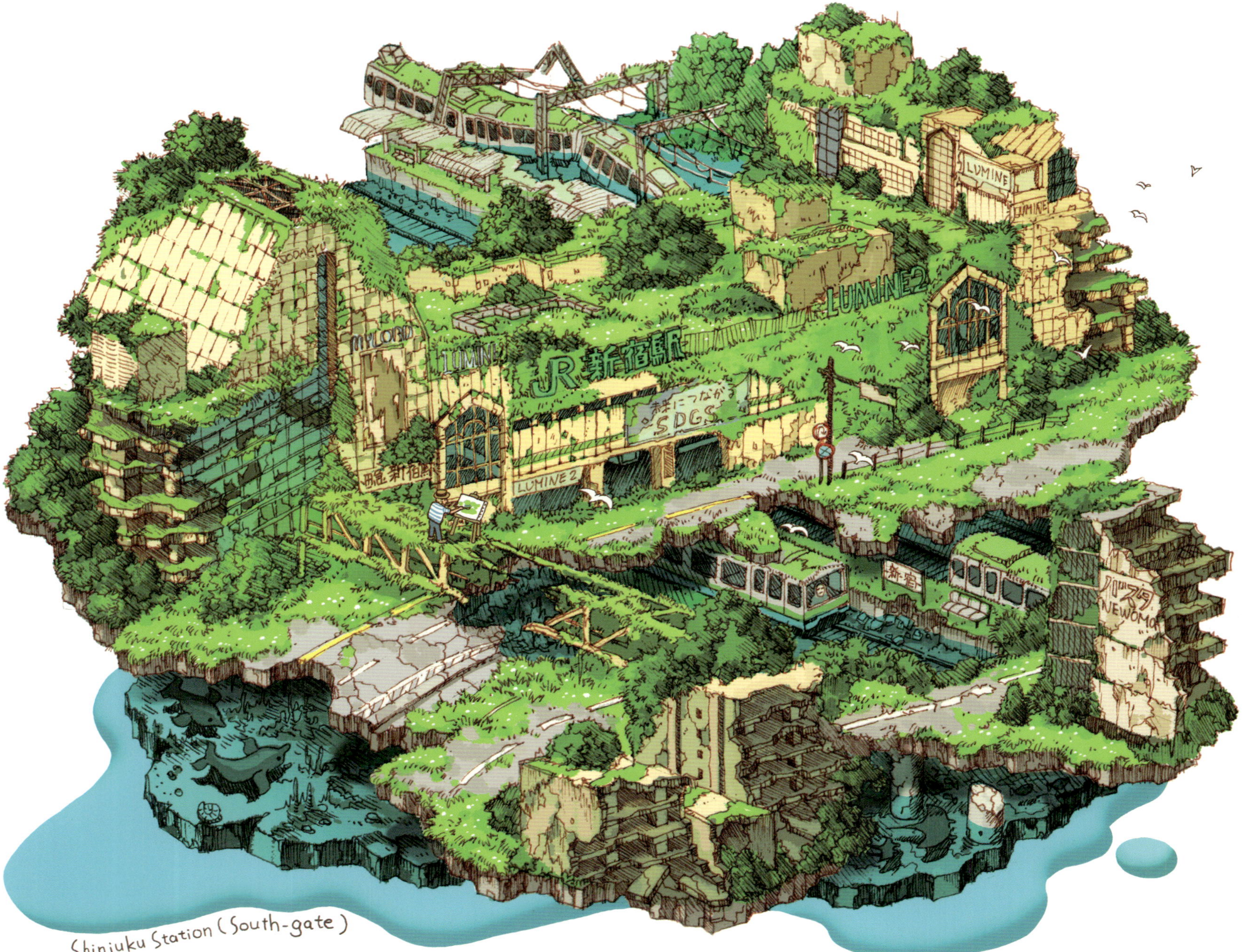

Shinjuku Station (South-gate)

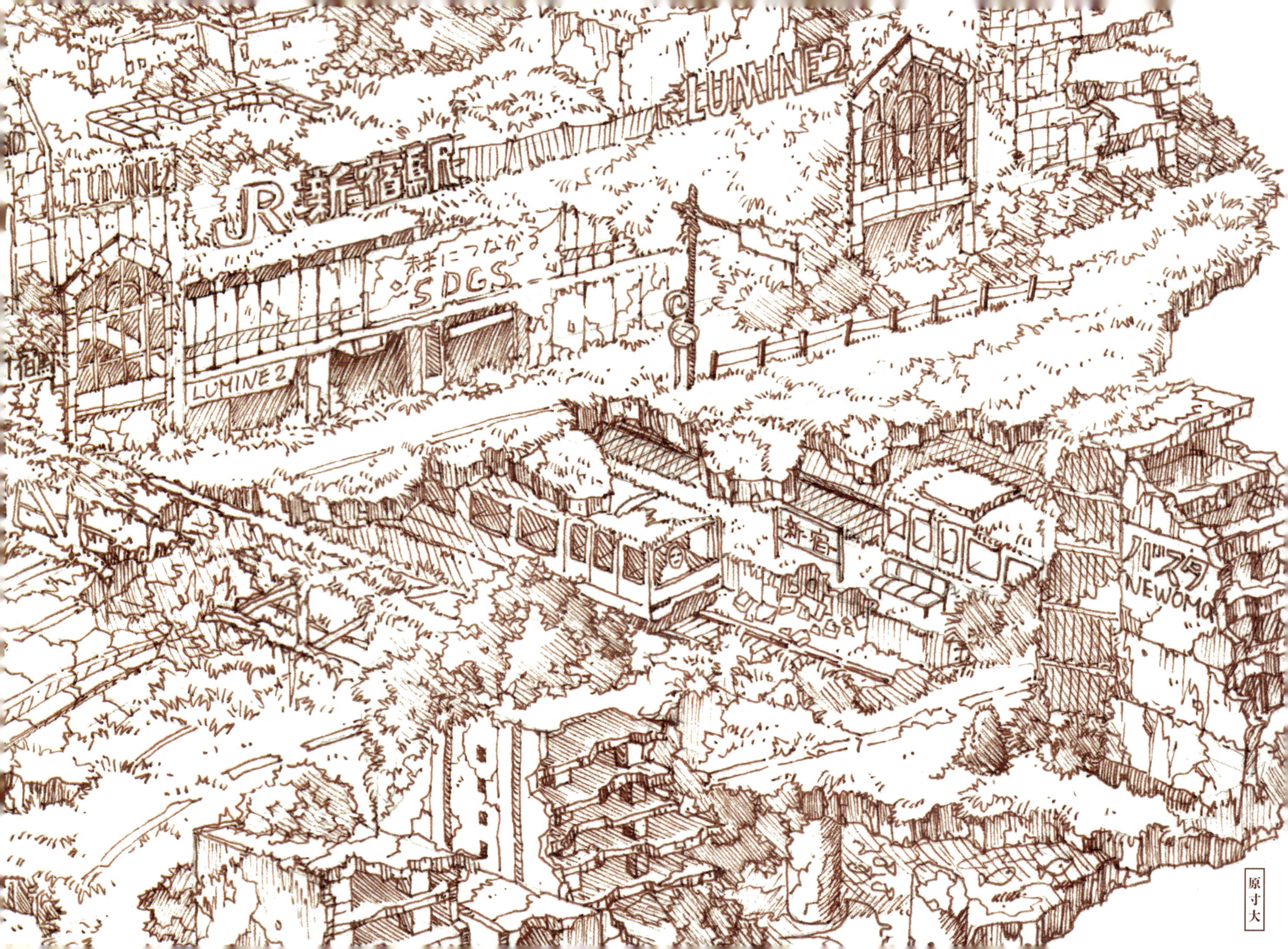

原寸大

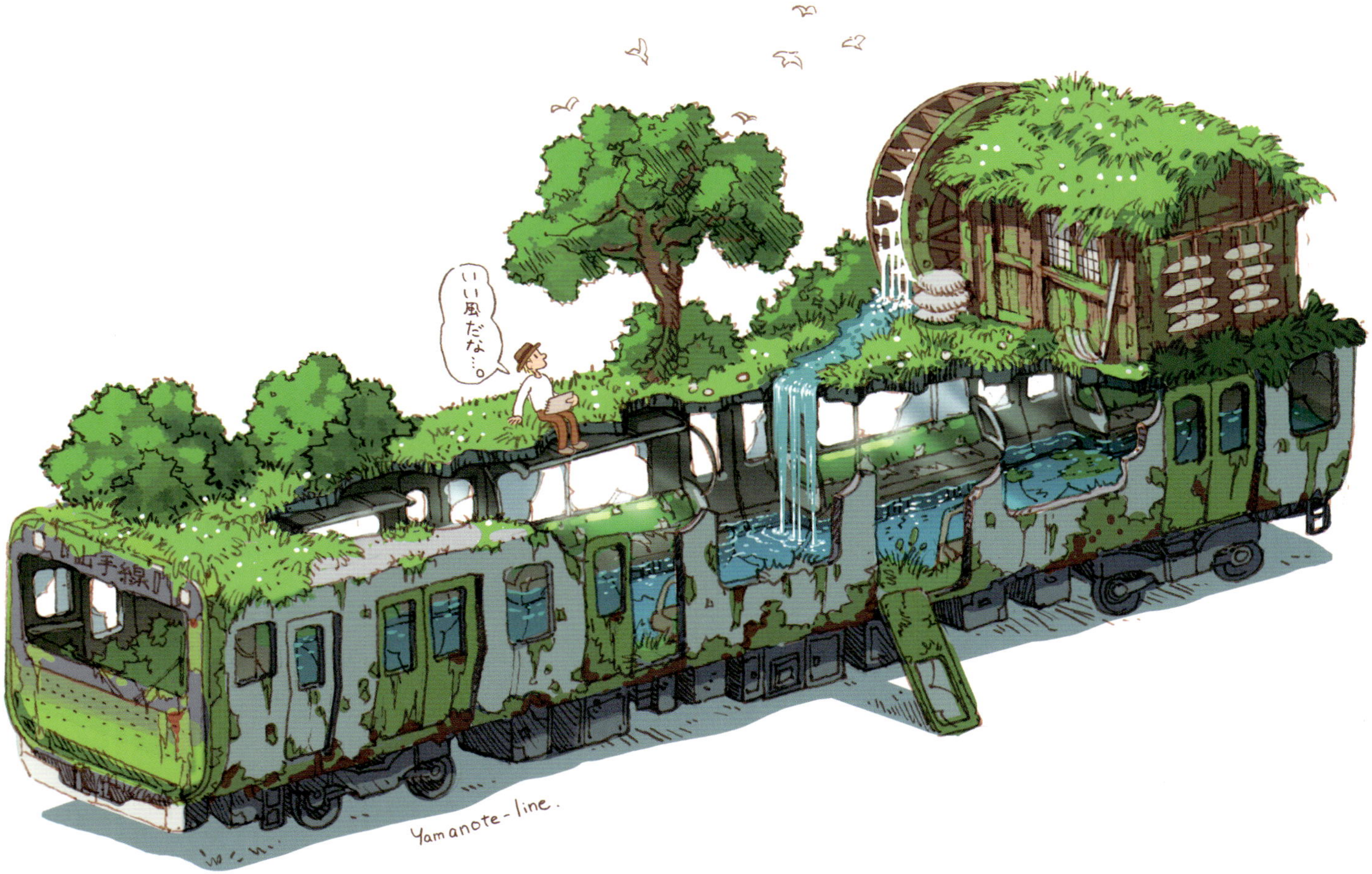
いい風だな…。
Yamanote-line.

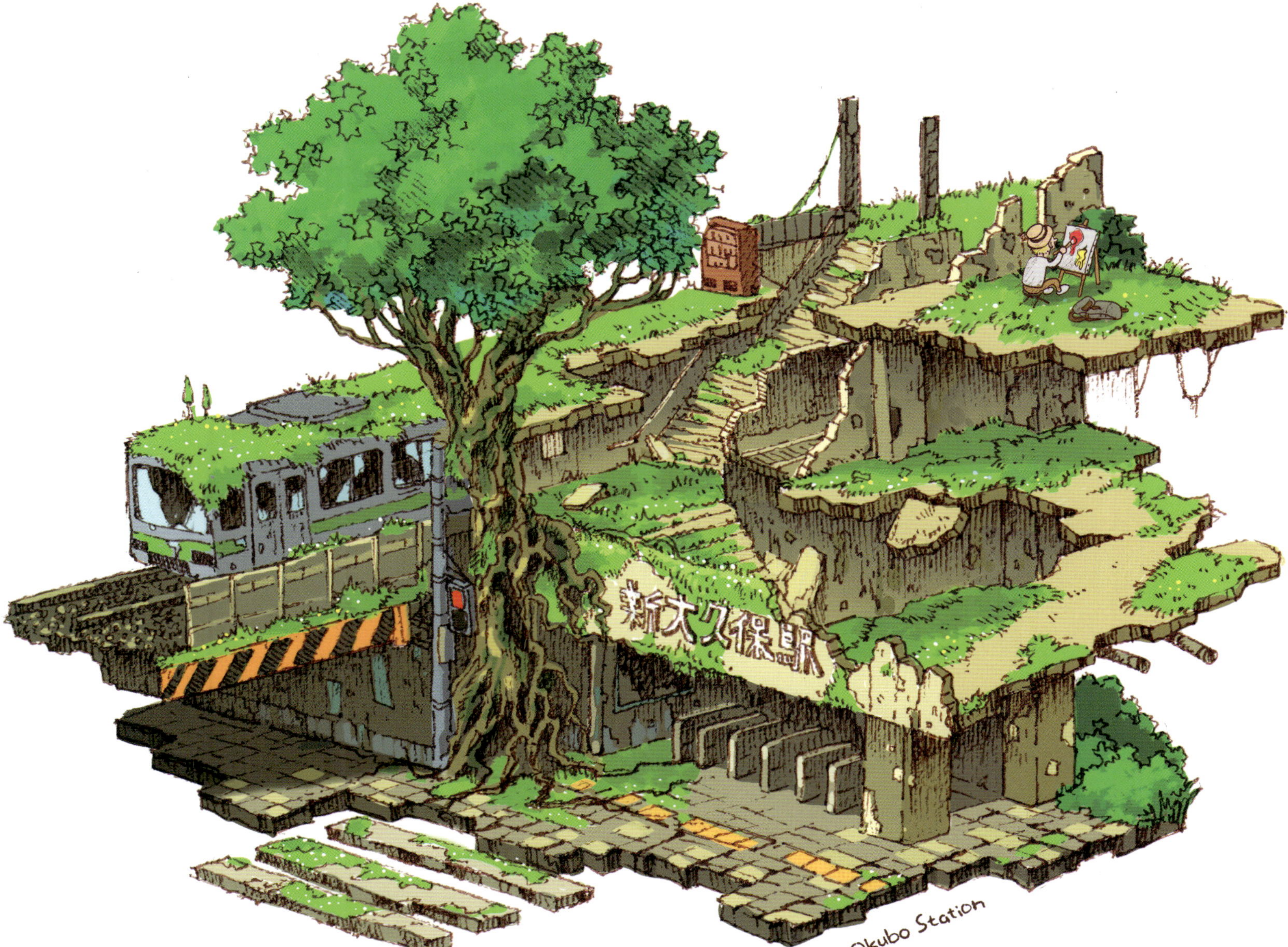

Shin-Okubo Station

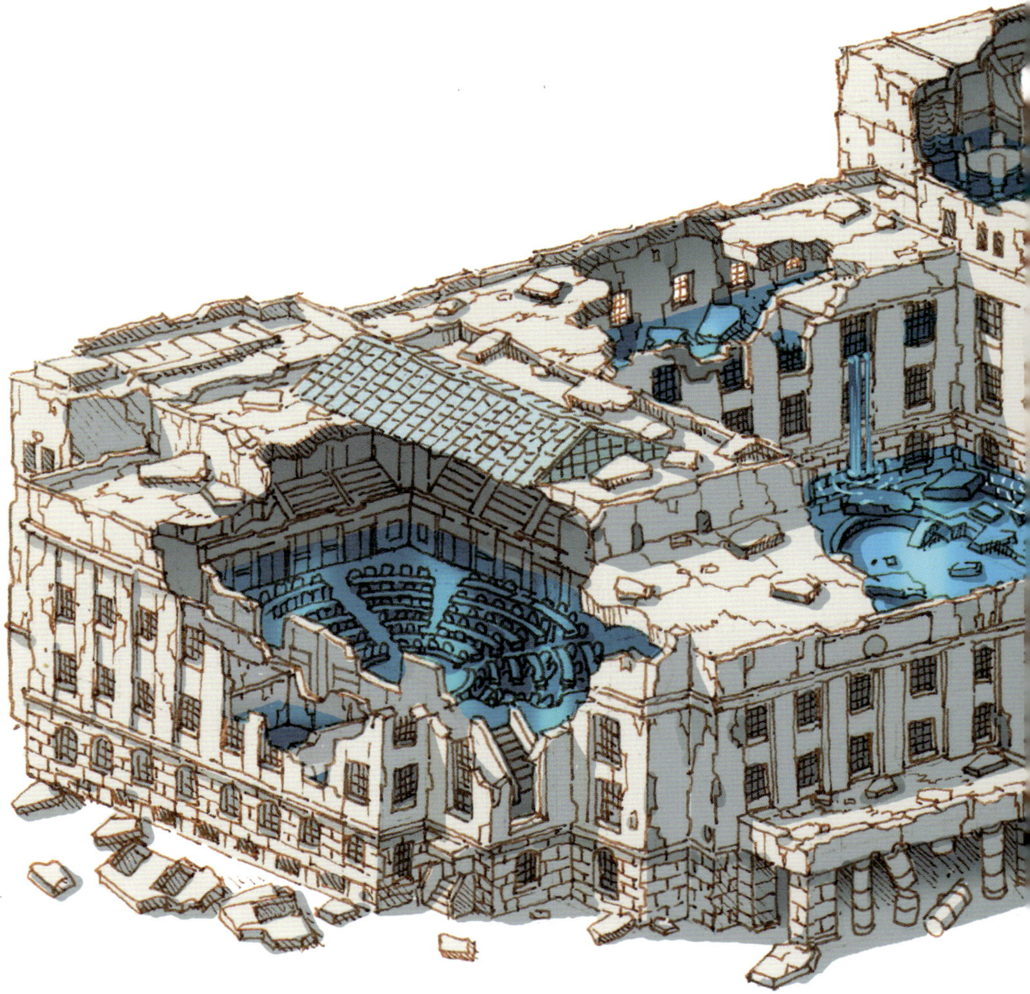

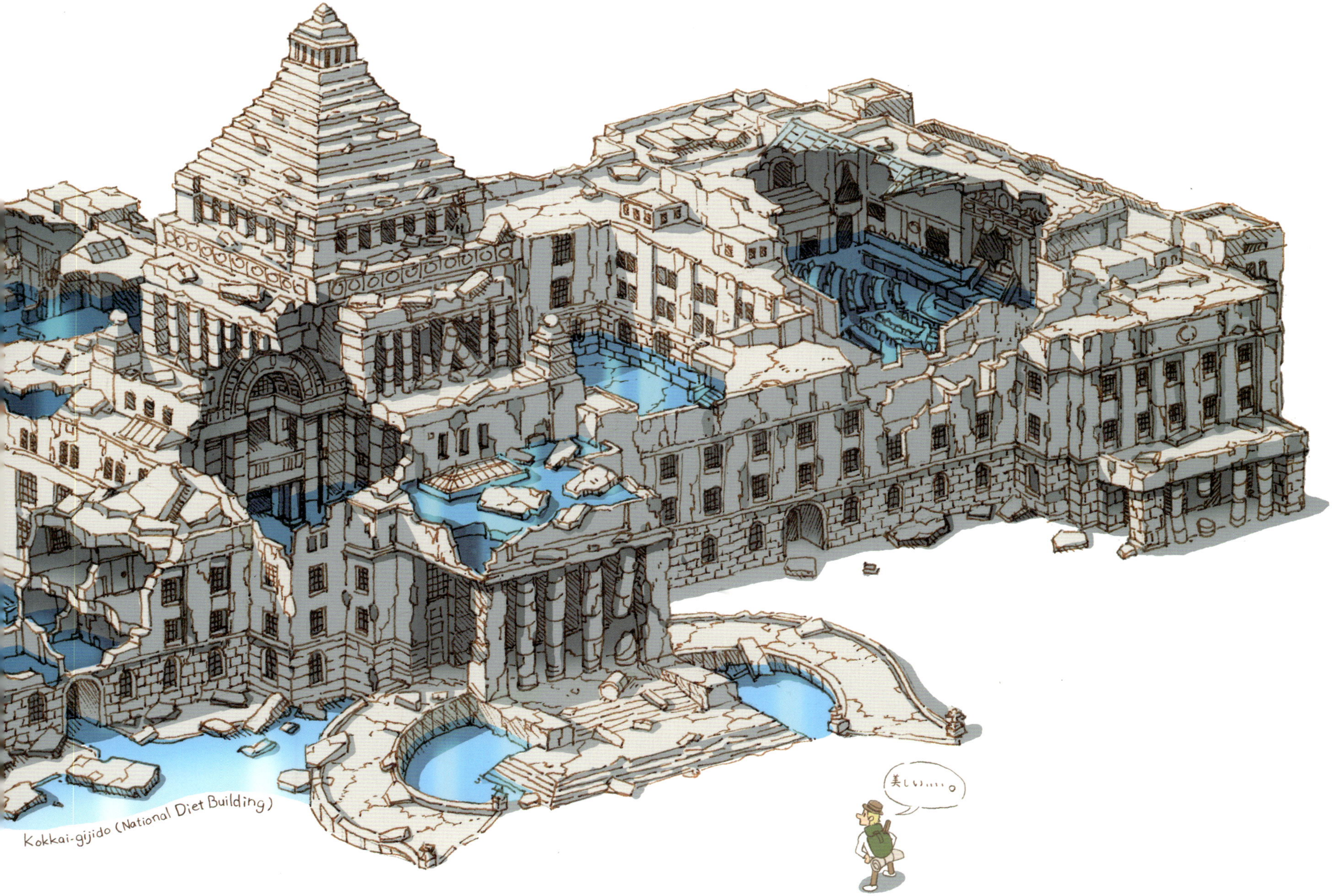

Kokkai-gijido (National Diet Building)

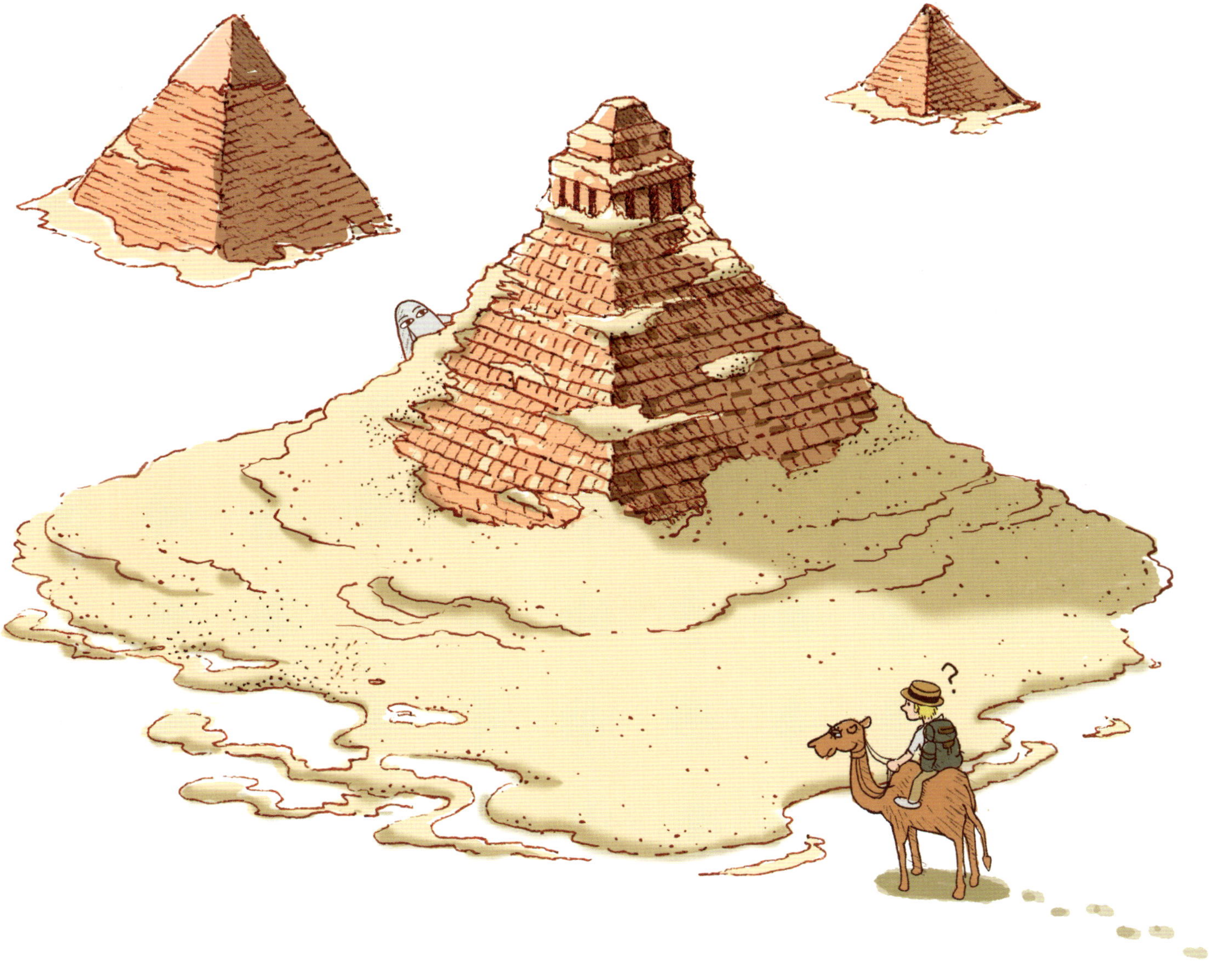

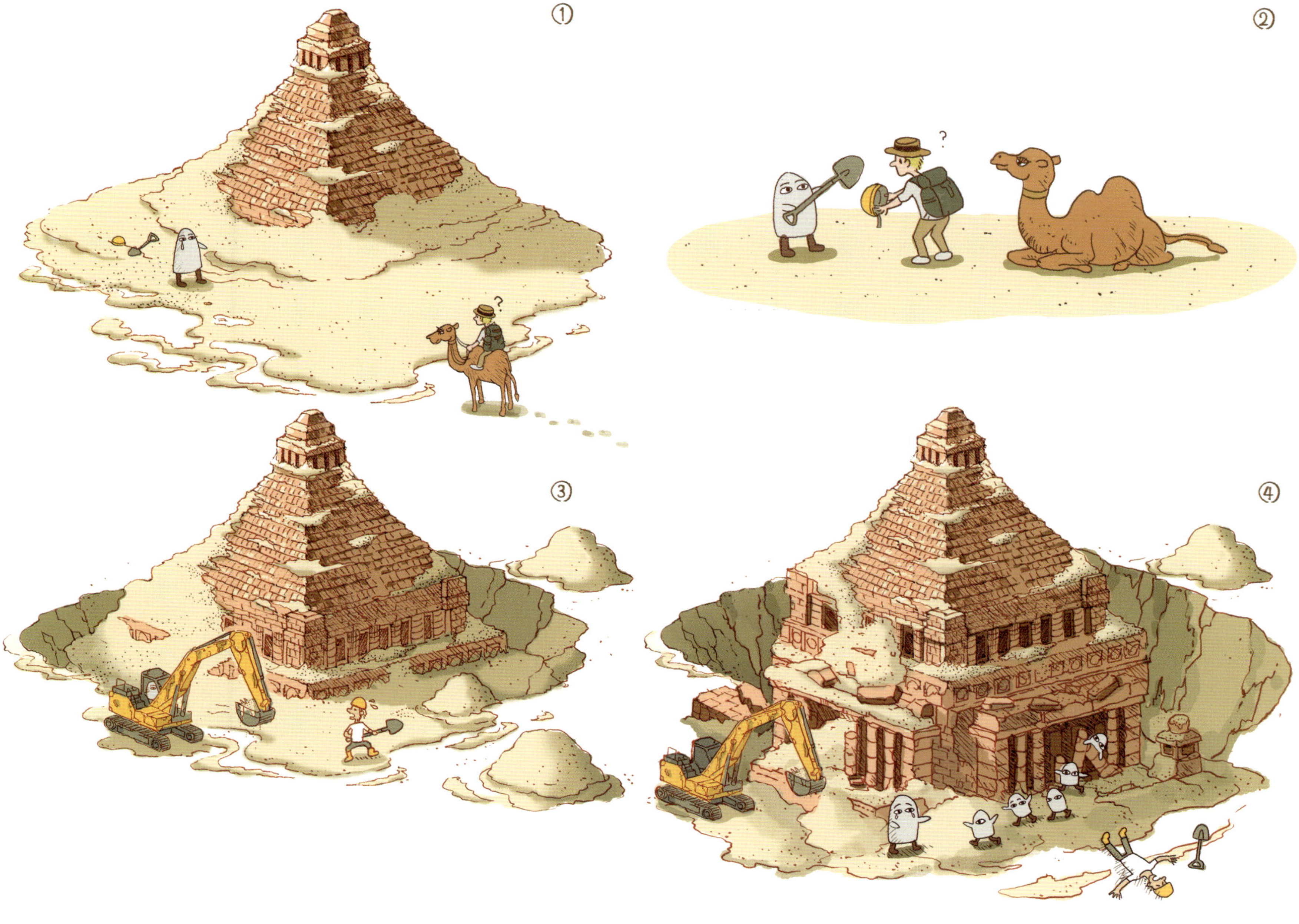
①
②
?
?
③
④

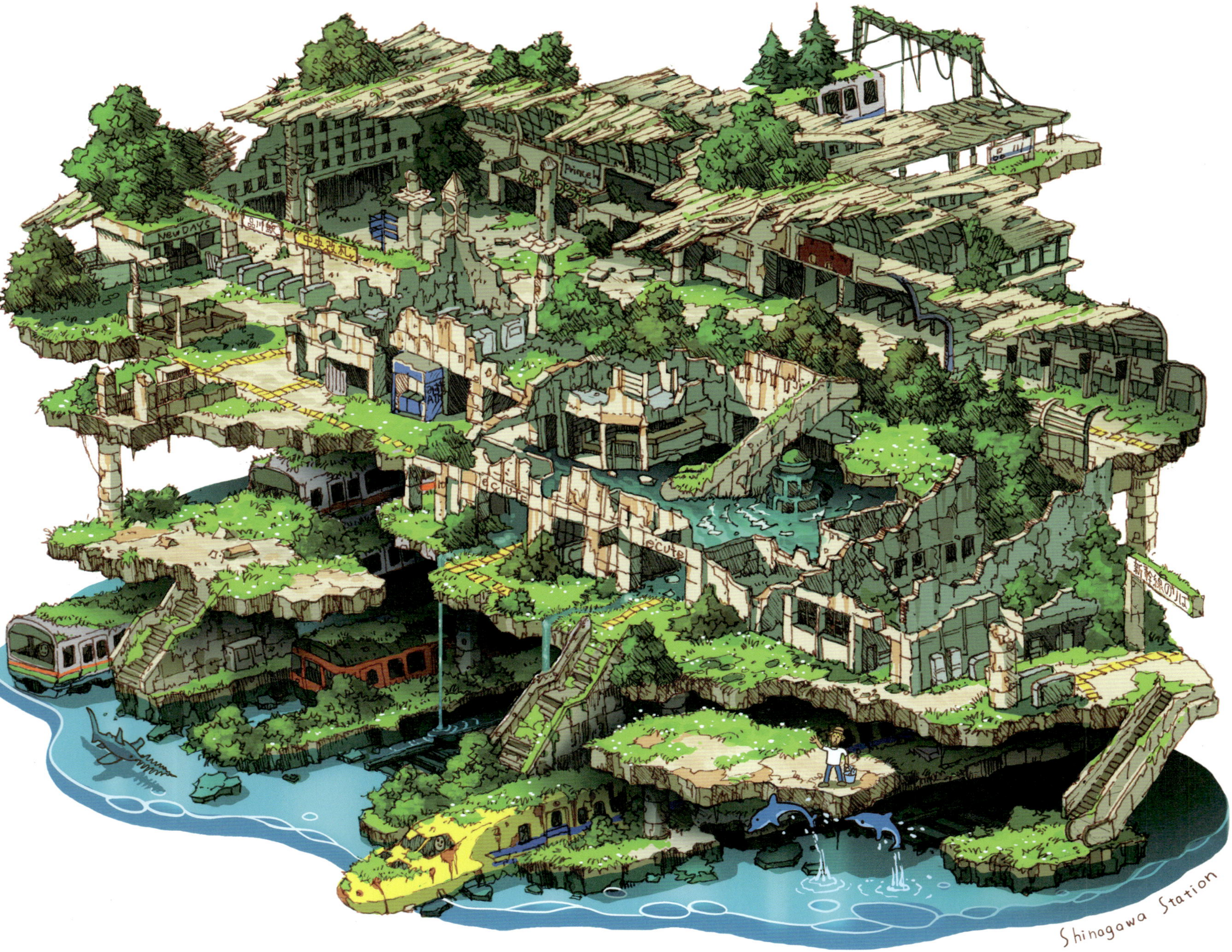
New DAYS
ecute
ecute
新幹線のりば
Shinagawa Station

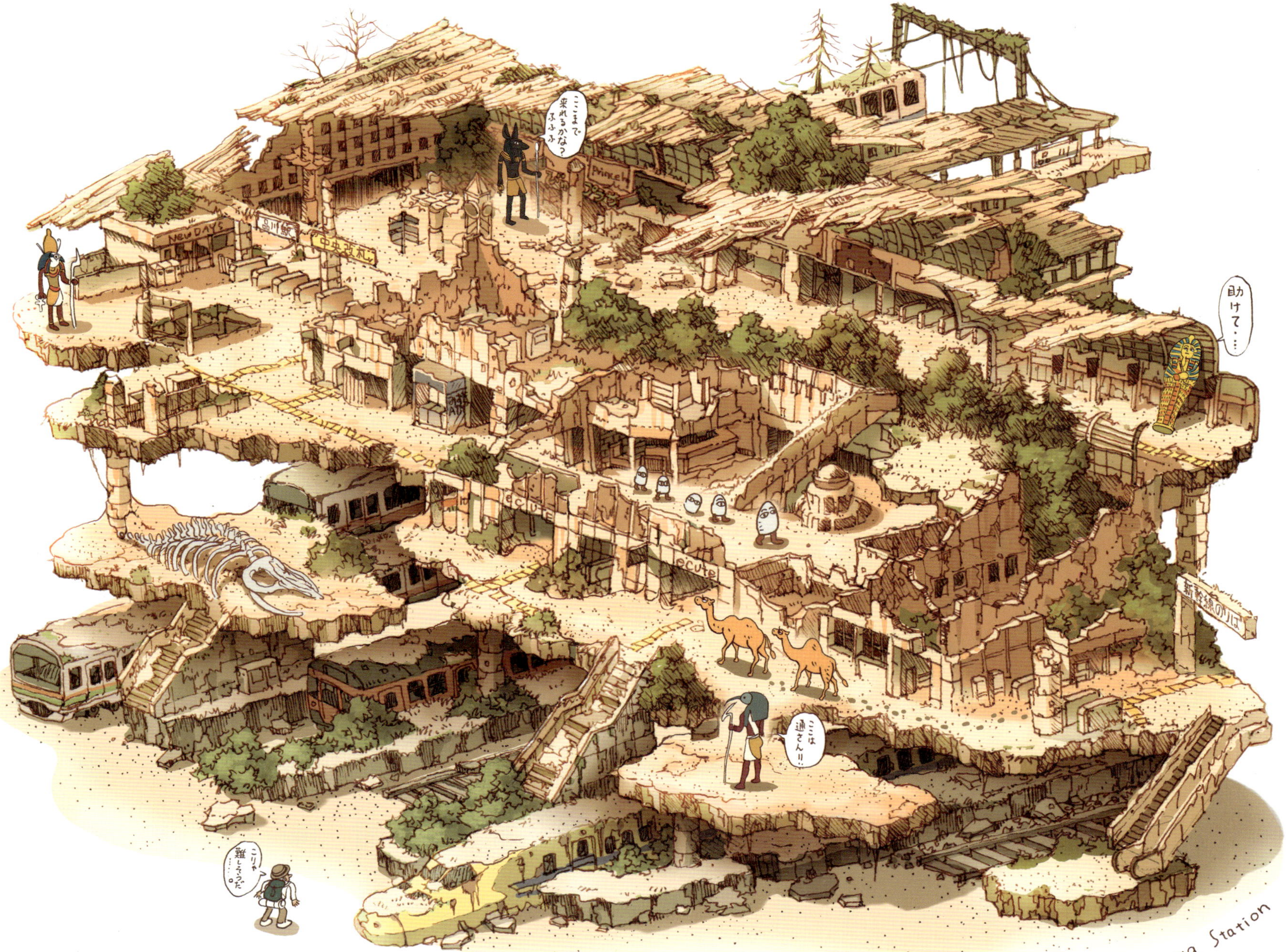

Shinagawa Station

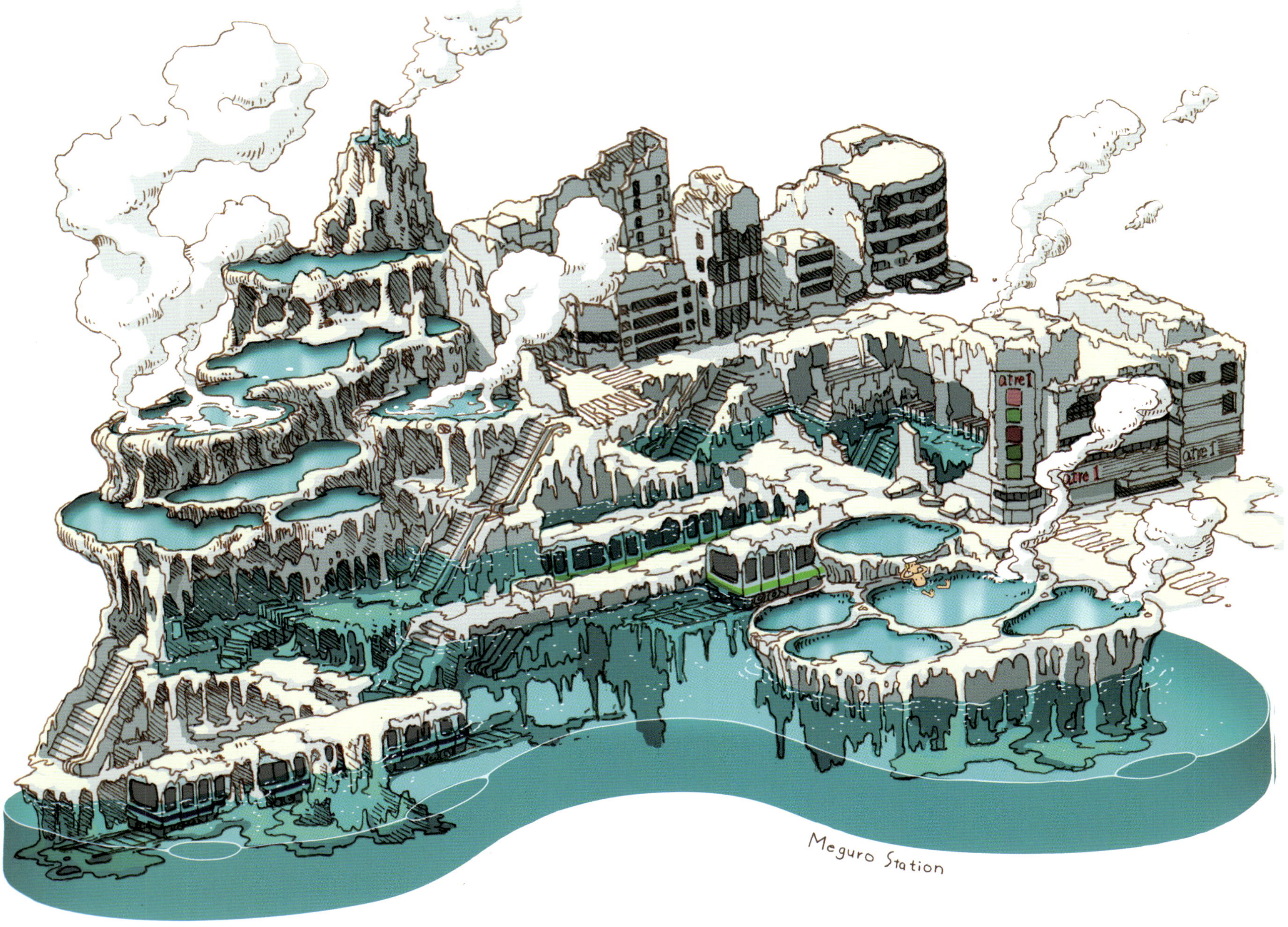
atre1
atre 1
atre 1
Meguro Station

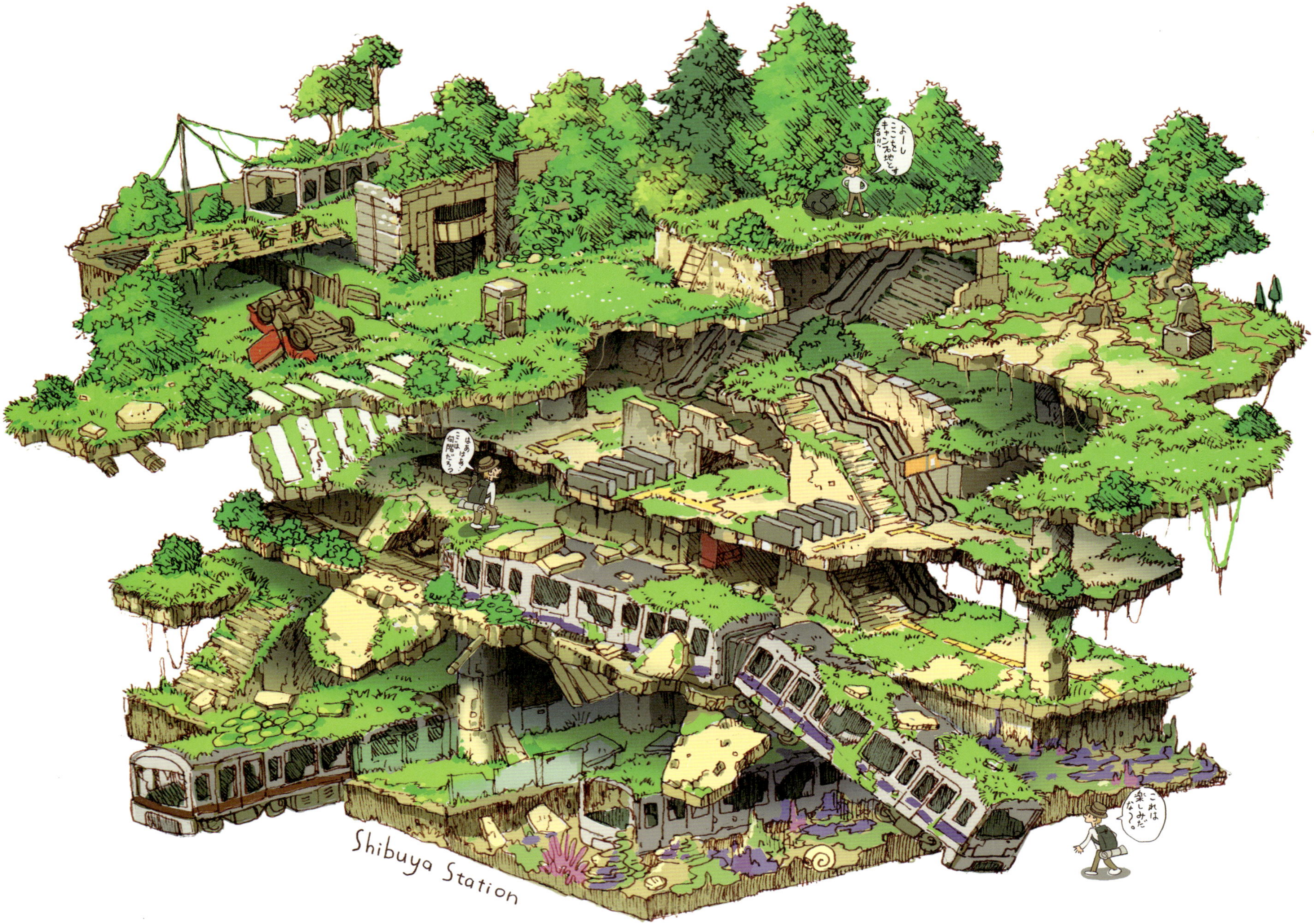
JR渋谷駅
よーしここもキャンプ地とする!!
はあはあ、ここは何階だろっ
これは楽しみだな～。
Shibuya Station

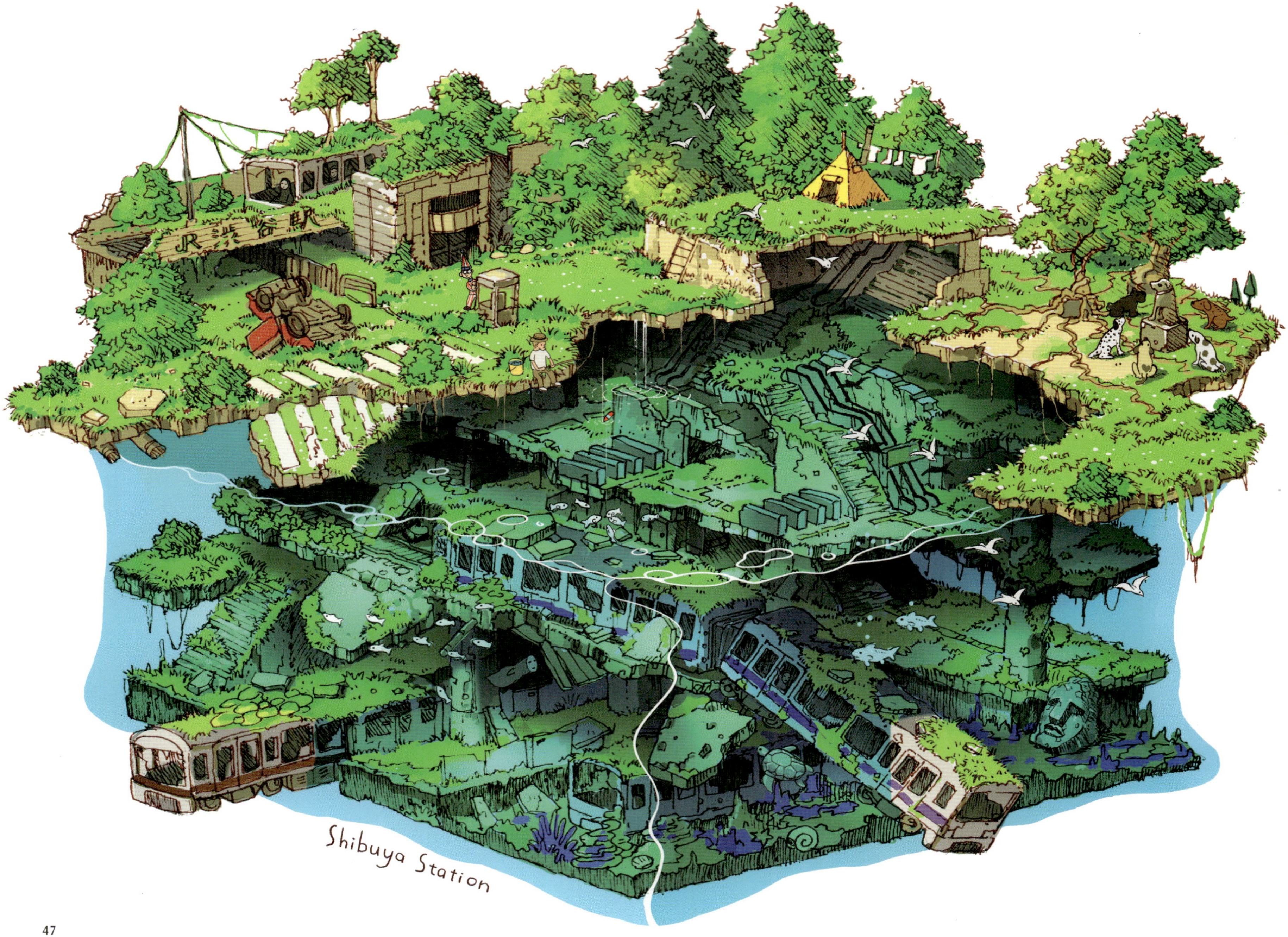
JR渋谷駅
Shibuya Station

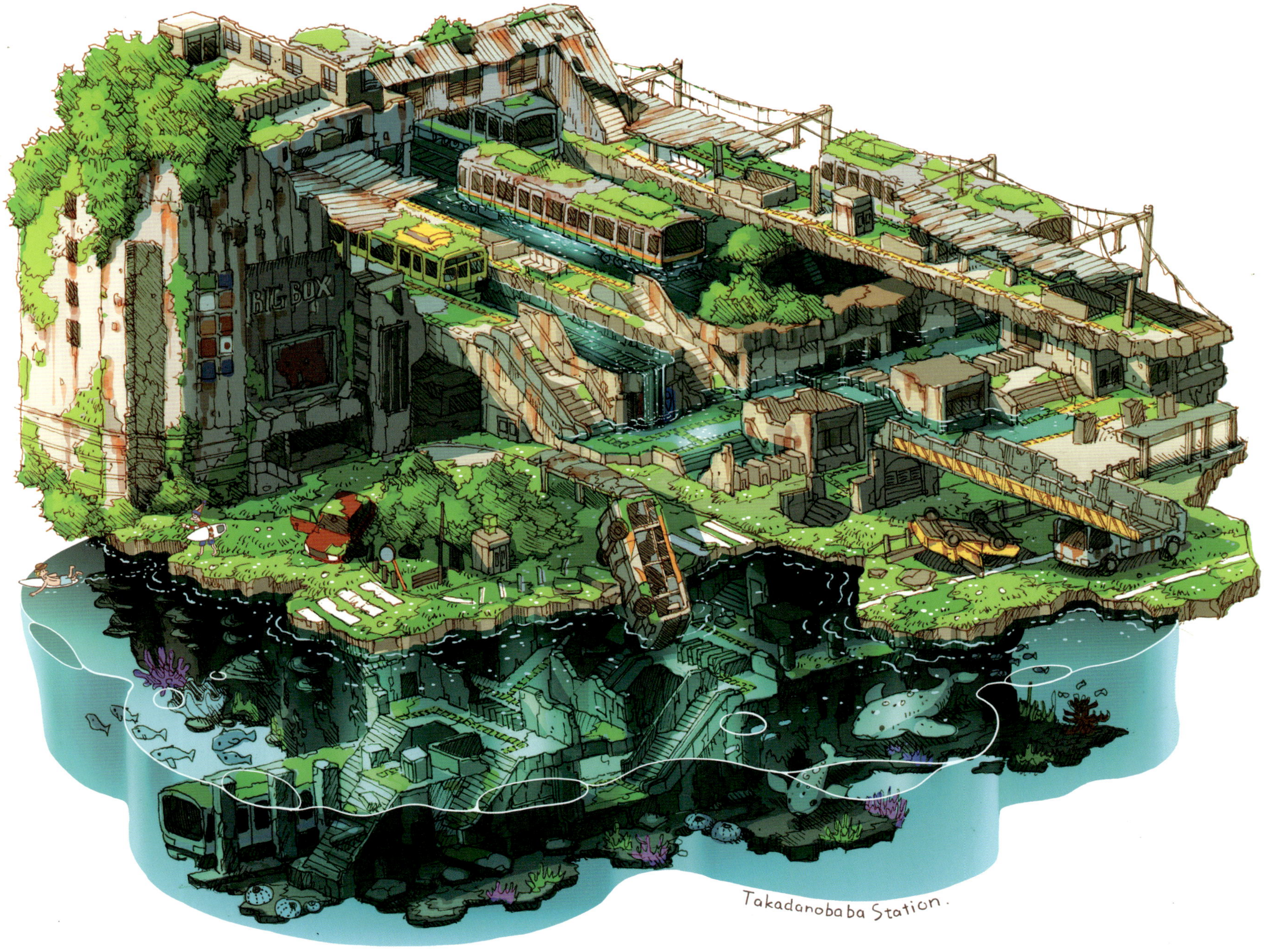
BIG BOX
Takadanobaba Station.

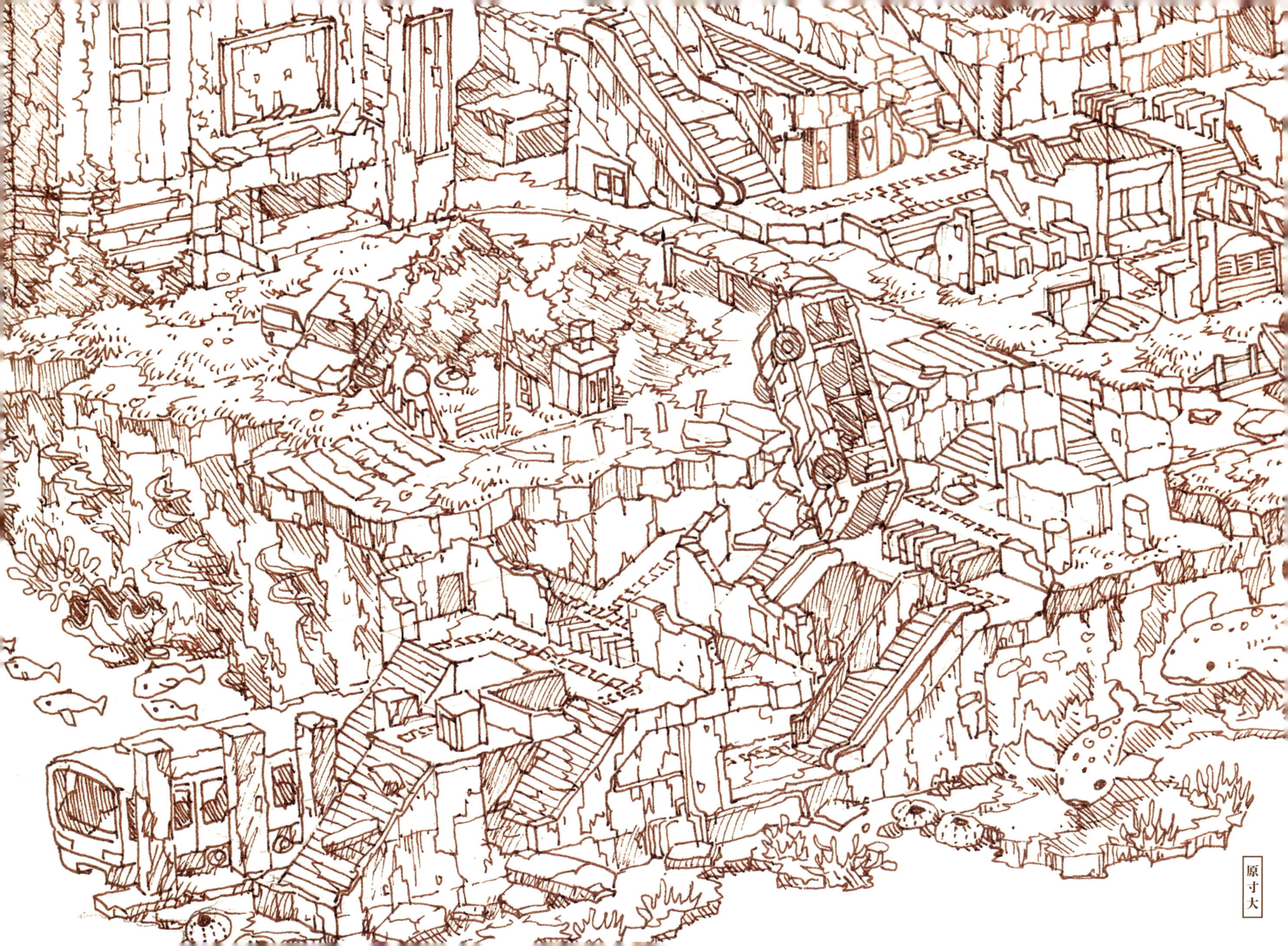

原寸大

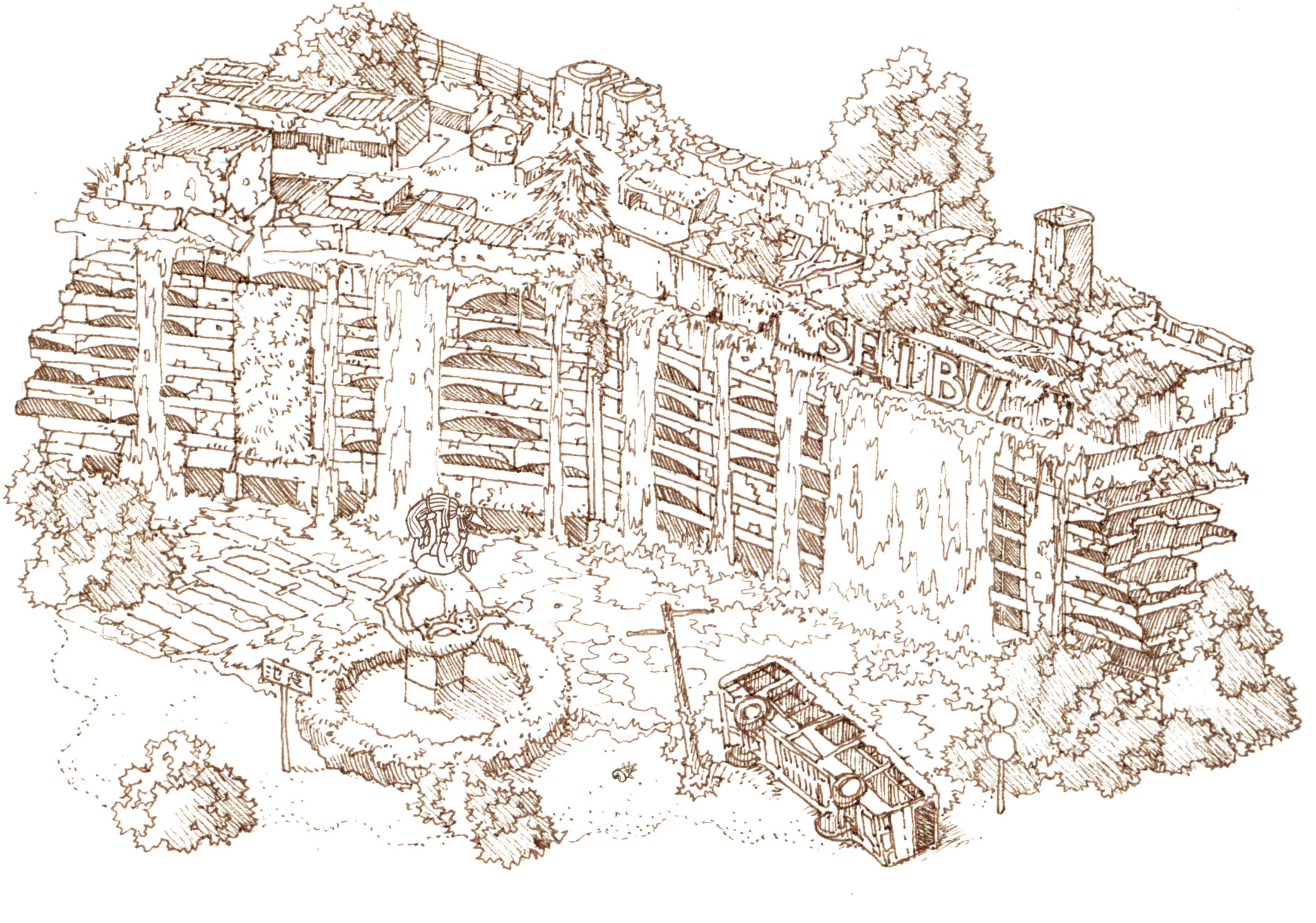
SEIBU
池袋

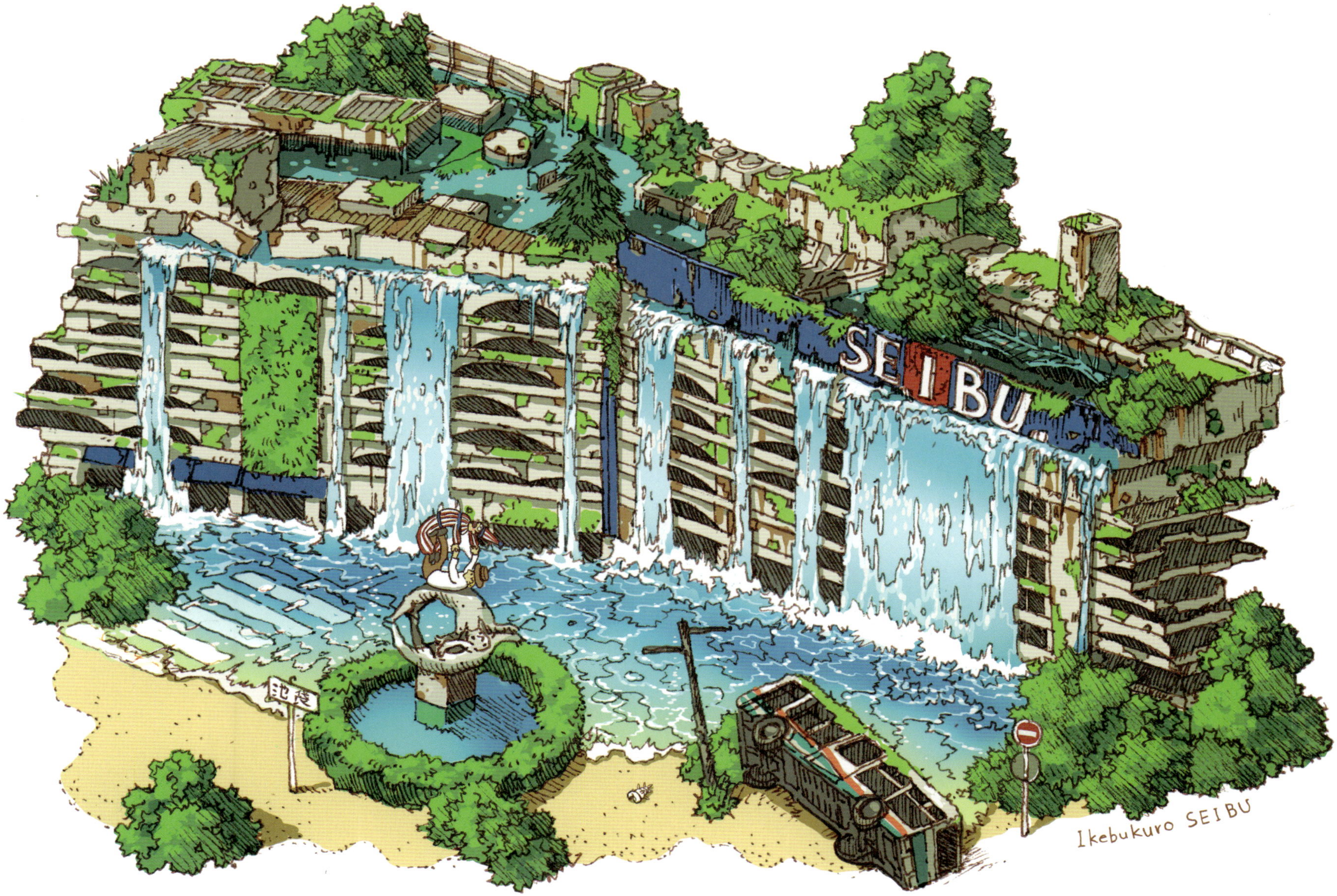
SEIBU
池袋
Ikebukuro SEIBU

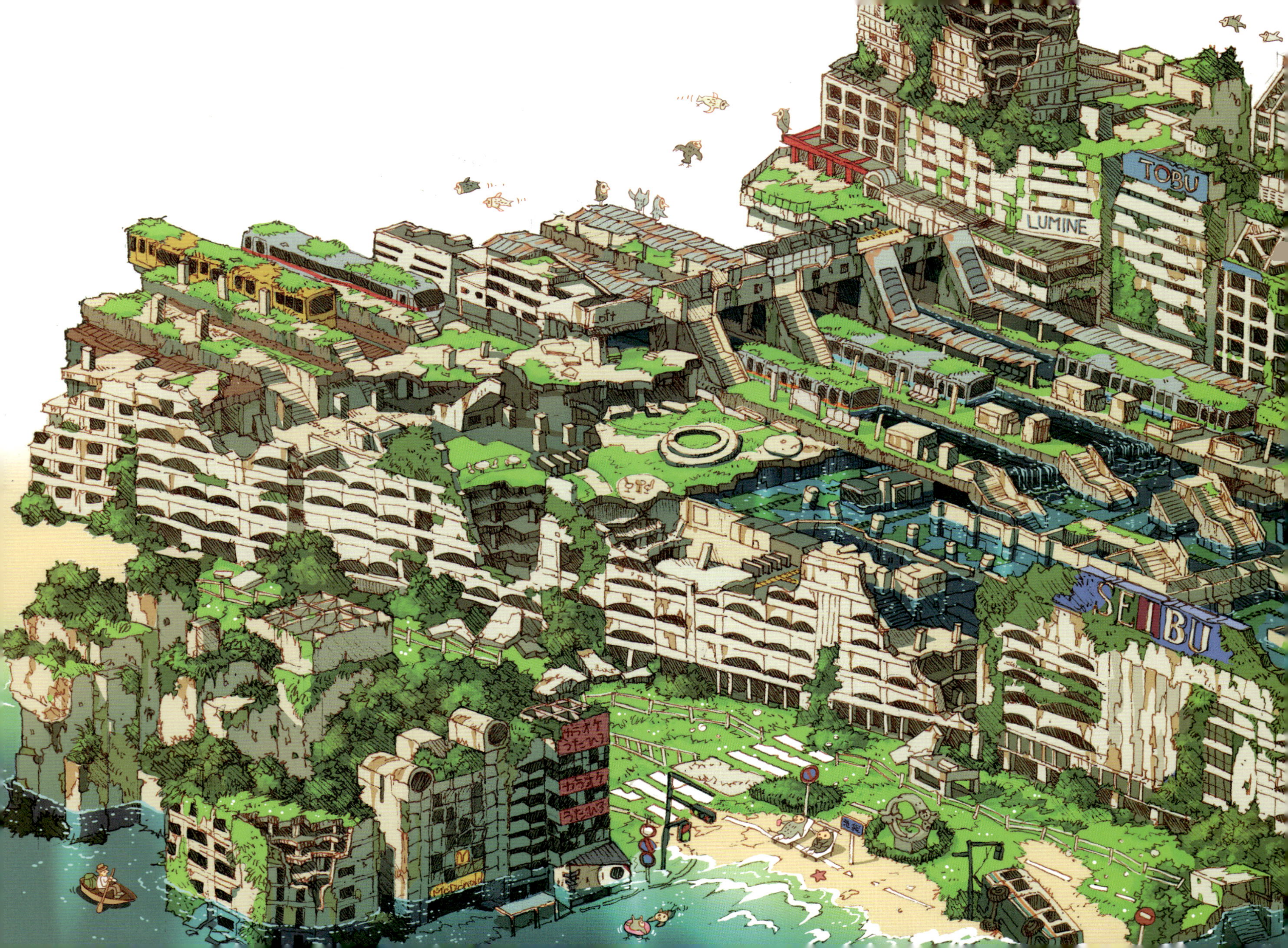

TOBU
LUMINE
SEIBU
カラオケ

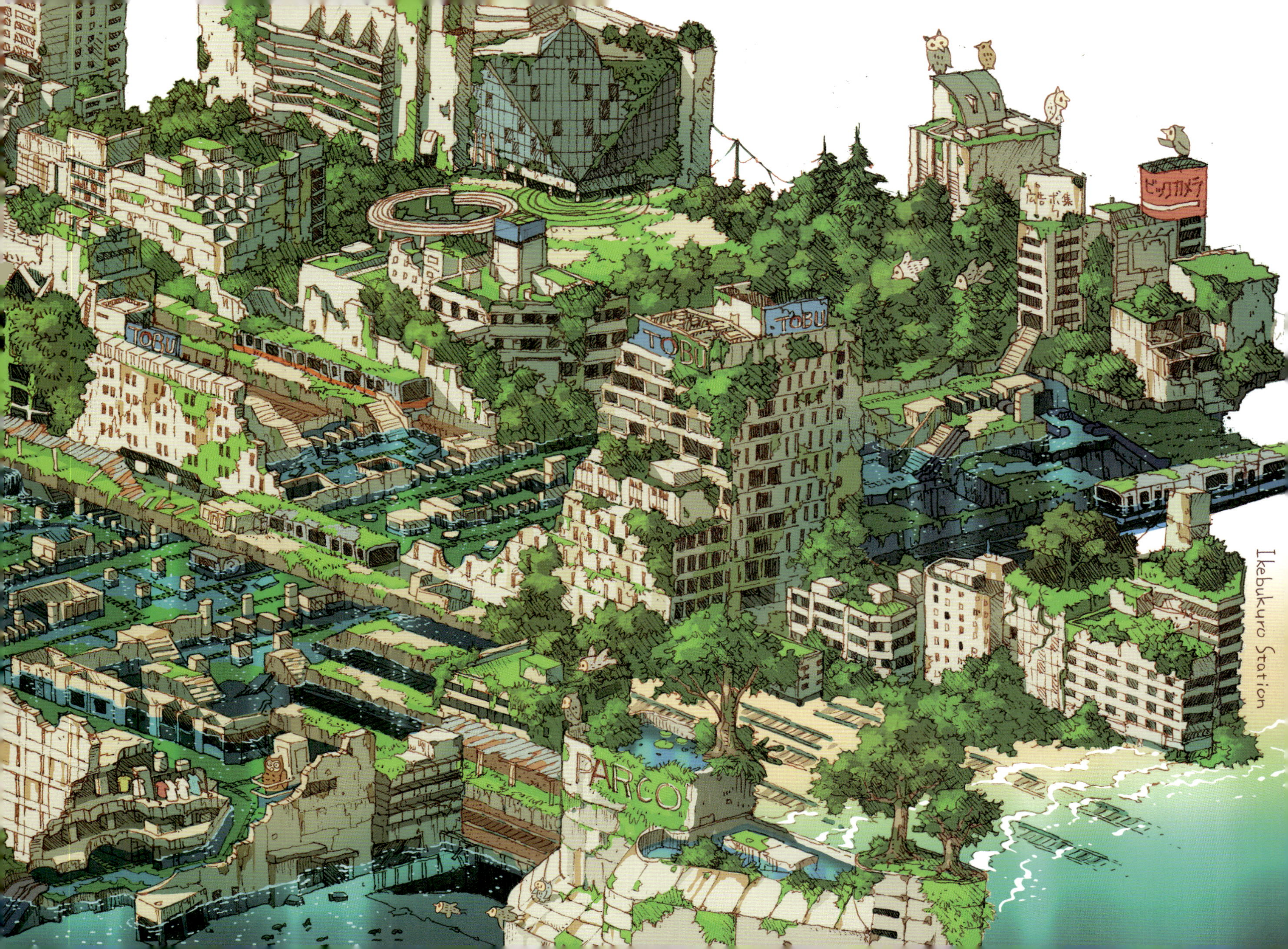

Ikebukuro Station

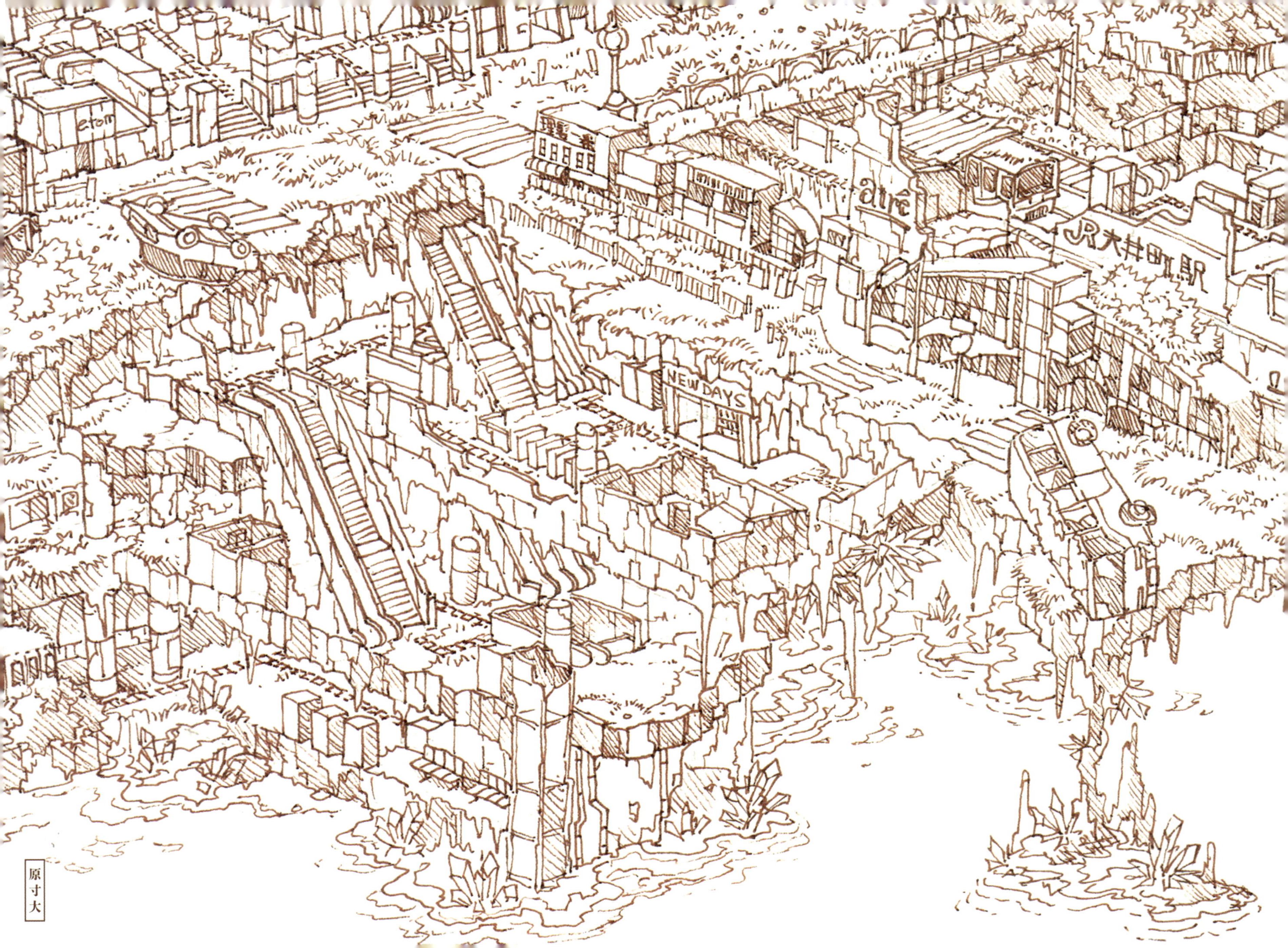

原寸大

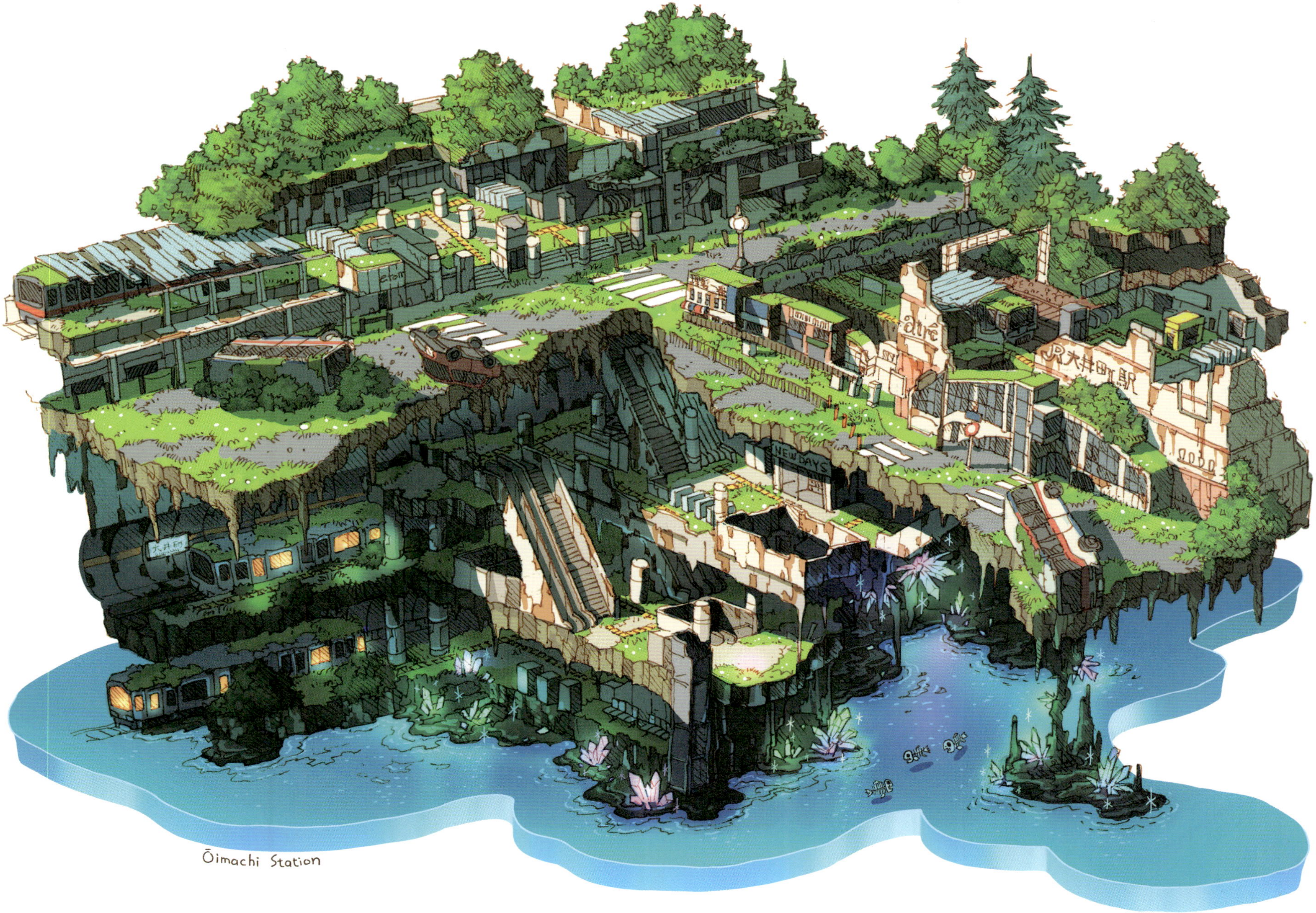

Ōimachi Station

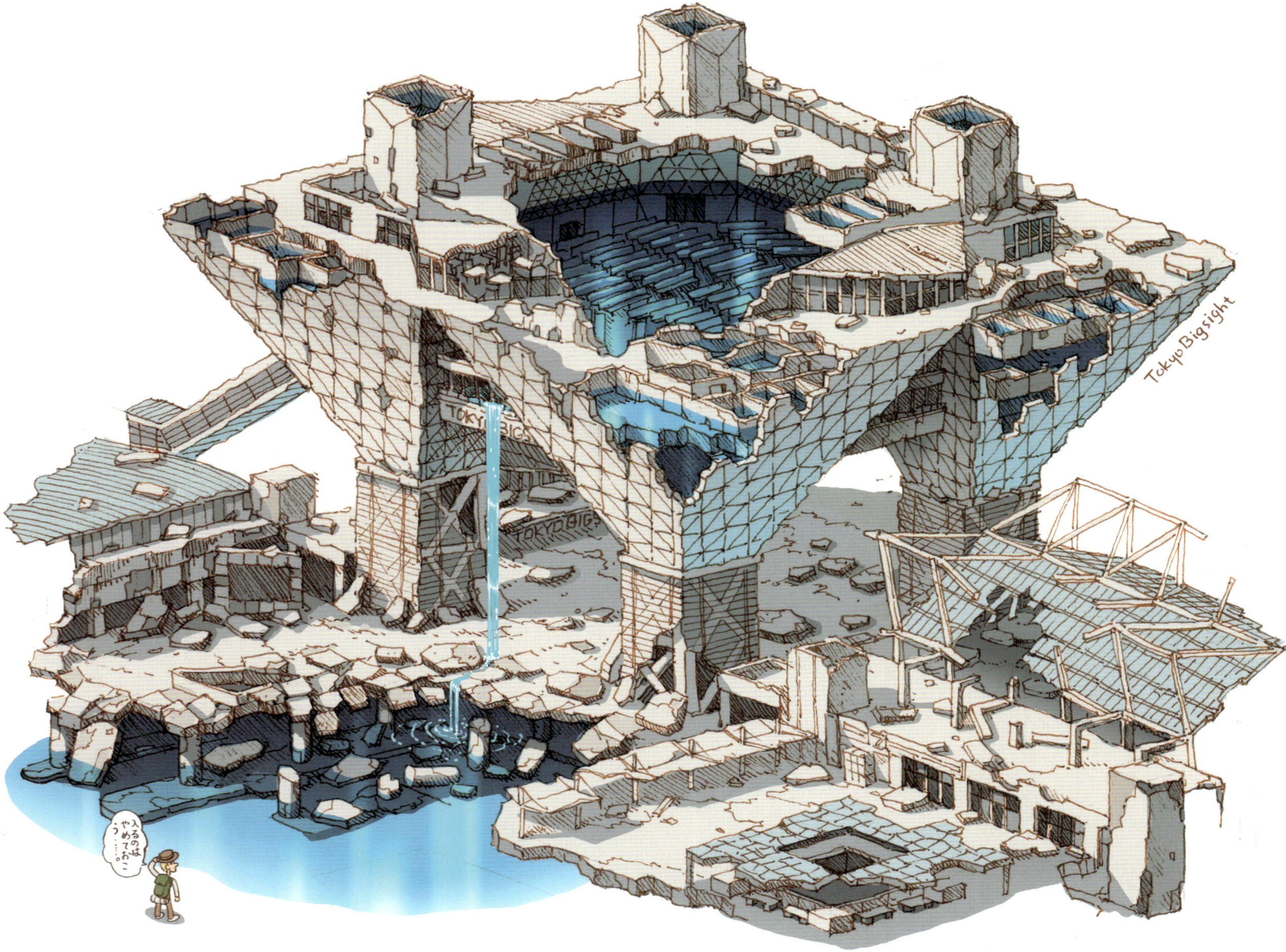
TokyoBigsight
入るのはやめておこう、……。

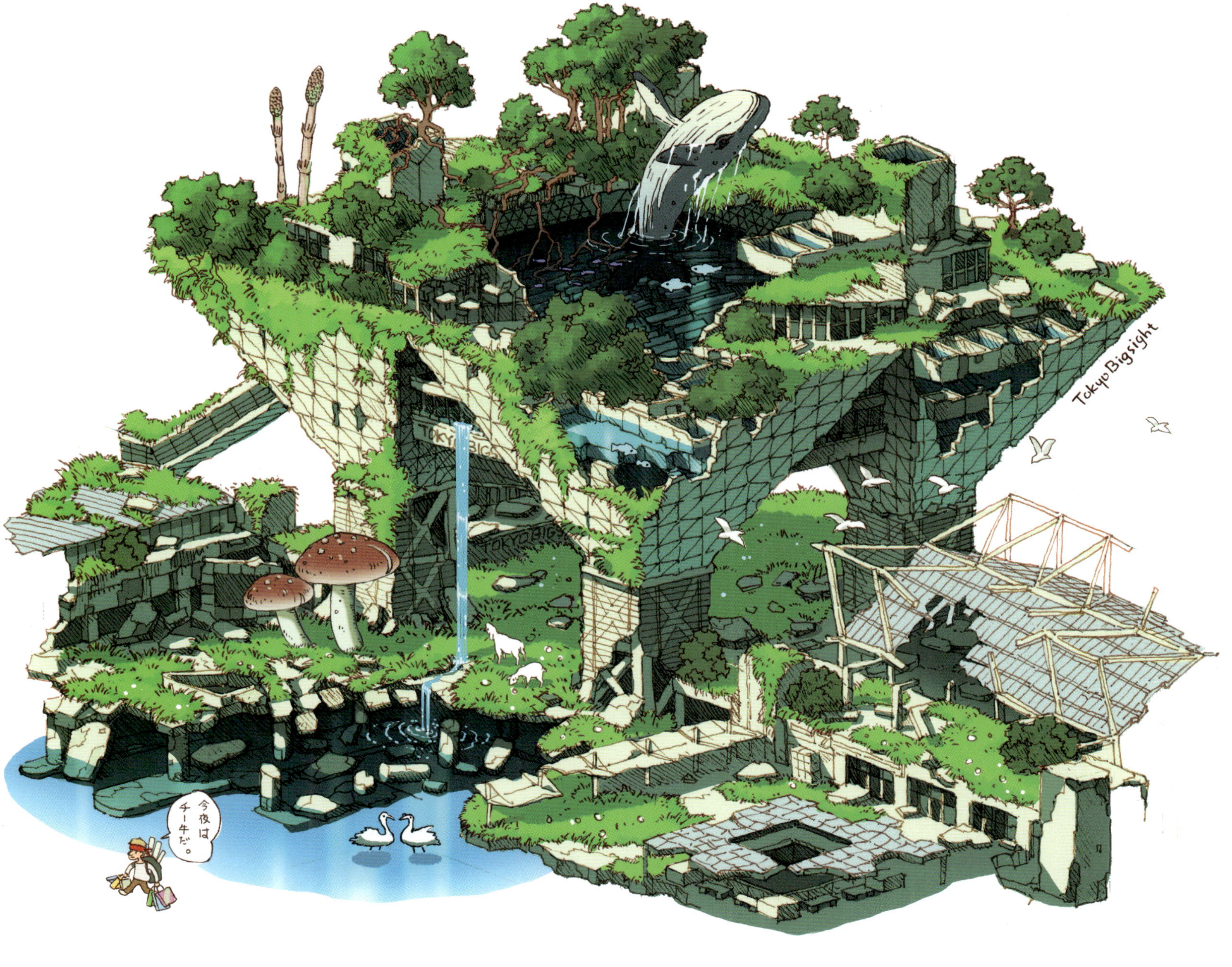
TokyoBigsight
今夜はチー牛だ。

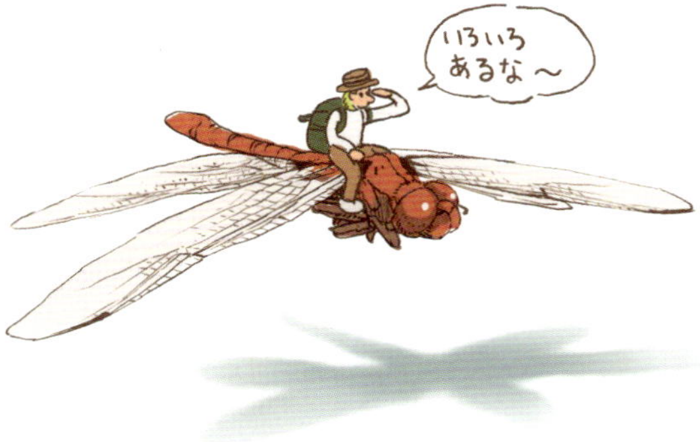
いろいろ
あるな～

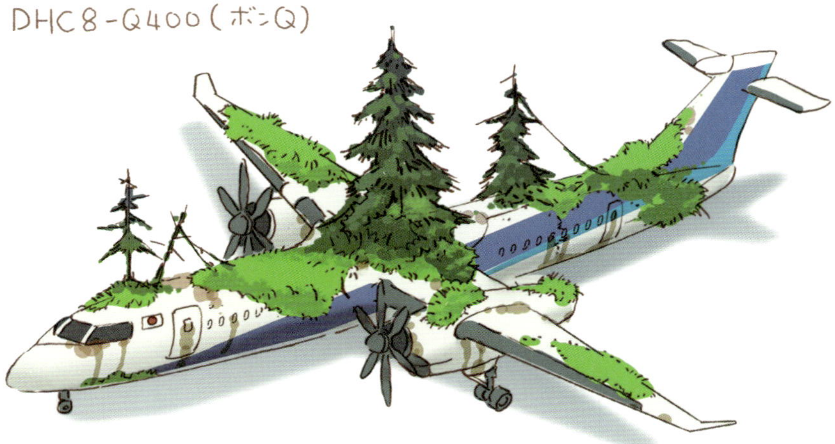
DHC8-Q400（ボンQ）

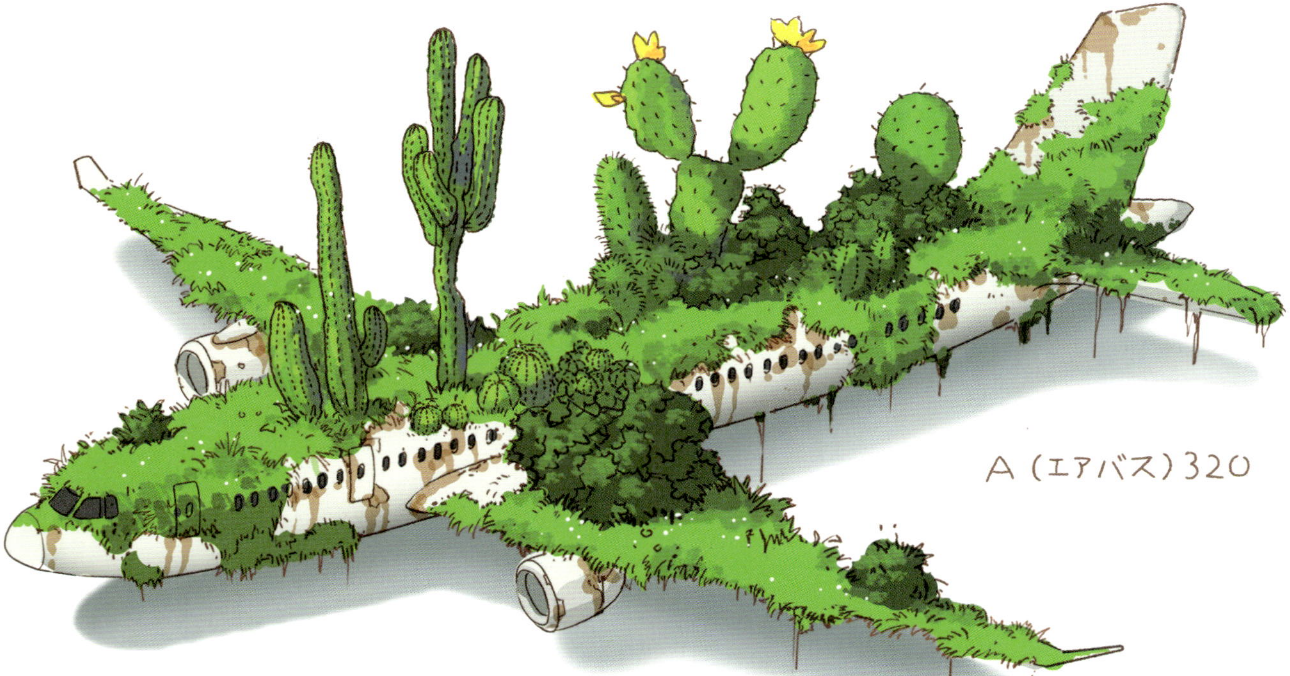
A（エアバス）320

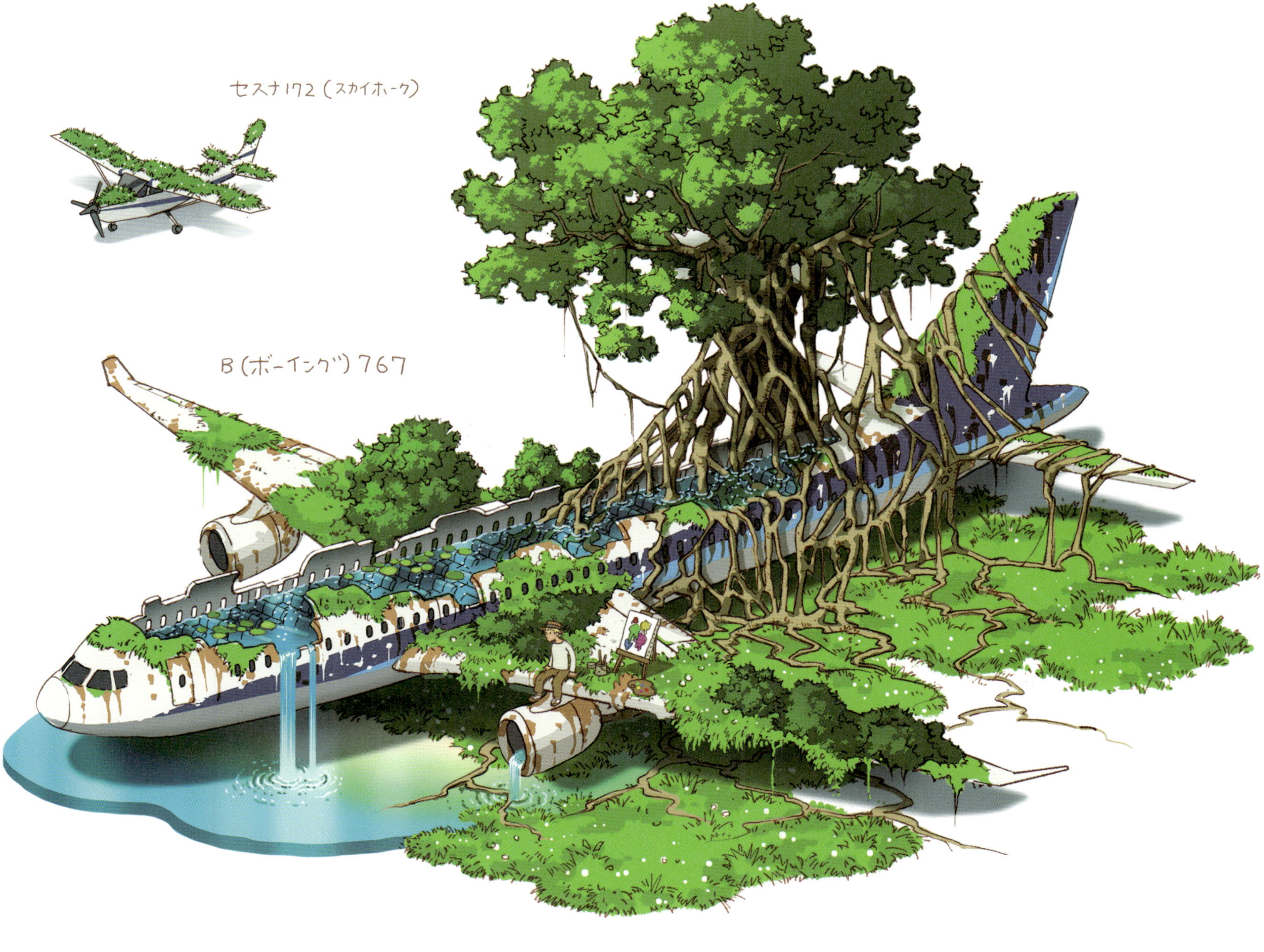
セスナ172（スカイホーク）
B（ボーイング）767

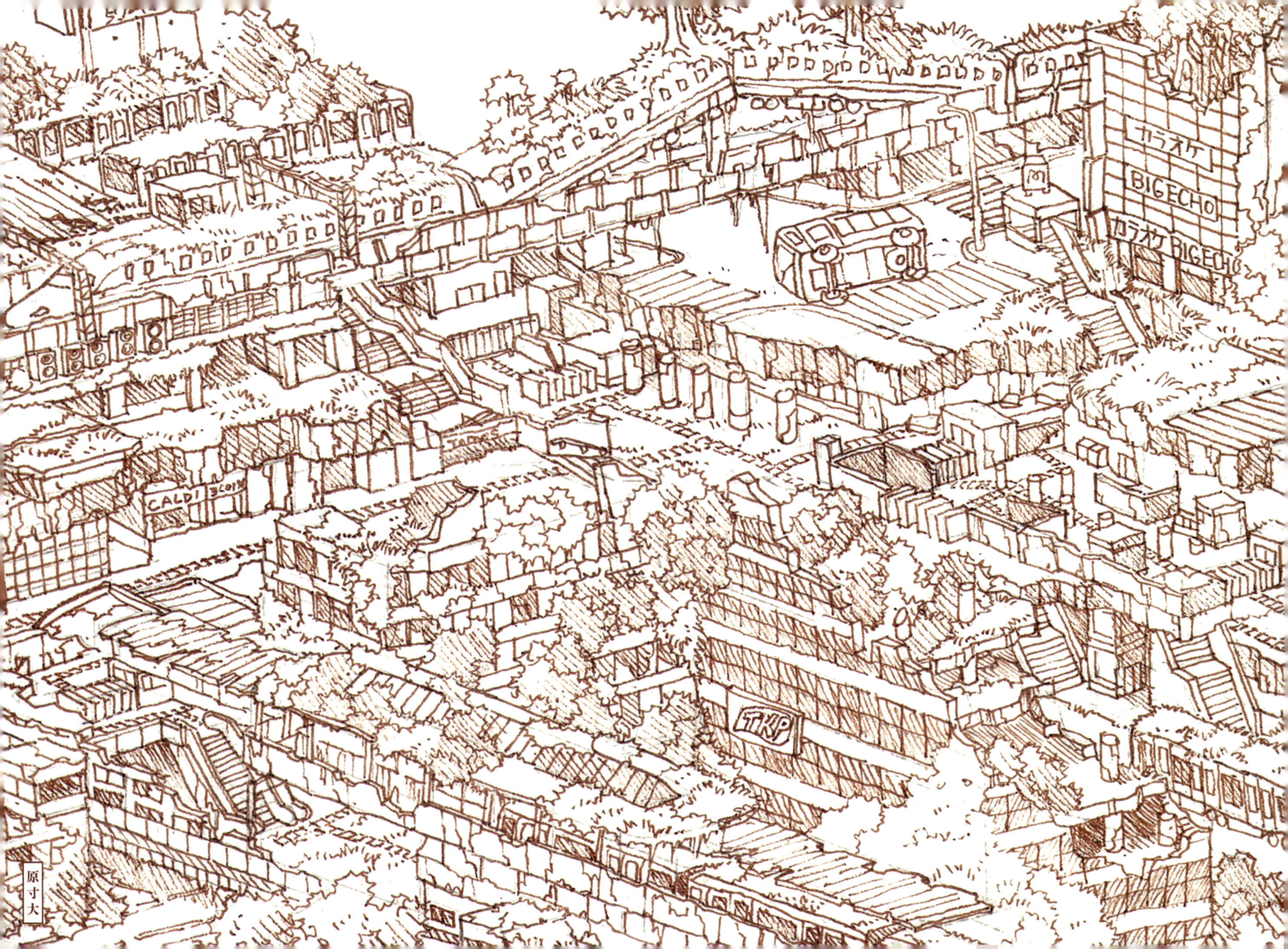

原寸大

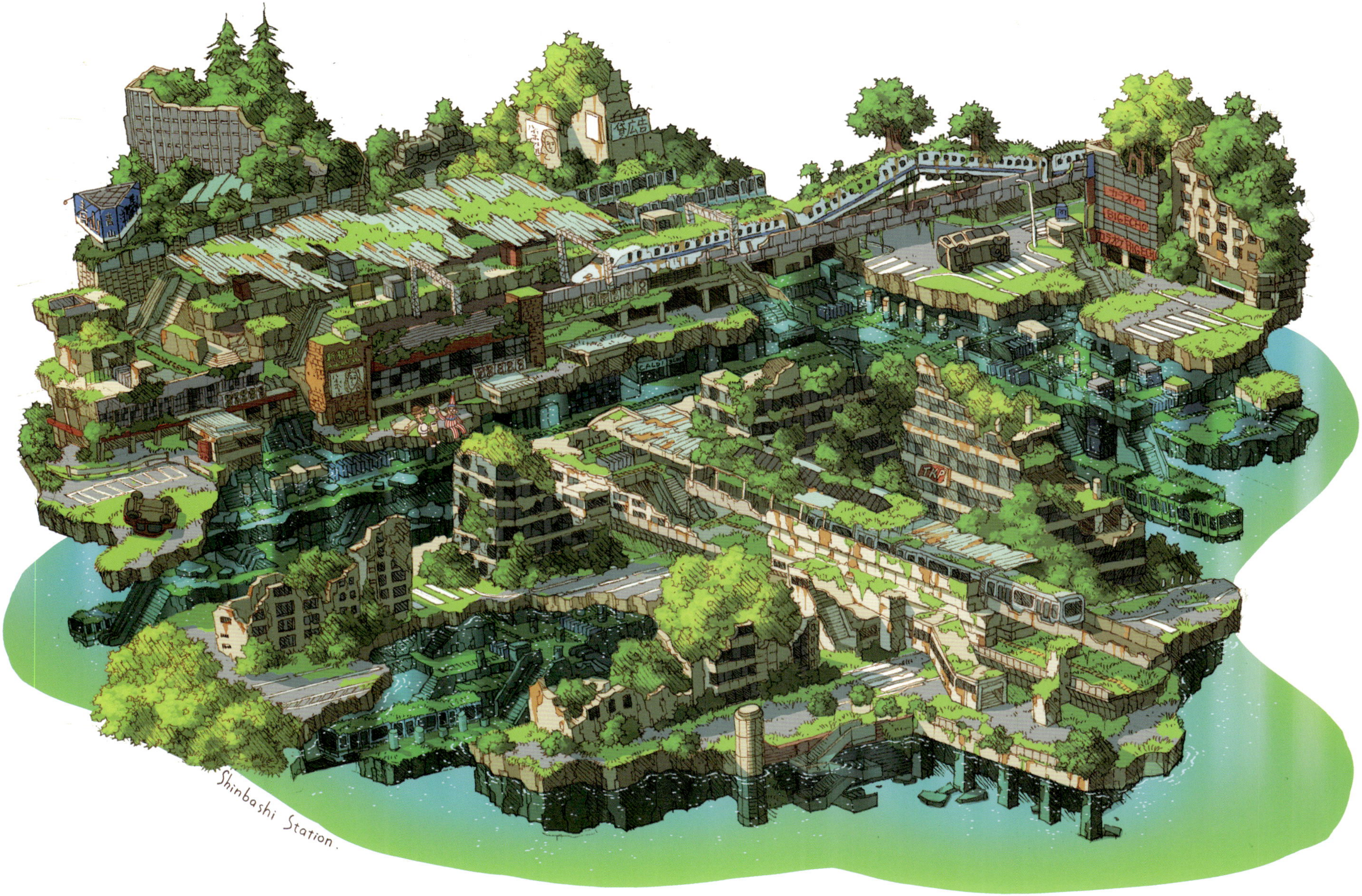
カラオケ
BIGECHO
TKP
Shinbashi Station.

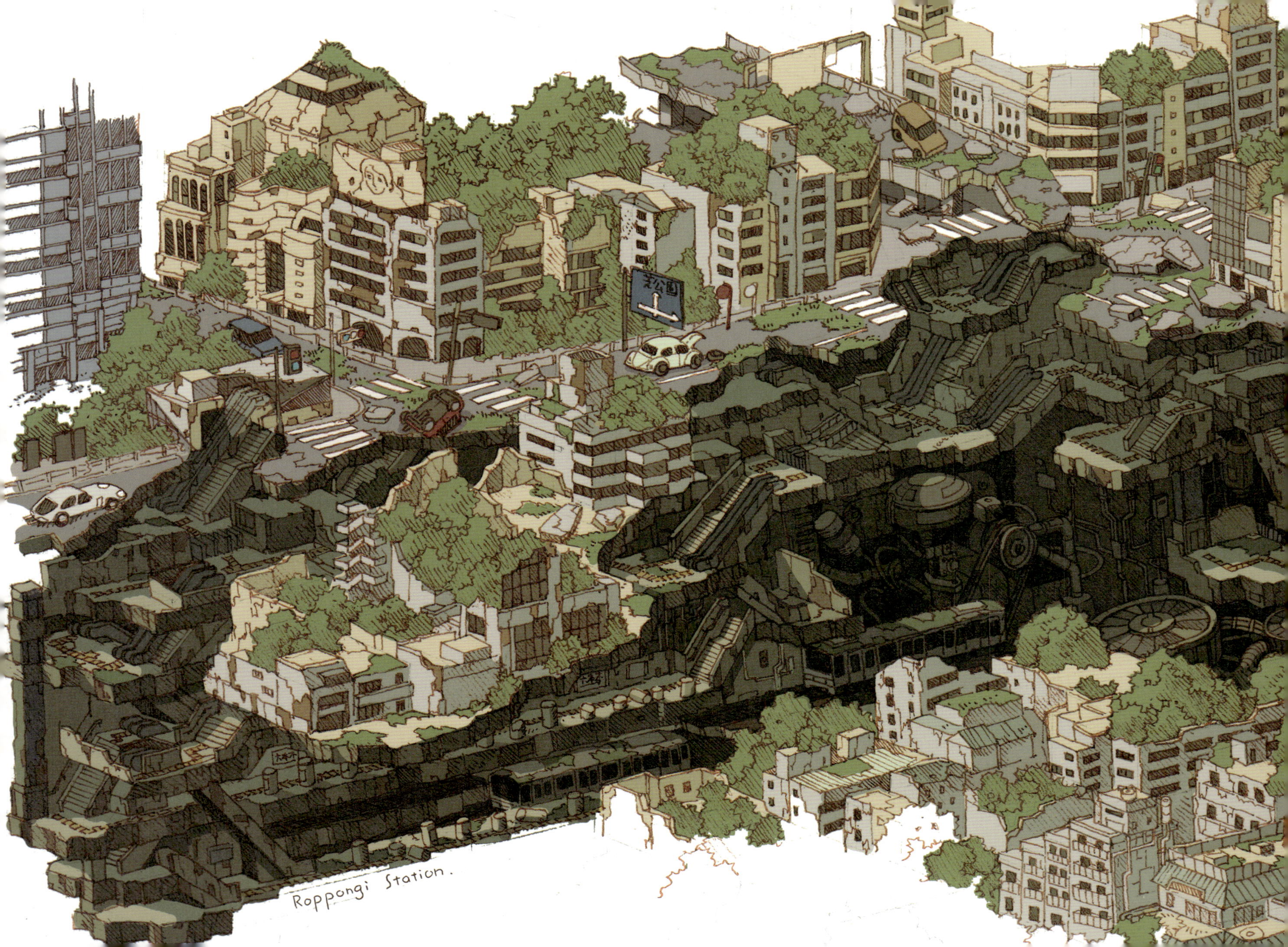
芝公園
Roppongi Station.

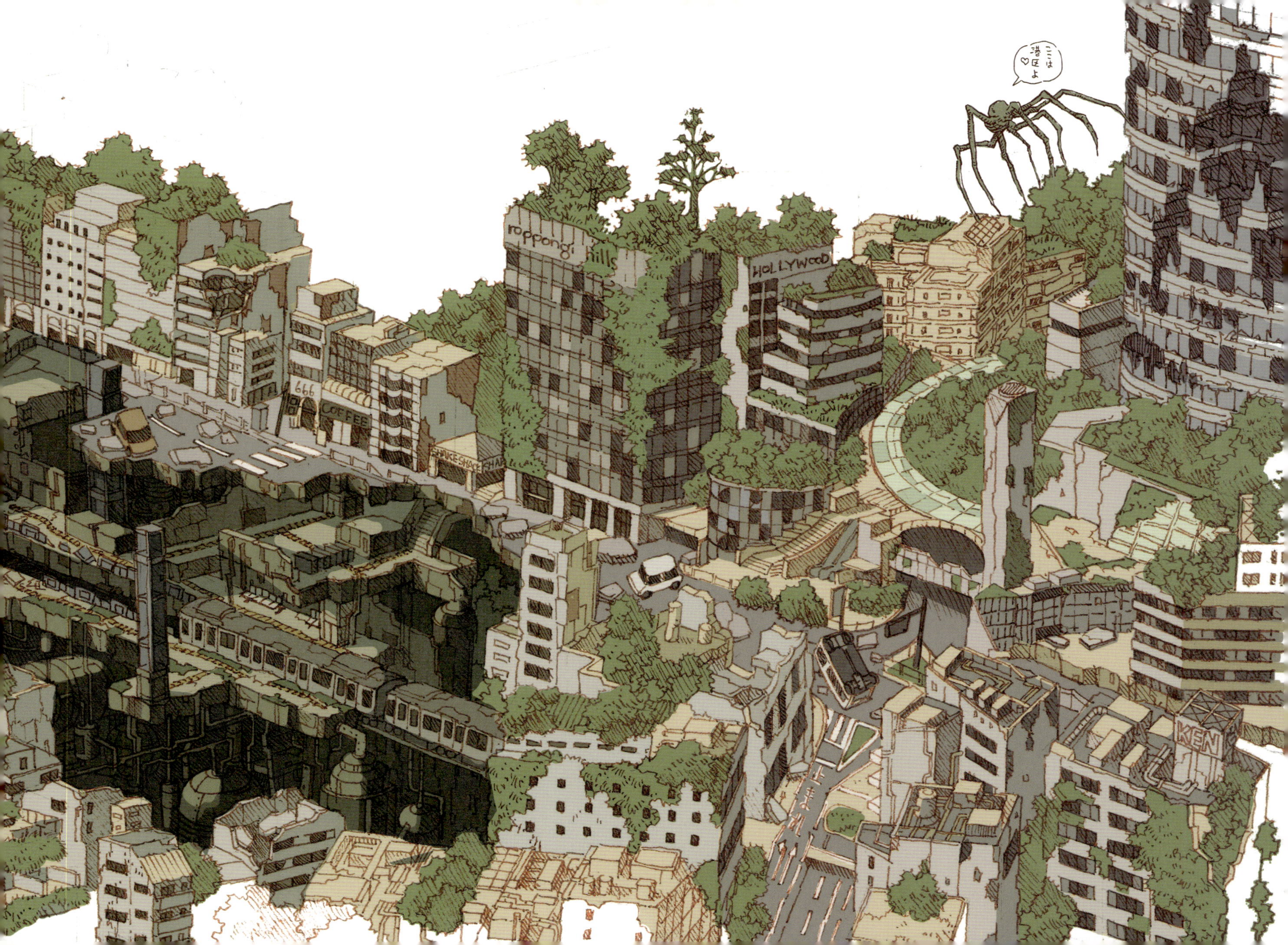
ここは港区よ♡
roppongi
HOLLYWOOD
666
COFFEE
SHAKE SHACK
KEN

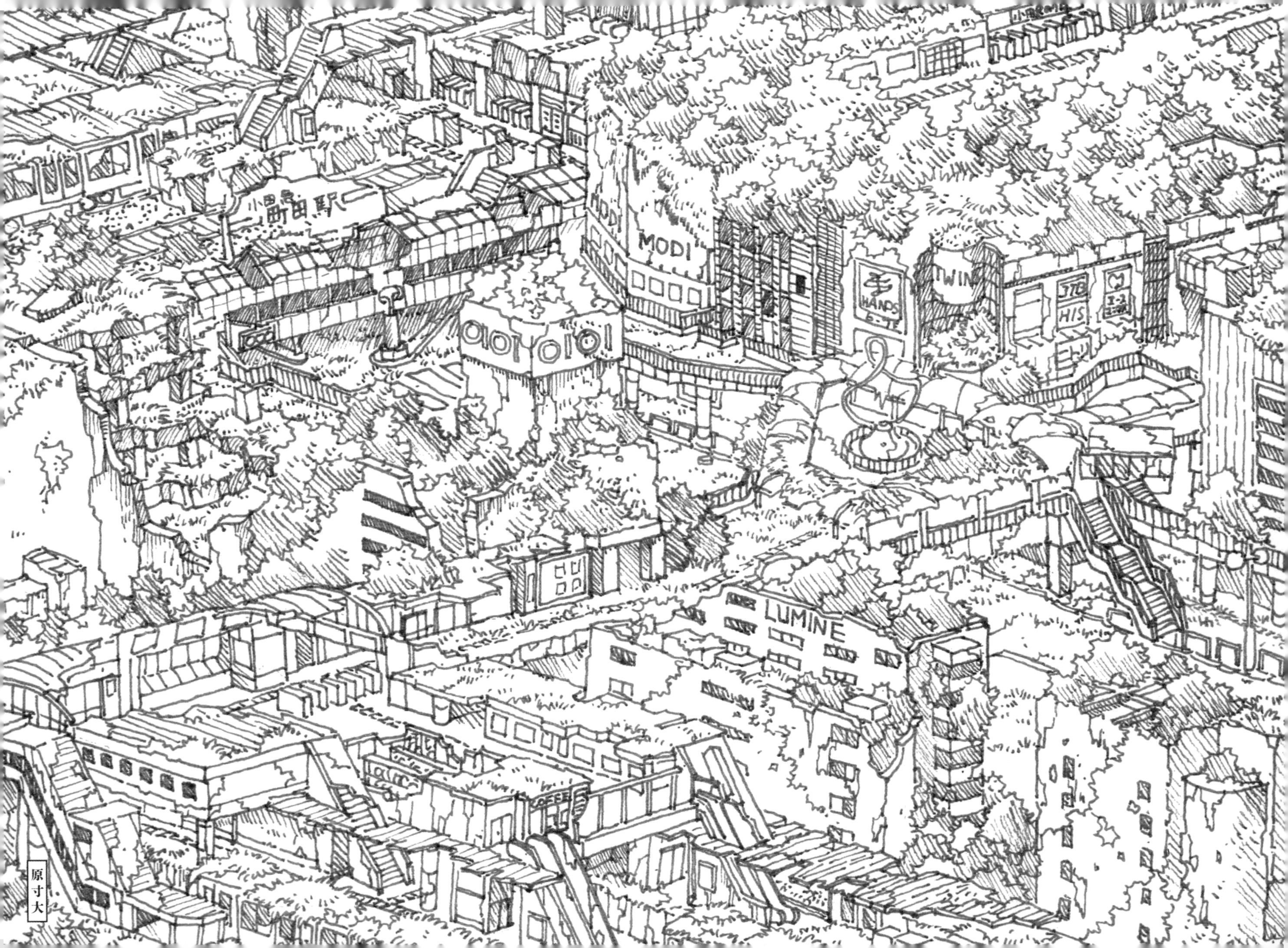

原寸大

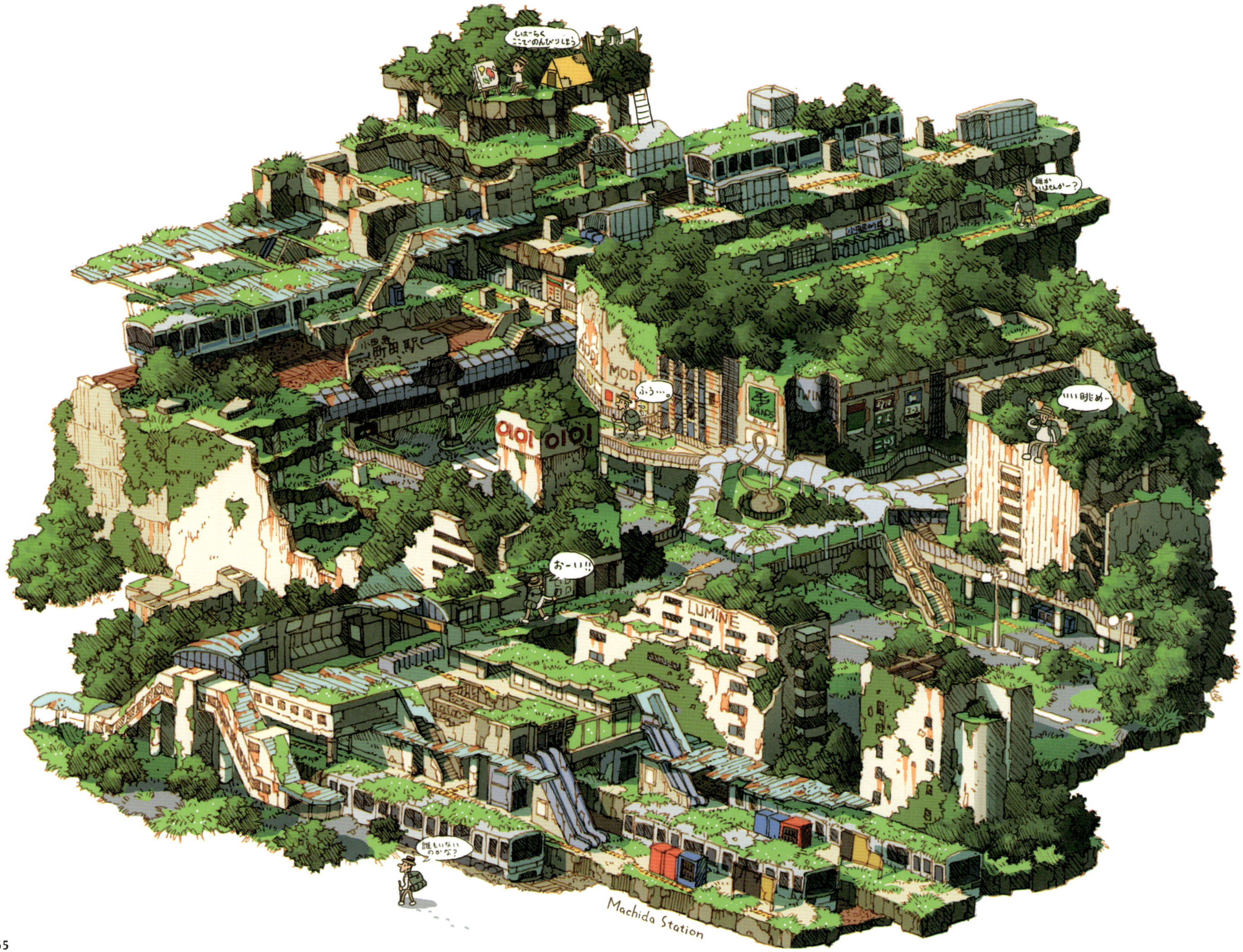
しばーらく
ここでのんびりしよう
誰か
いませんかー？
町田駅
ふう…。
MODI
いい眺め..
0101
おーい!!
LUMINE
誰もいない
のかな？
Machida Station

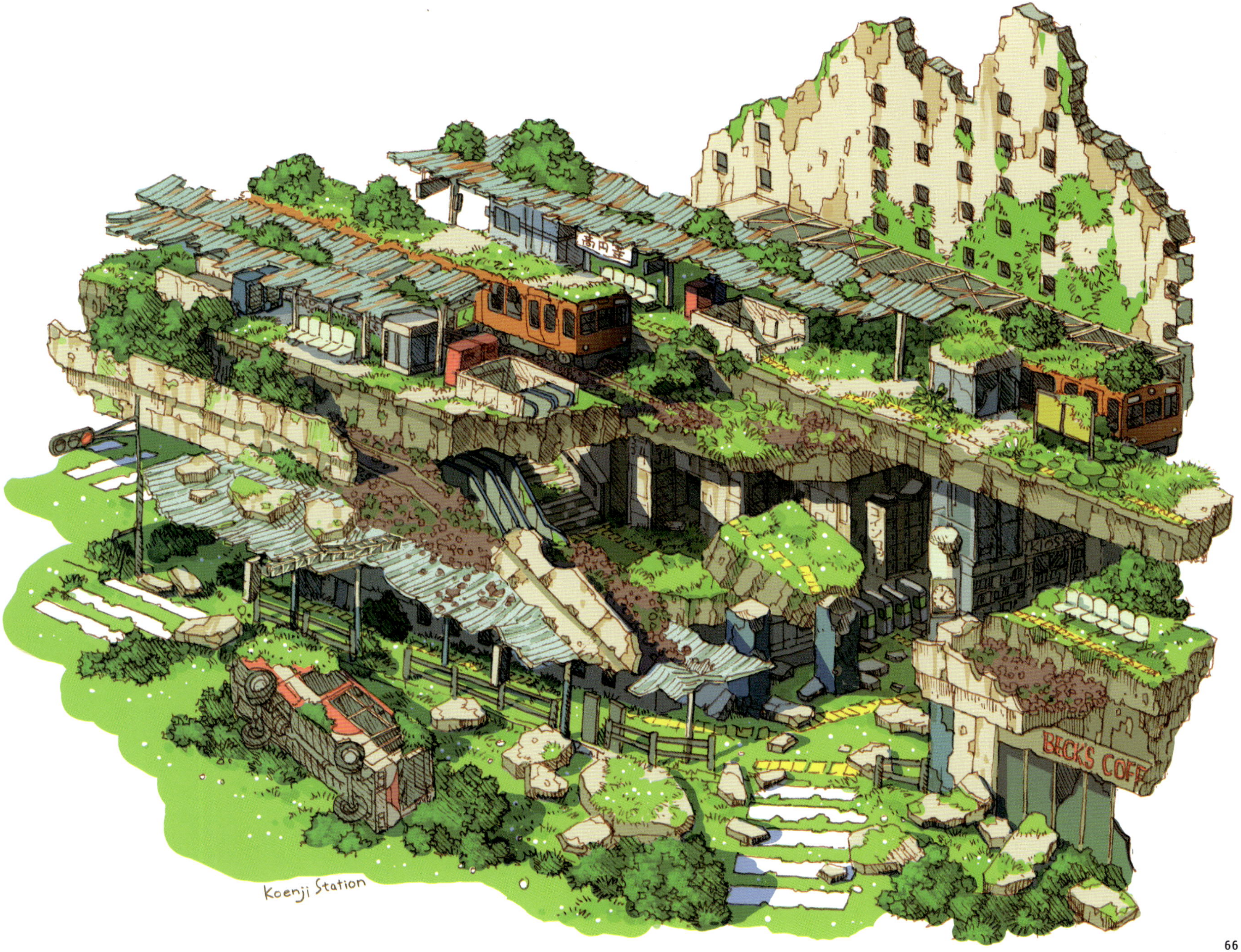
高円寺
BECK'S COFF
Koenji Station

原寸大

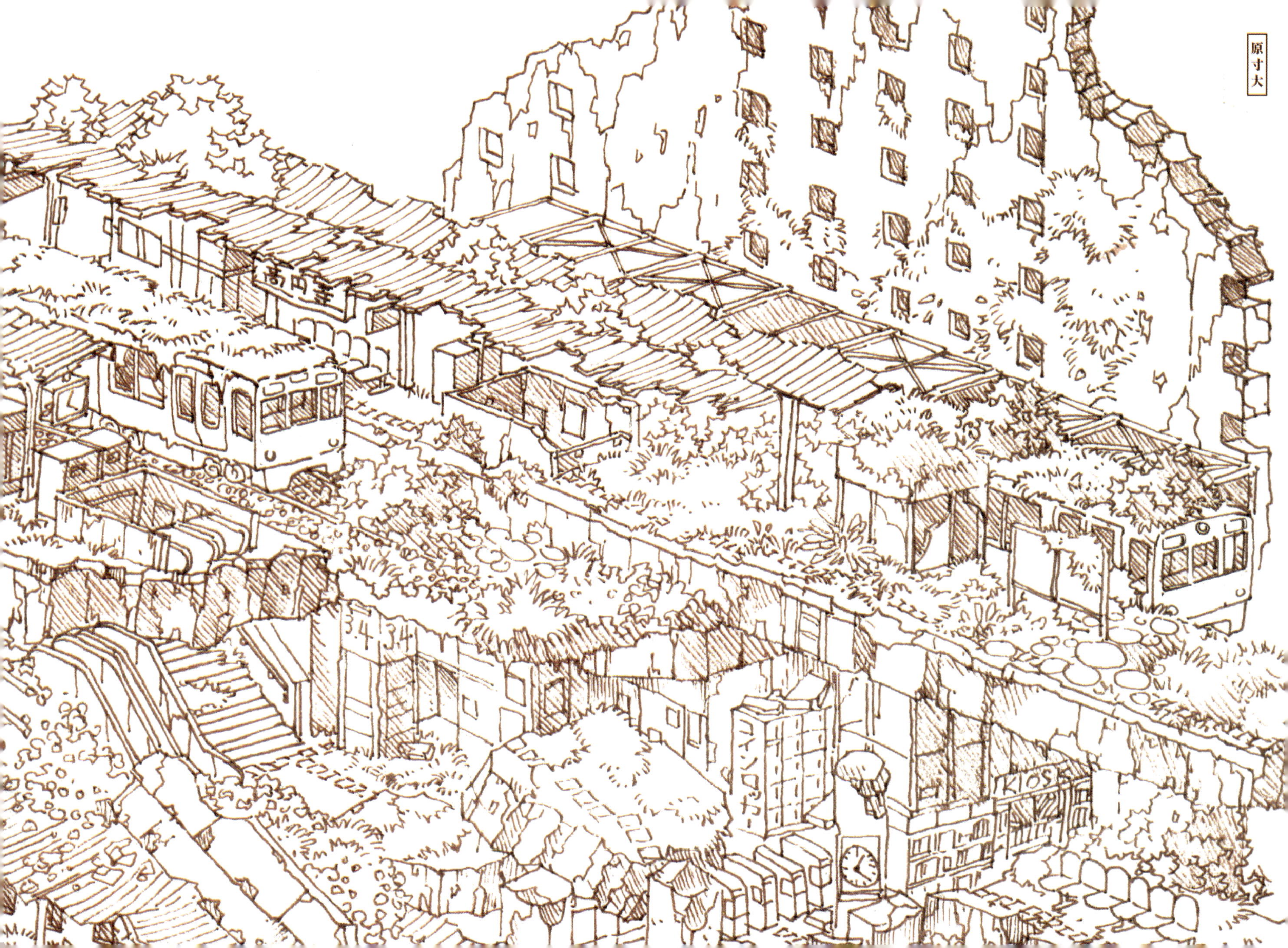

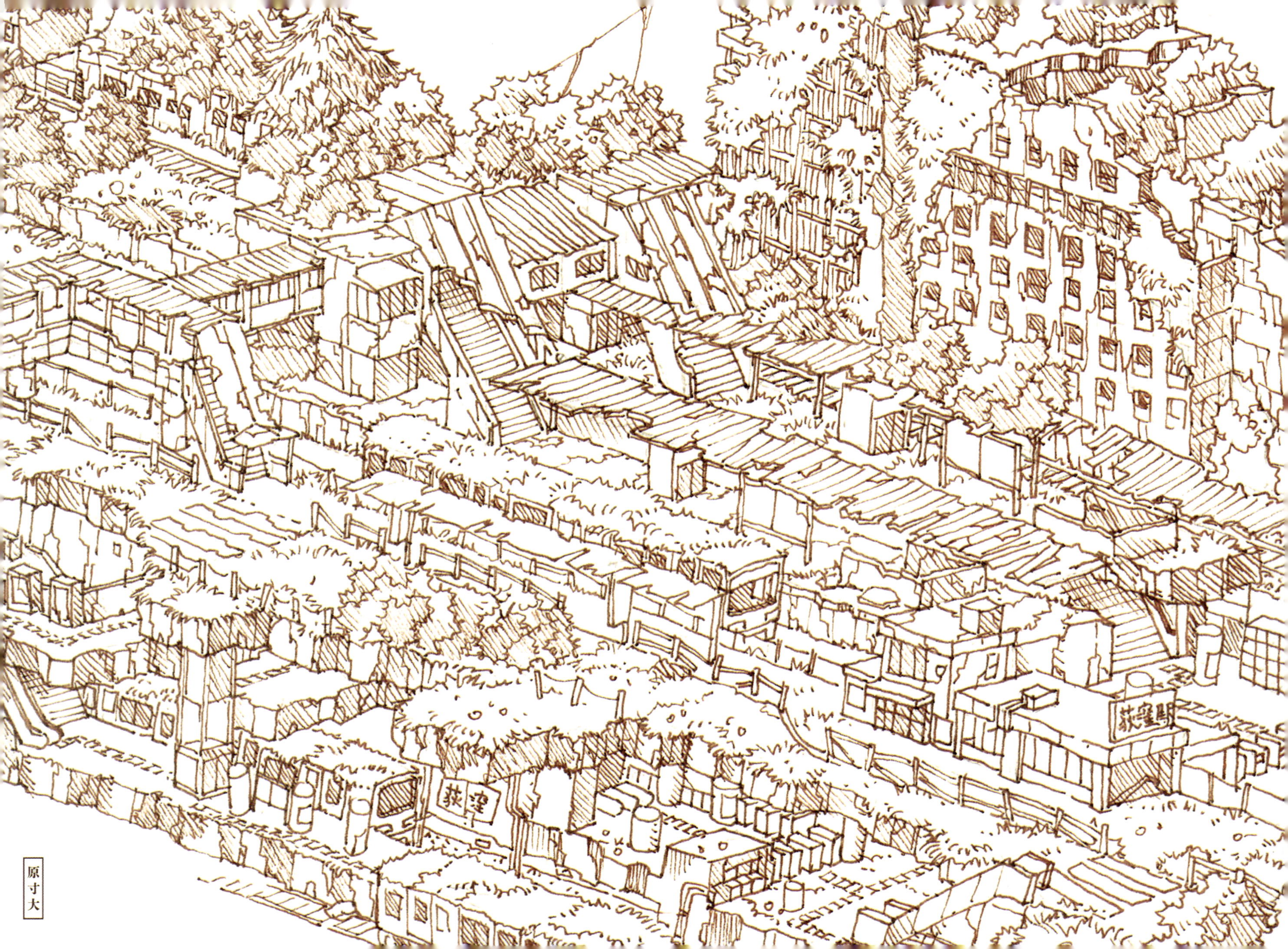

原寸大

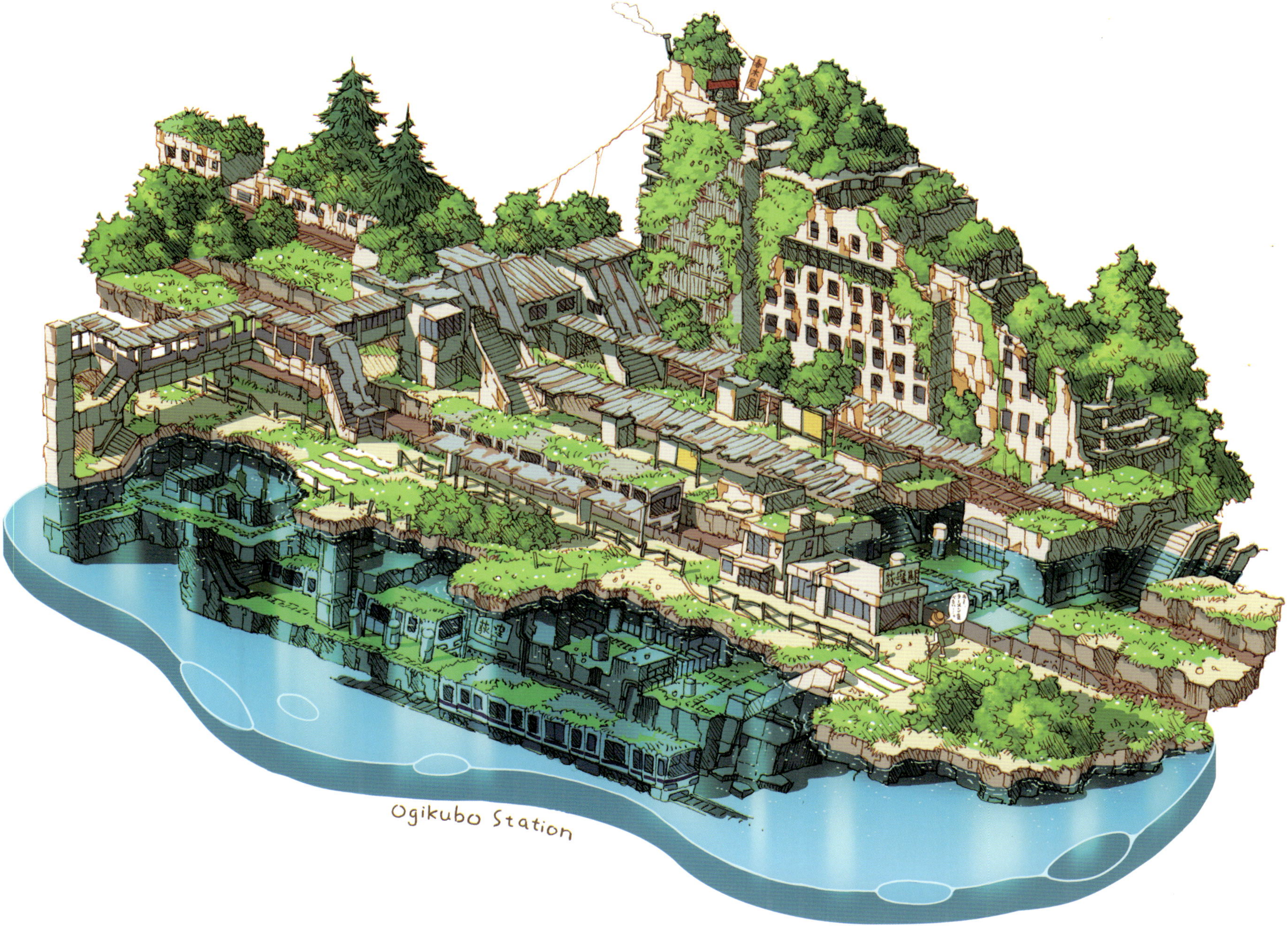
荻窪駅
Ogikubo Station

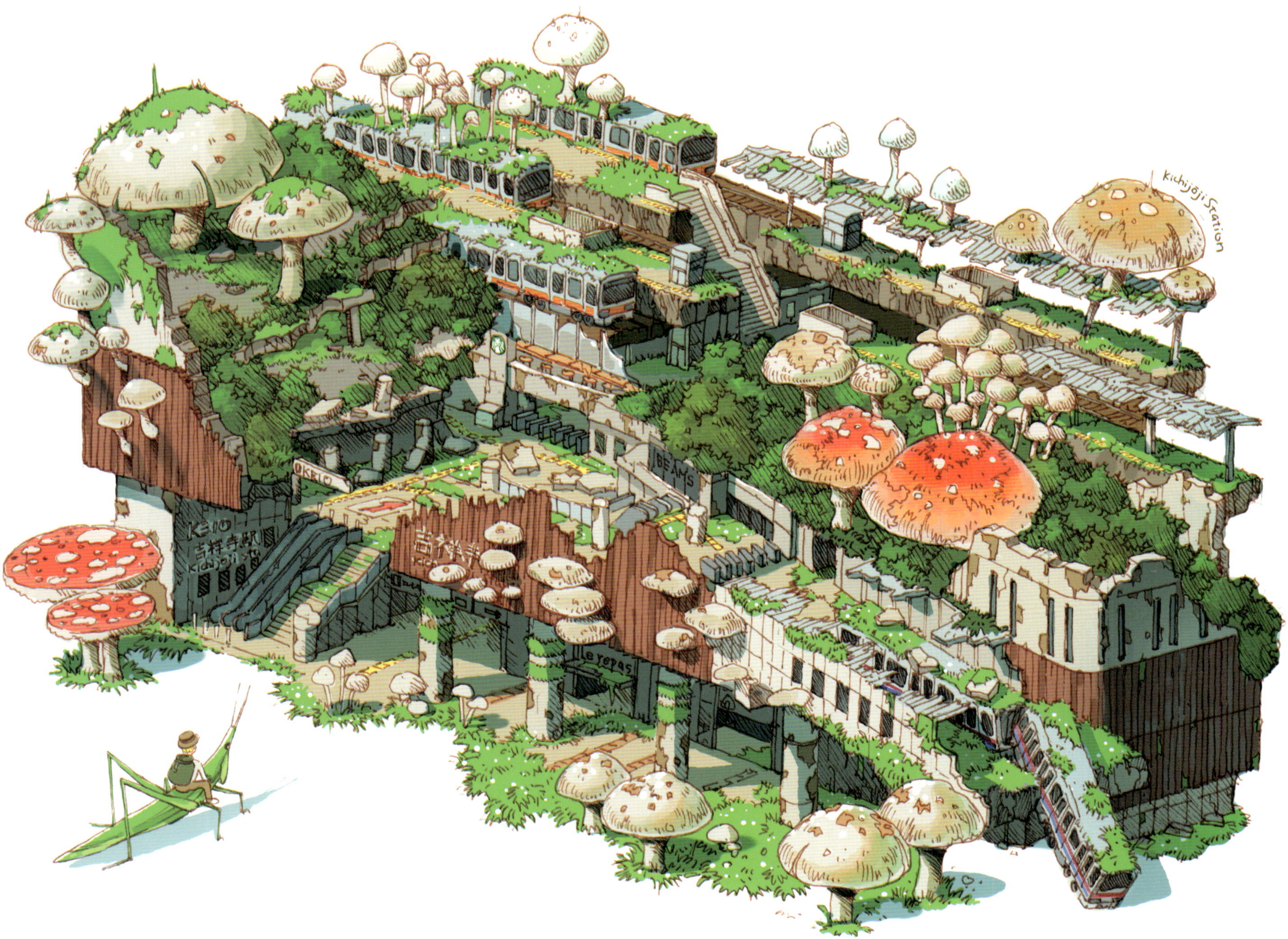
Kichijoji Station
KEIO
BEAMS
KEIO
吉祥寺駅
吉祥寺
Le yepas

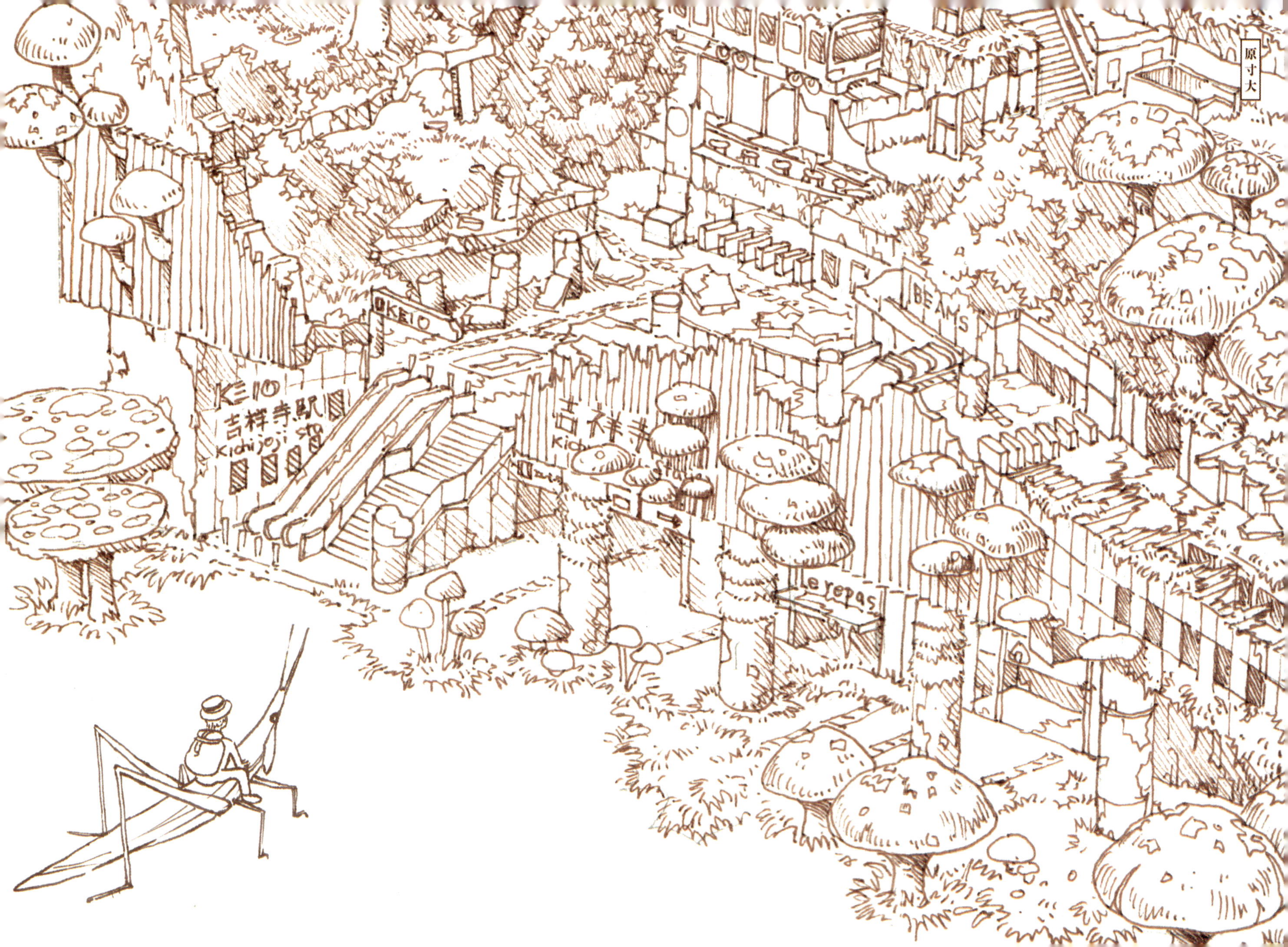

原寸大

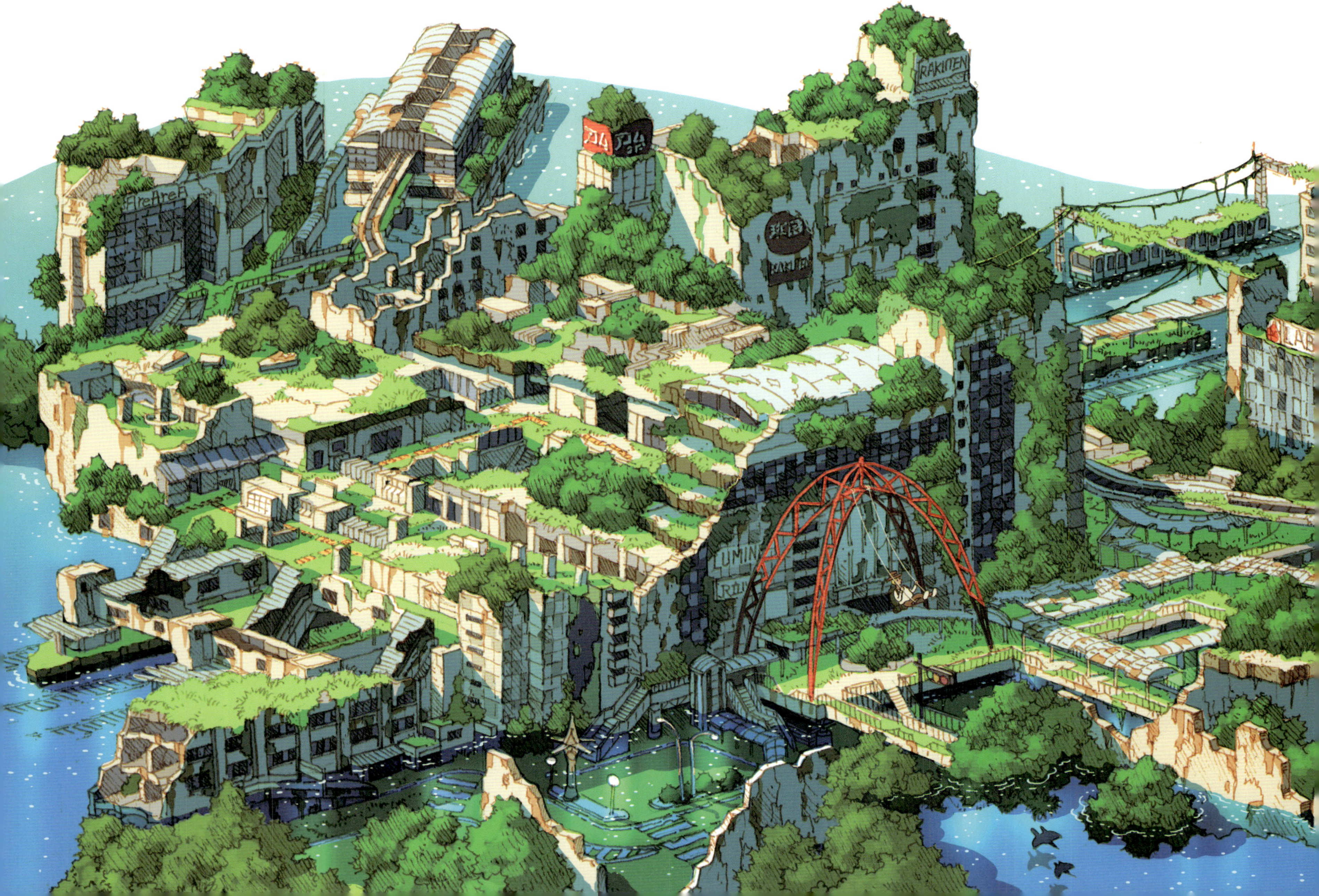
RAKITEN
LUMIN

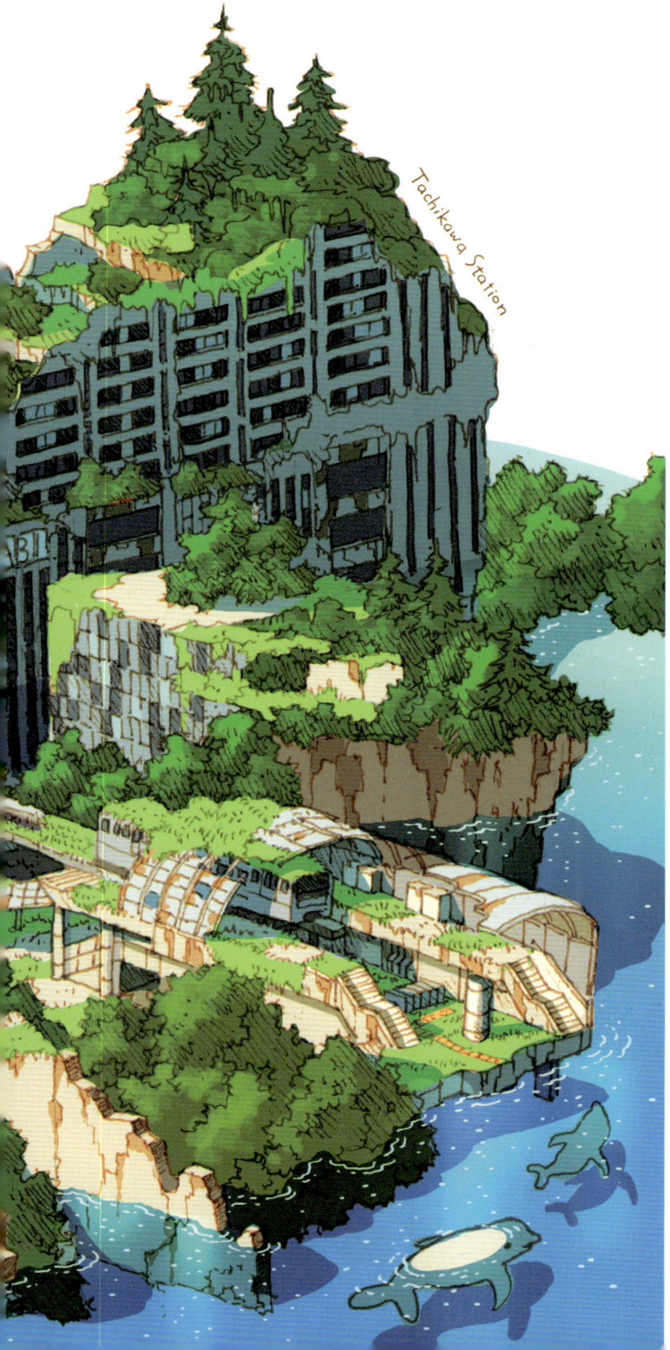
Tachikawa Station

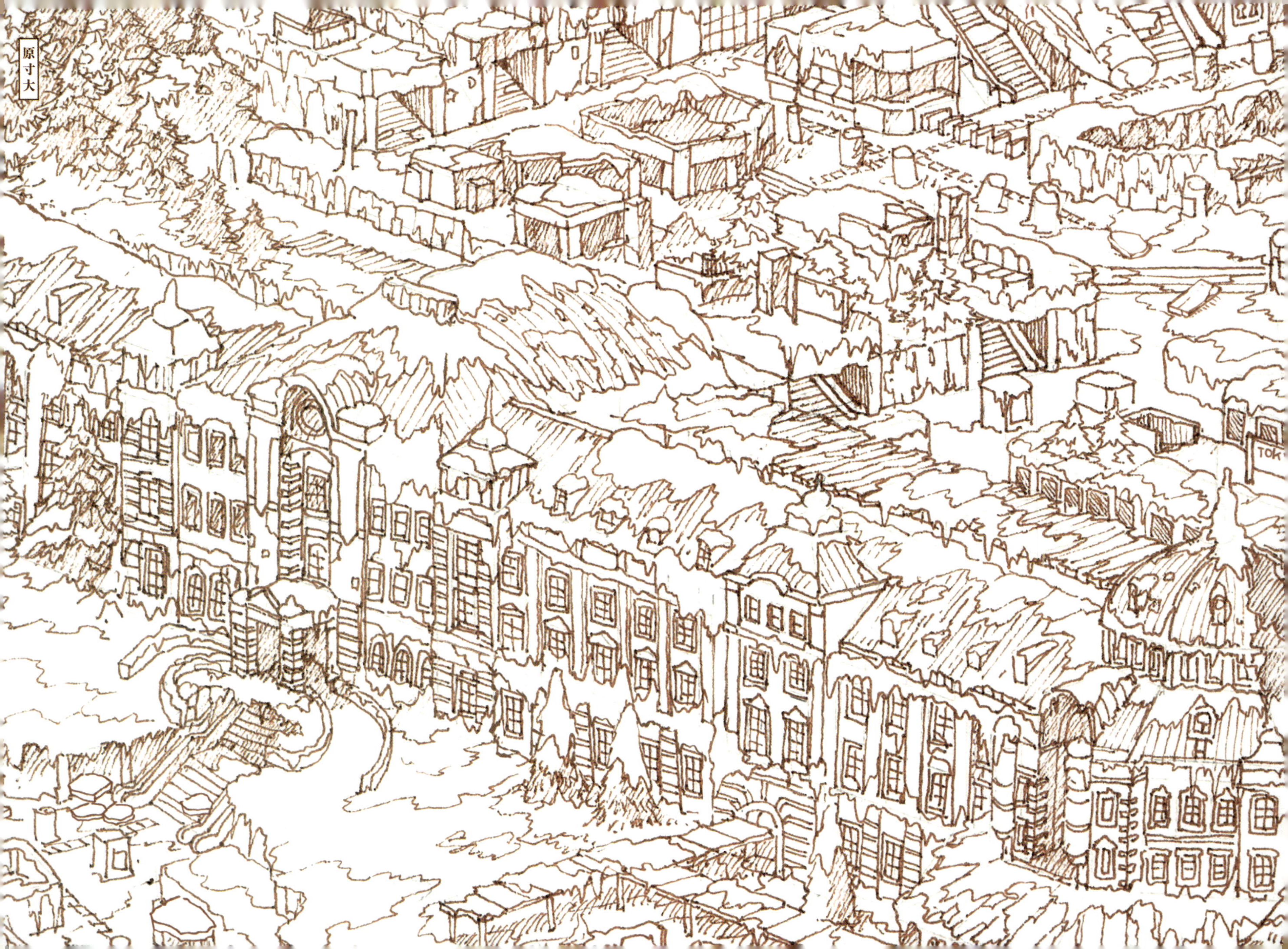
原寸大

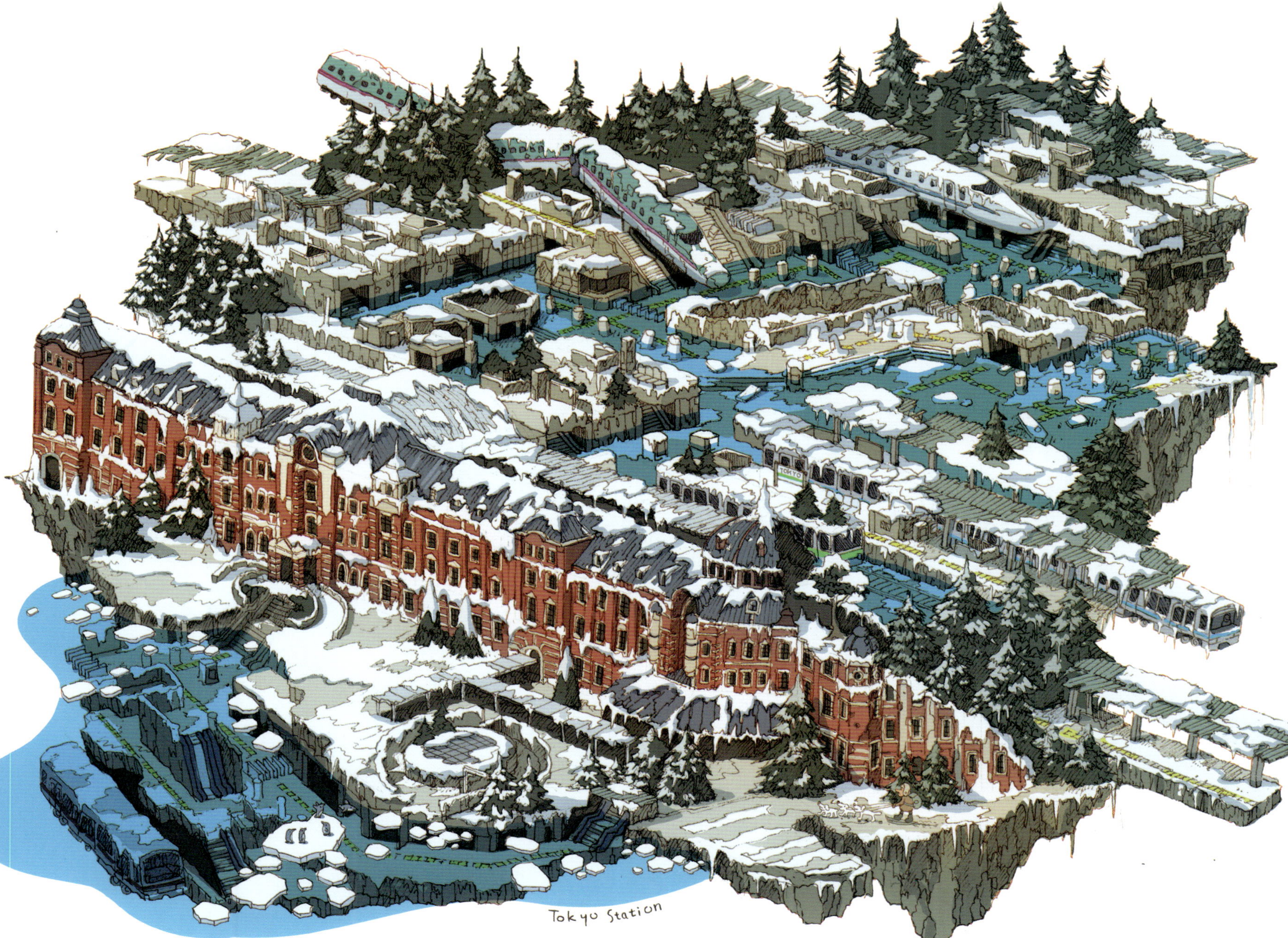
TOKYO
Tokyo Station

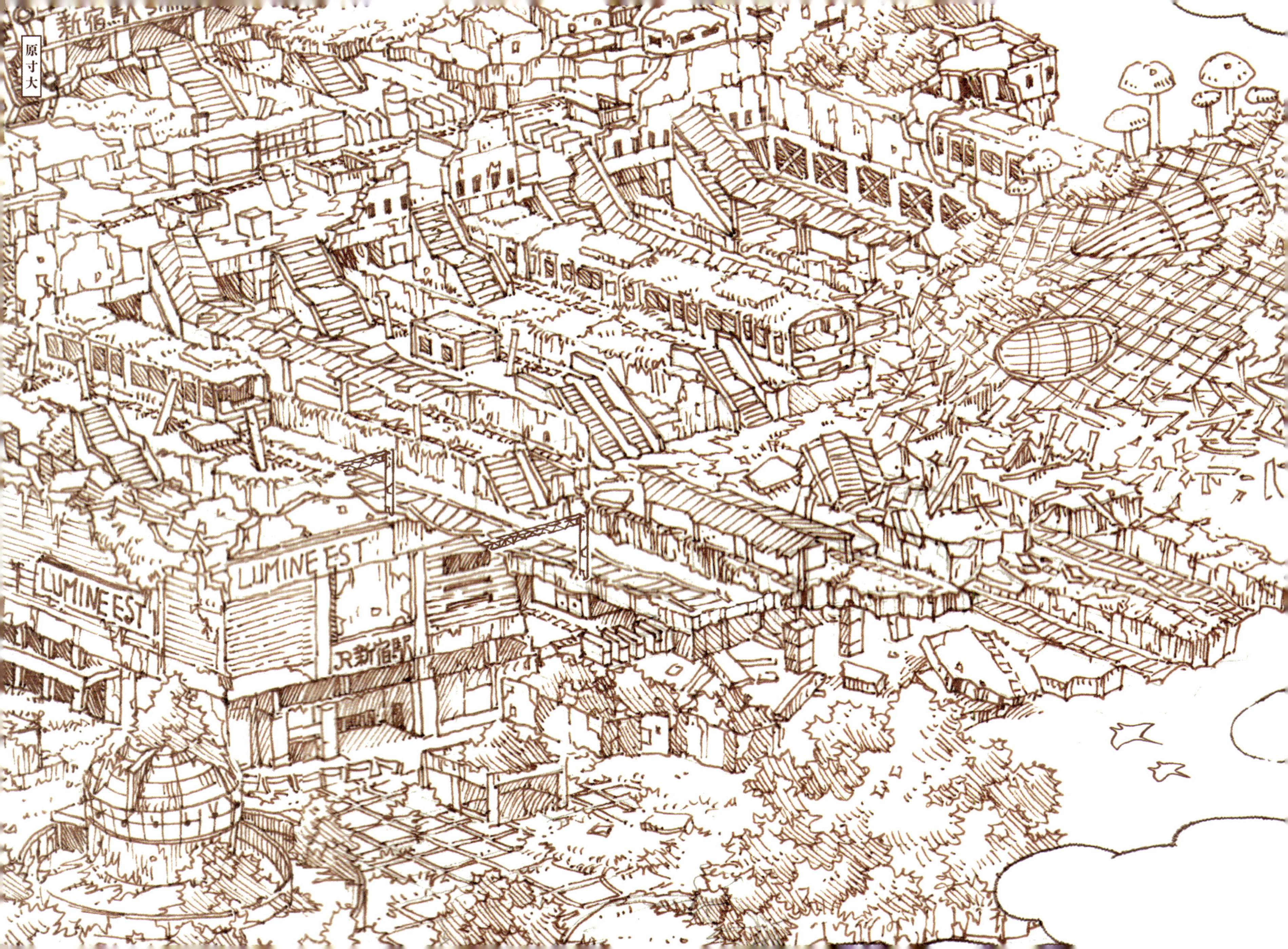

原寸大

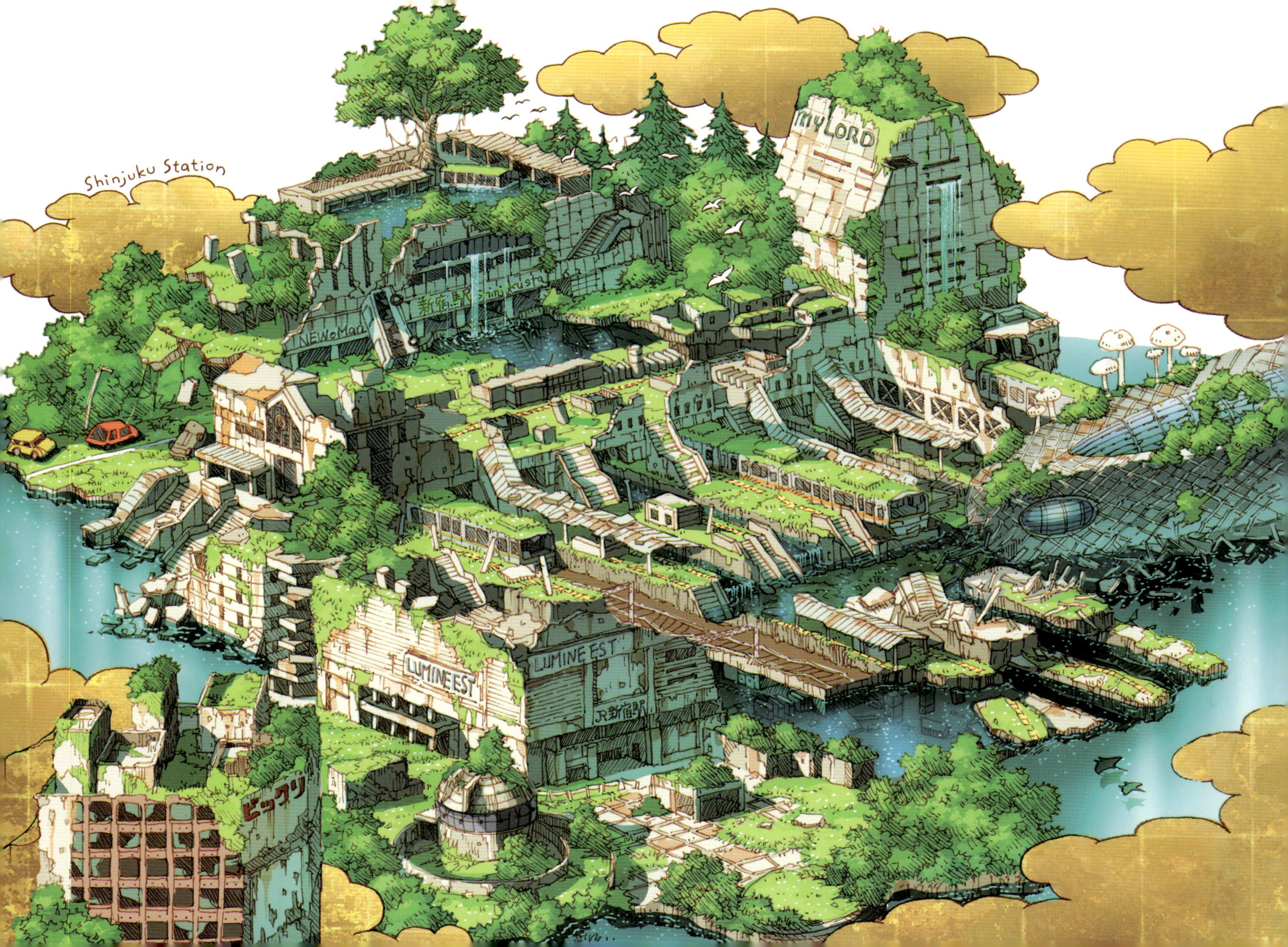
Shinjuku Station
MYLORD
NEWoMan
新宿駅
LUMINE EST
LUMINE EST
JR新宿駅
ビックリ

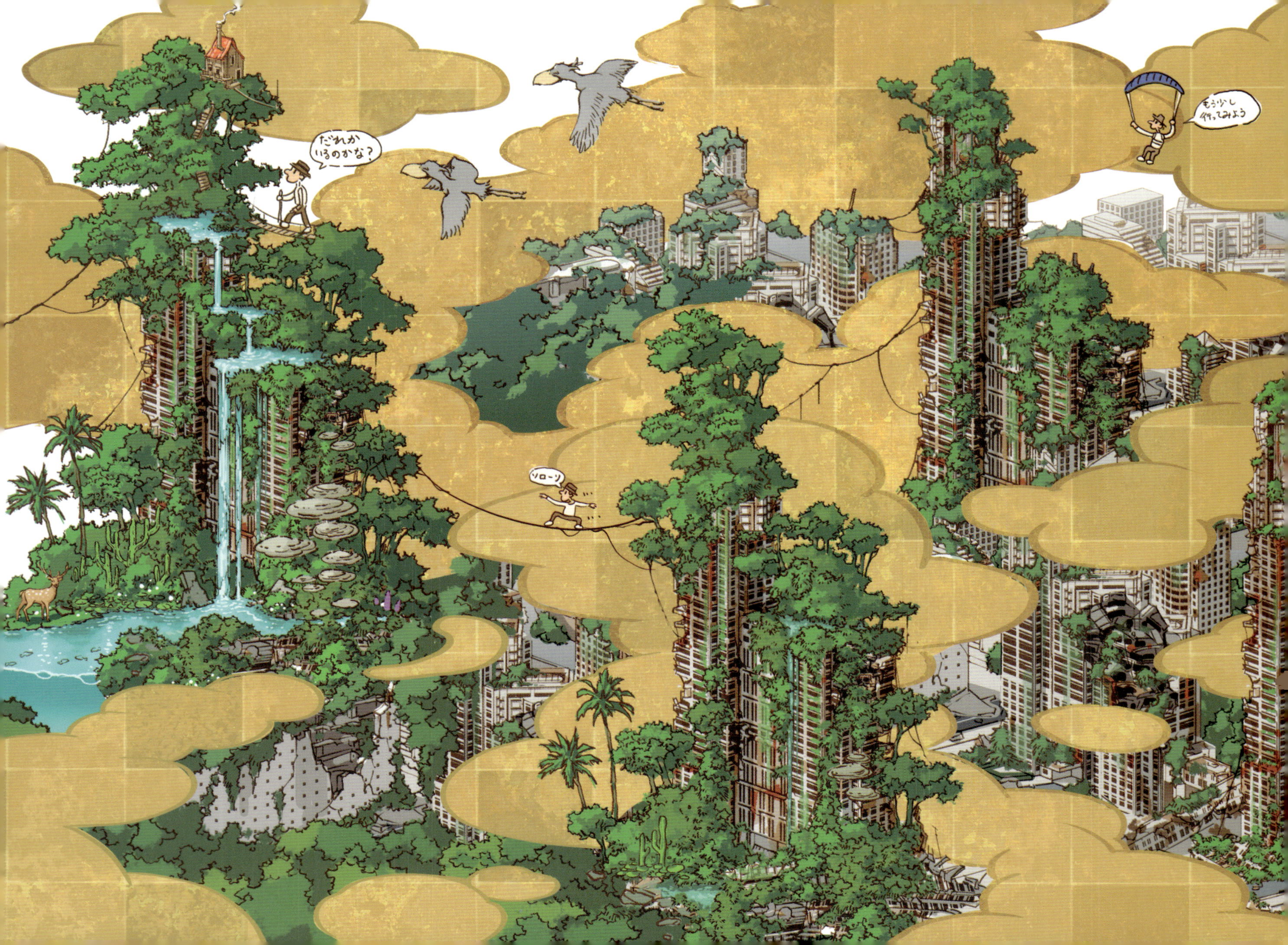
だれか
いるのかな？
ソローリ
もう少し
行ってみよう

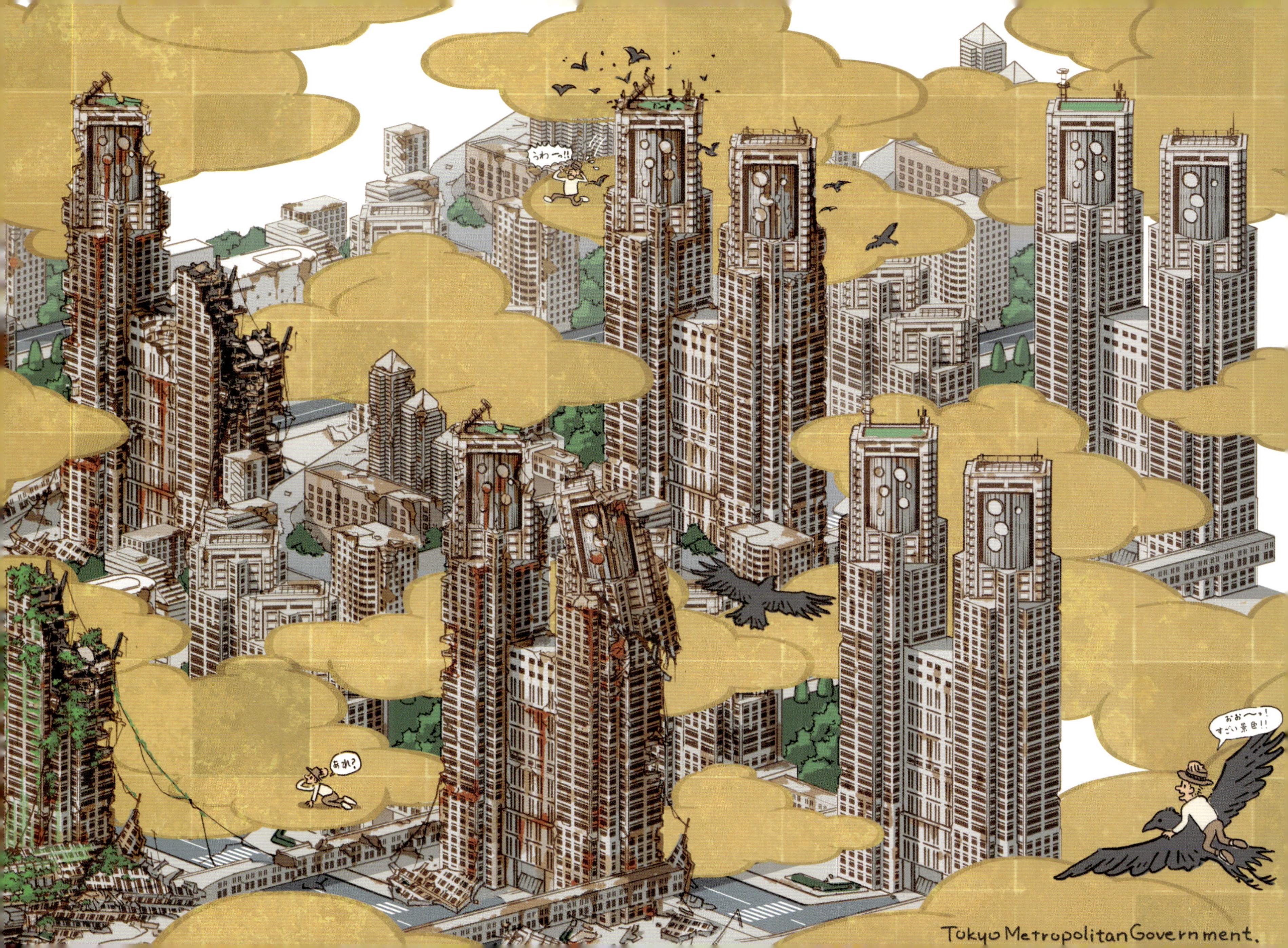

うわーっ!!
あれ?
おお〜っ!
すごい景色!!
Tokyo Metropolitan Government.

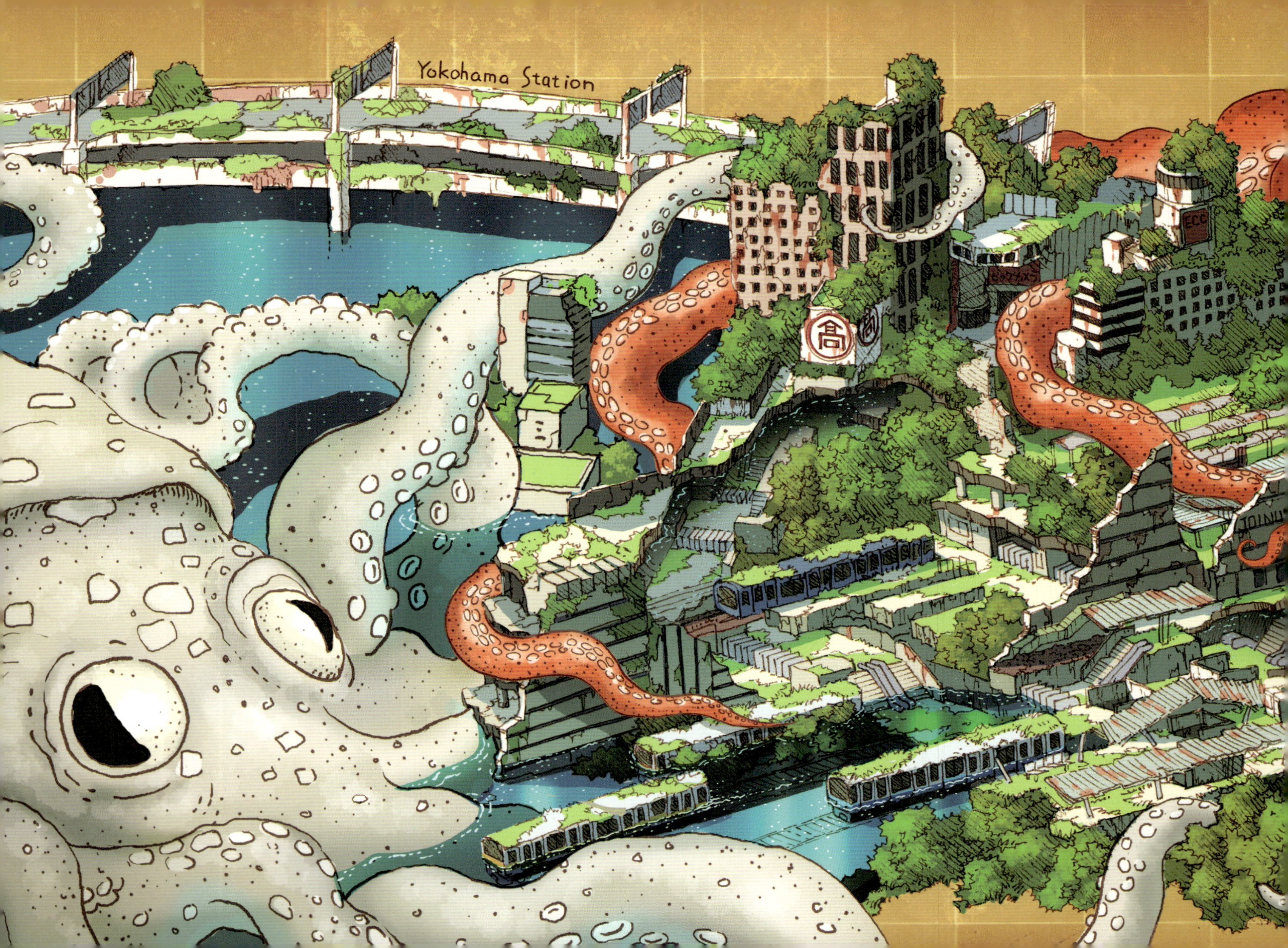
Yokohama Station
高
ECC

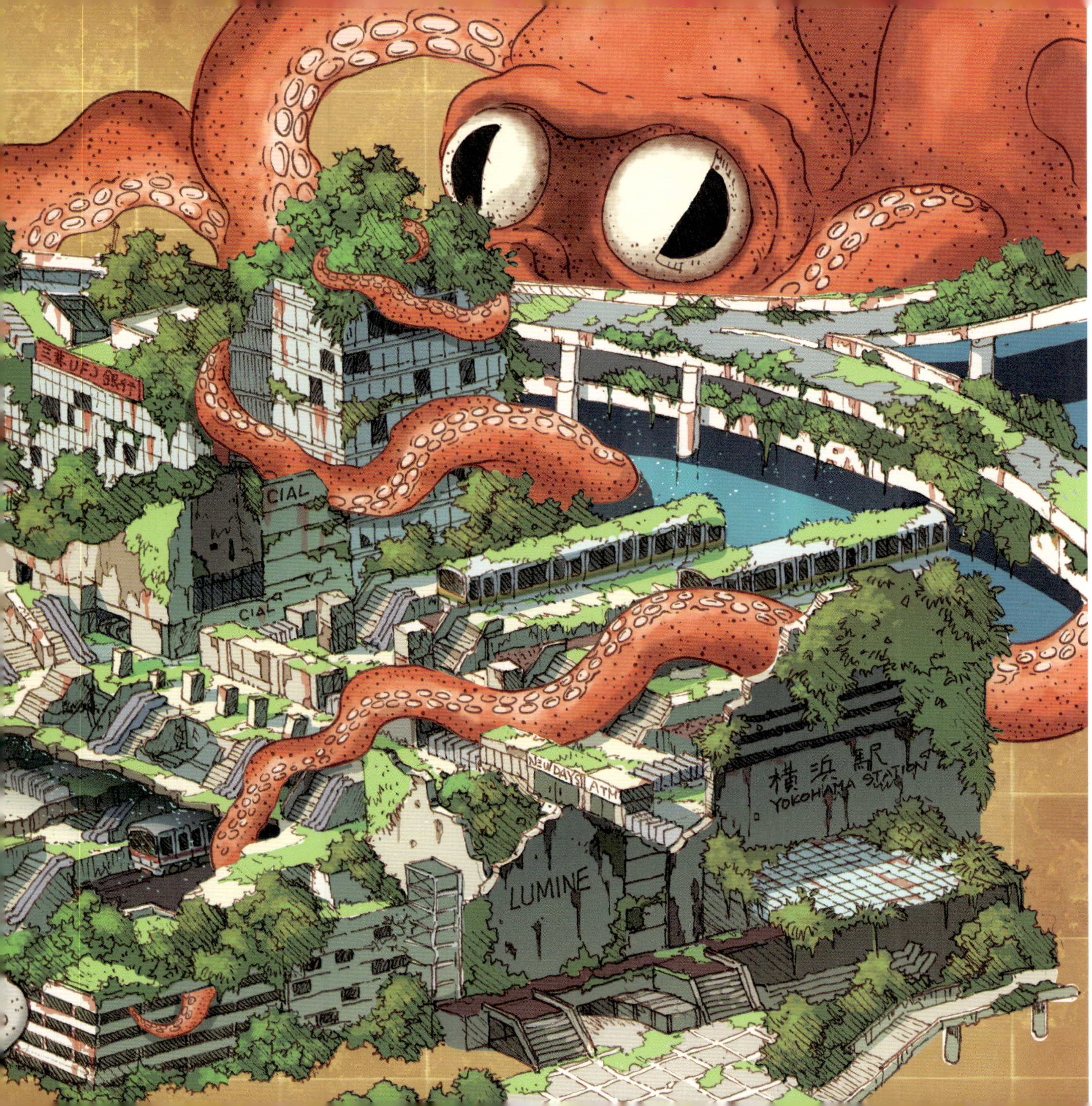
三菱UFJ銀行
CIAL
CIAL
NEWDAYS
横浜駅
YOKOHAMA STATION
LUMINE

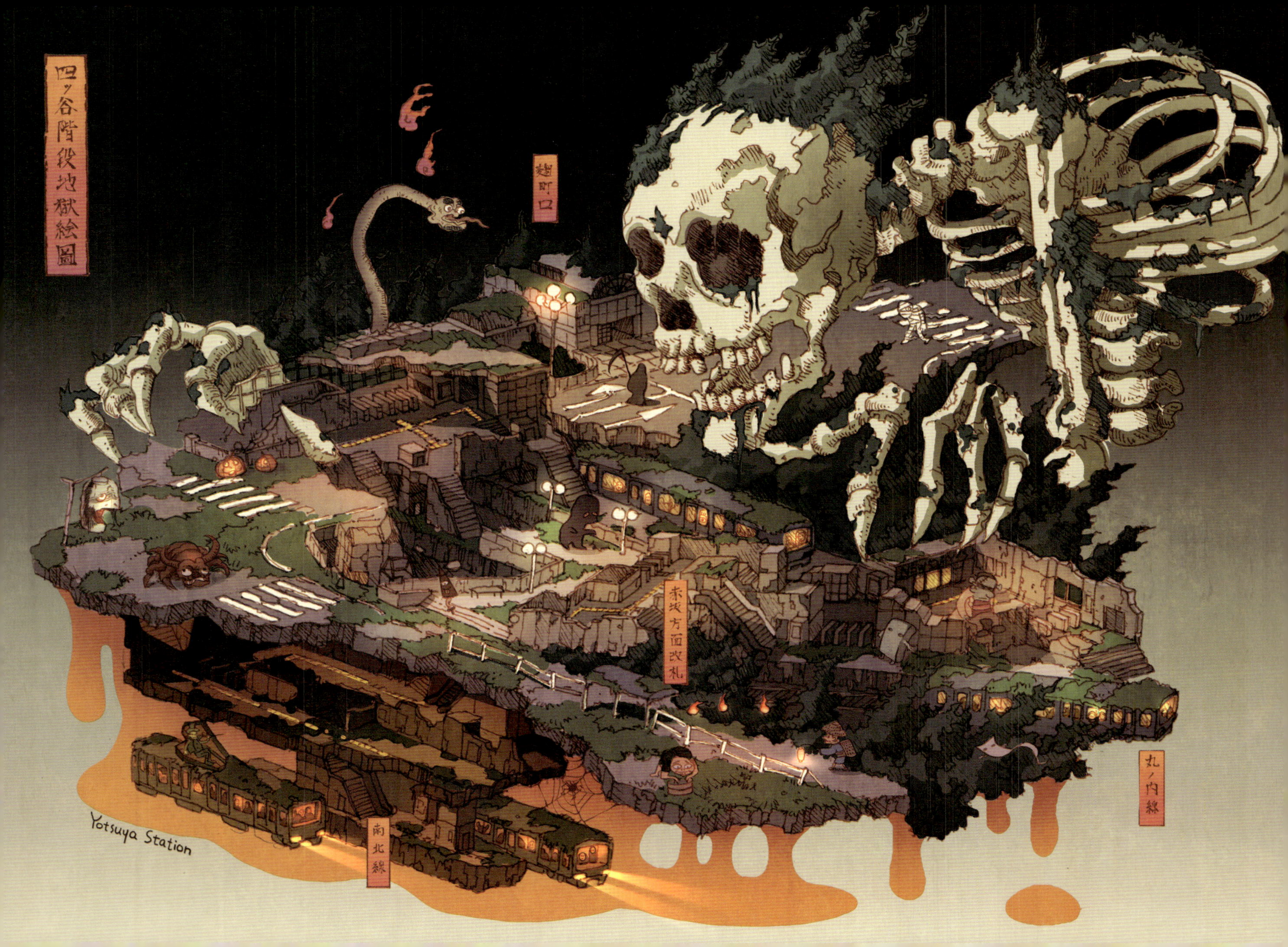
四ッ谷階段地獄絵圖
麹町口
赤坂方面改札
丸ノ内線
南北線
Yotsuya Station

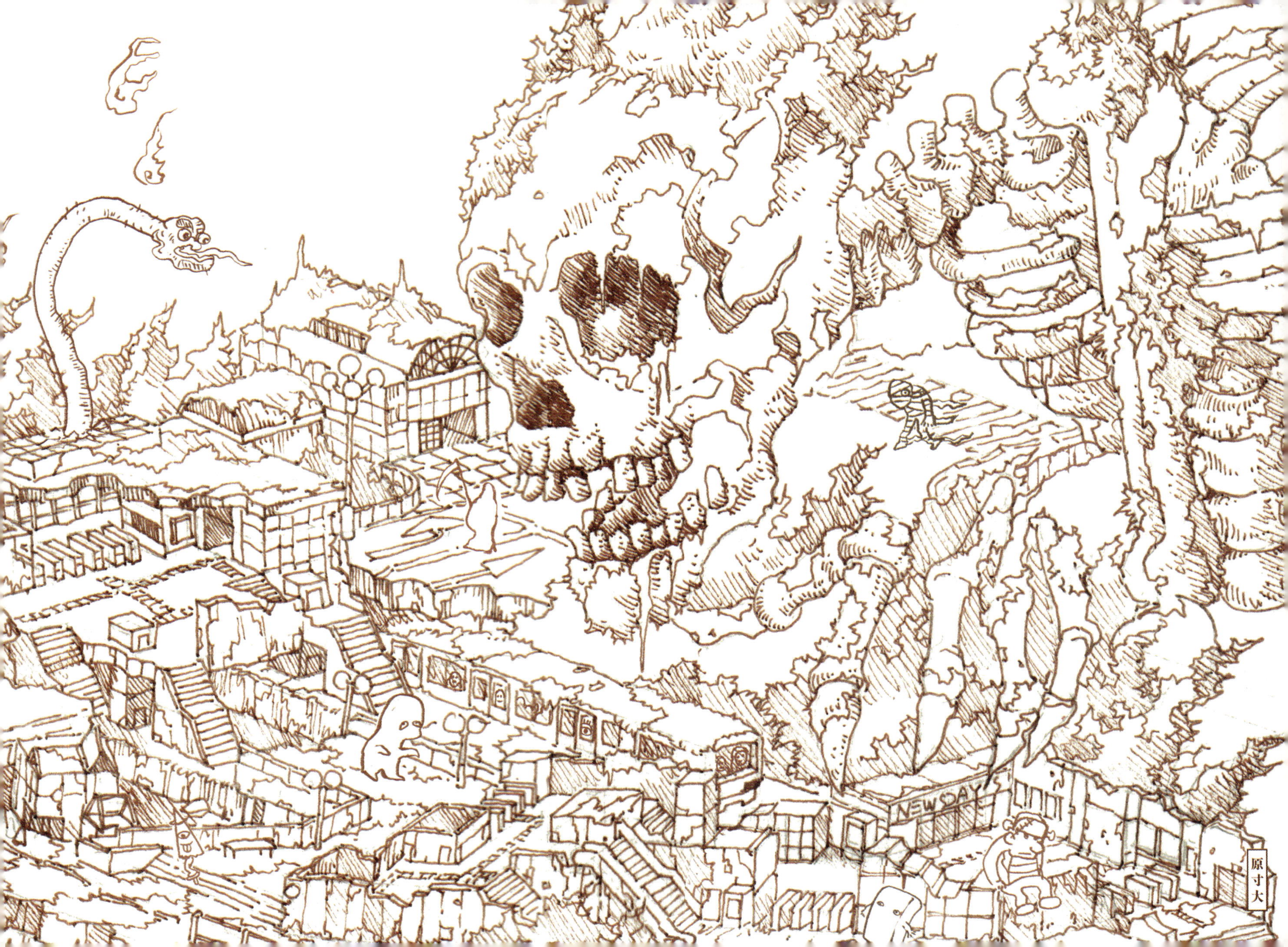

原寸大

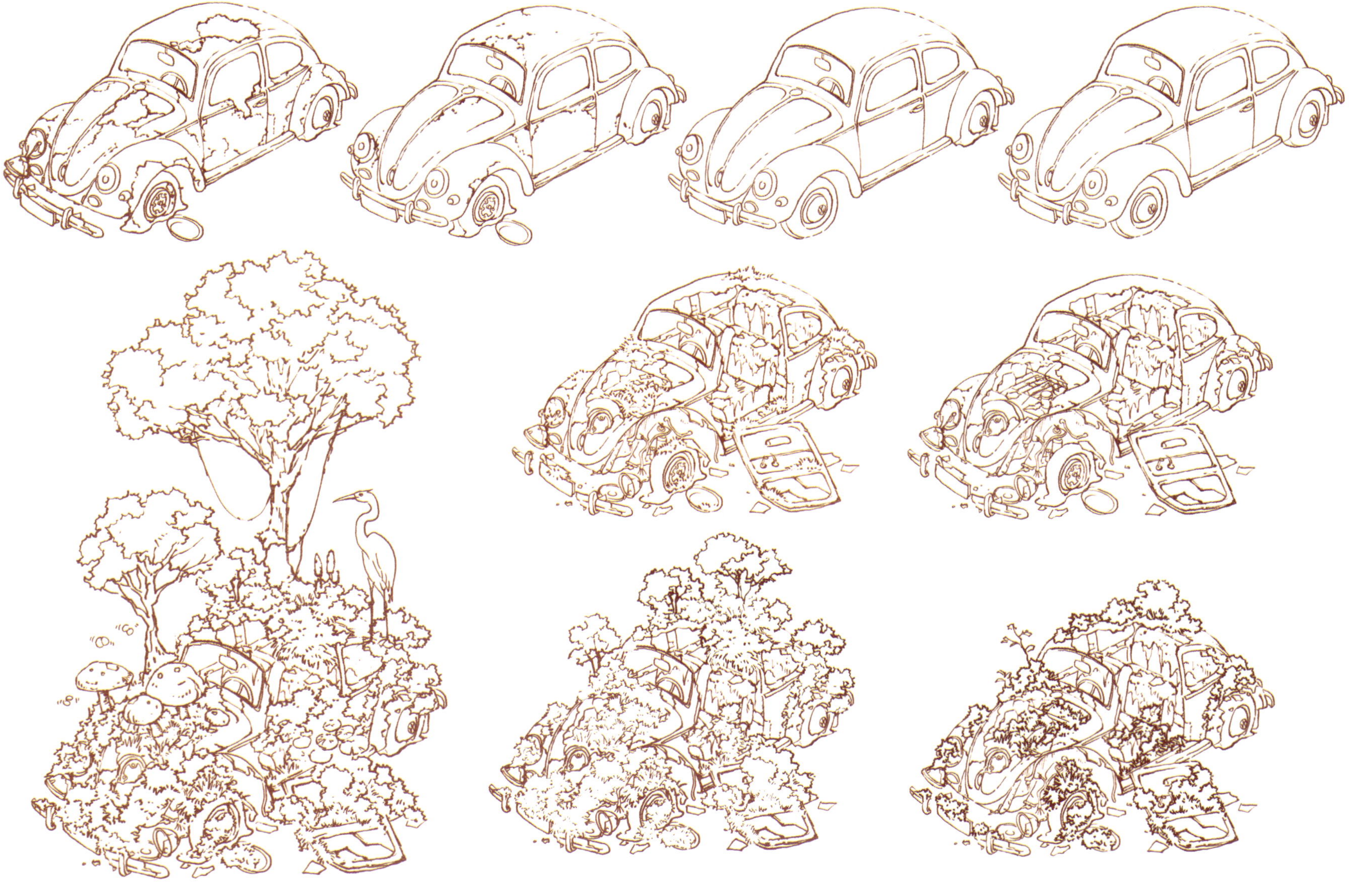

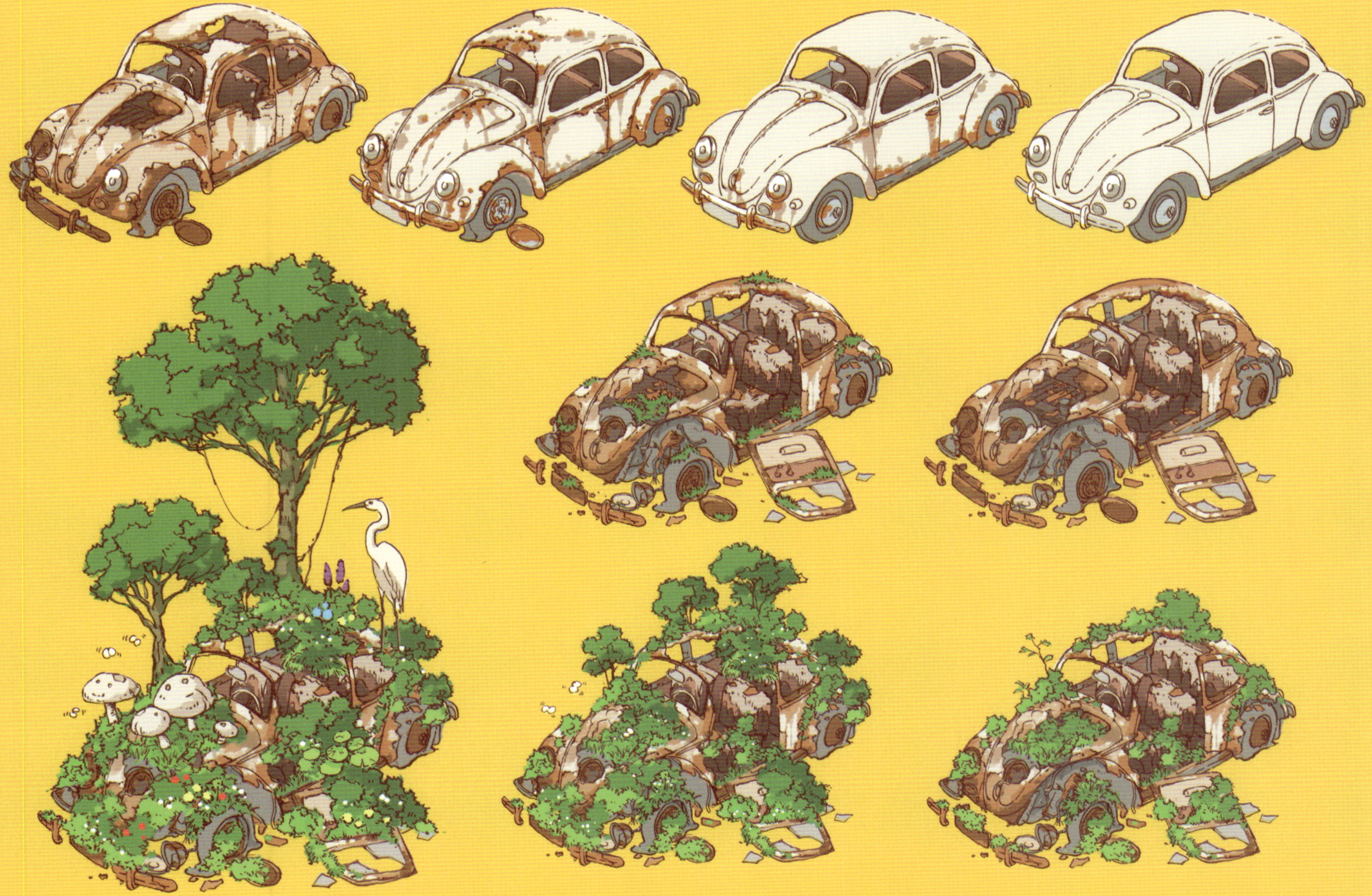

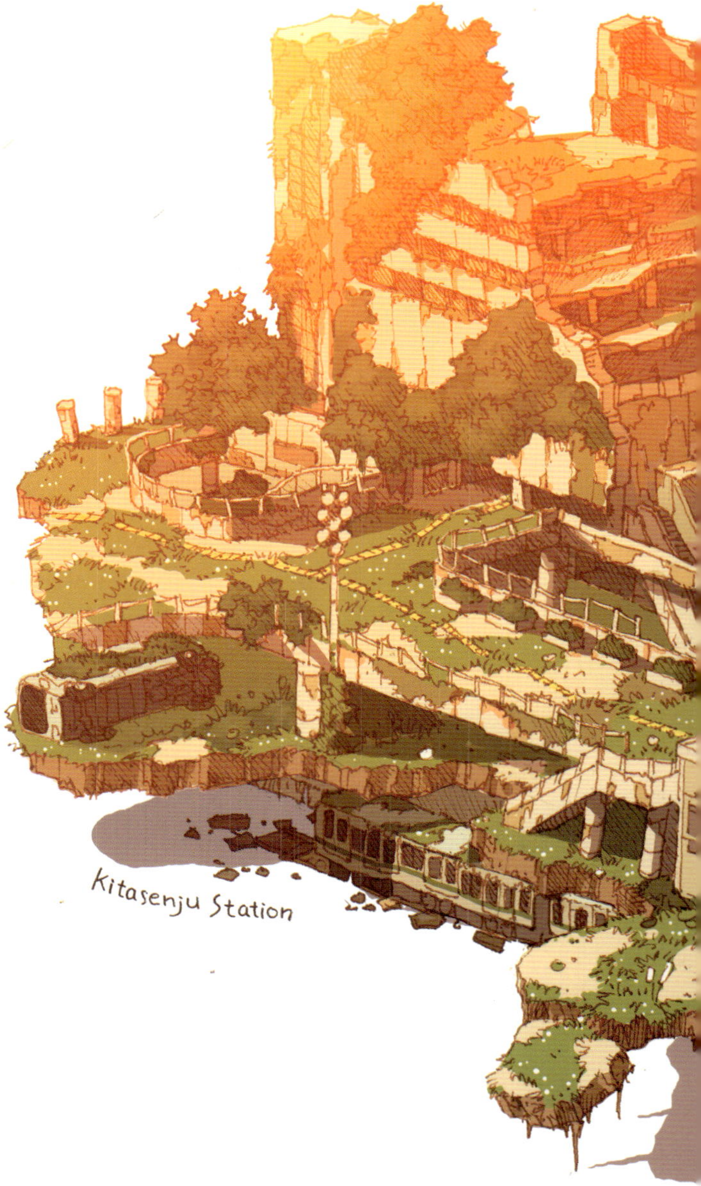
Kitasenju Station

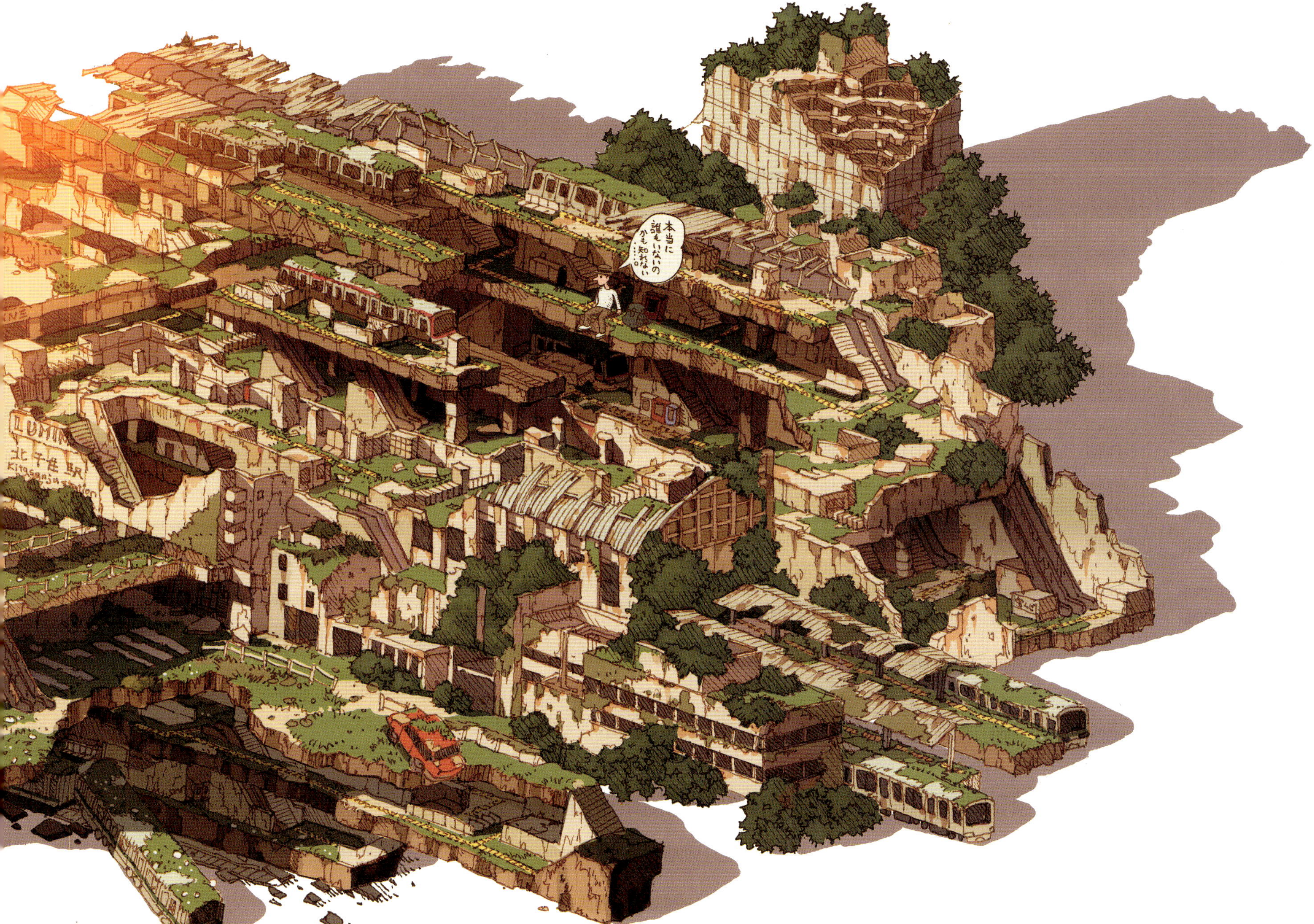
本当に誰もいないのかも知れない……。
LUMIN
北千住駅

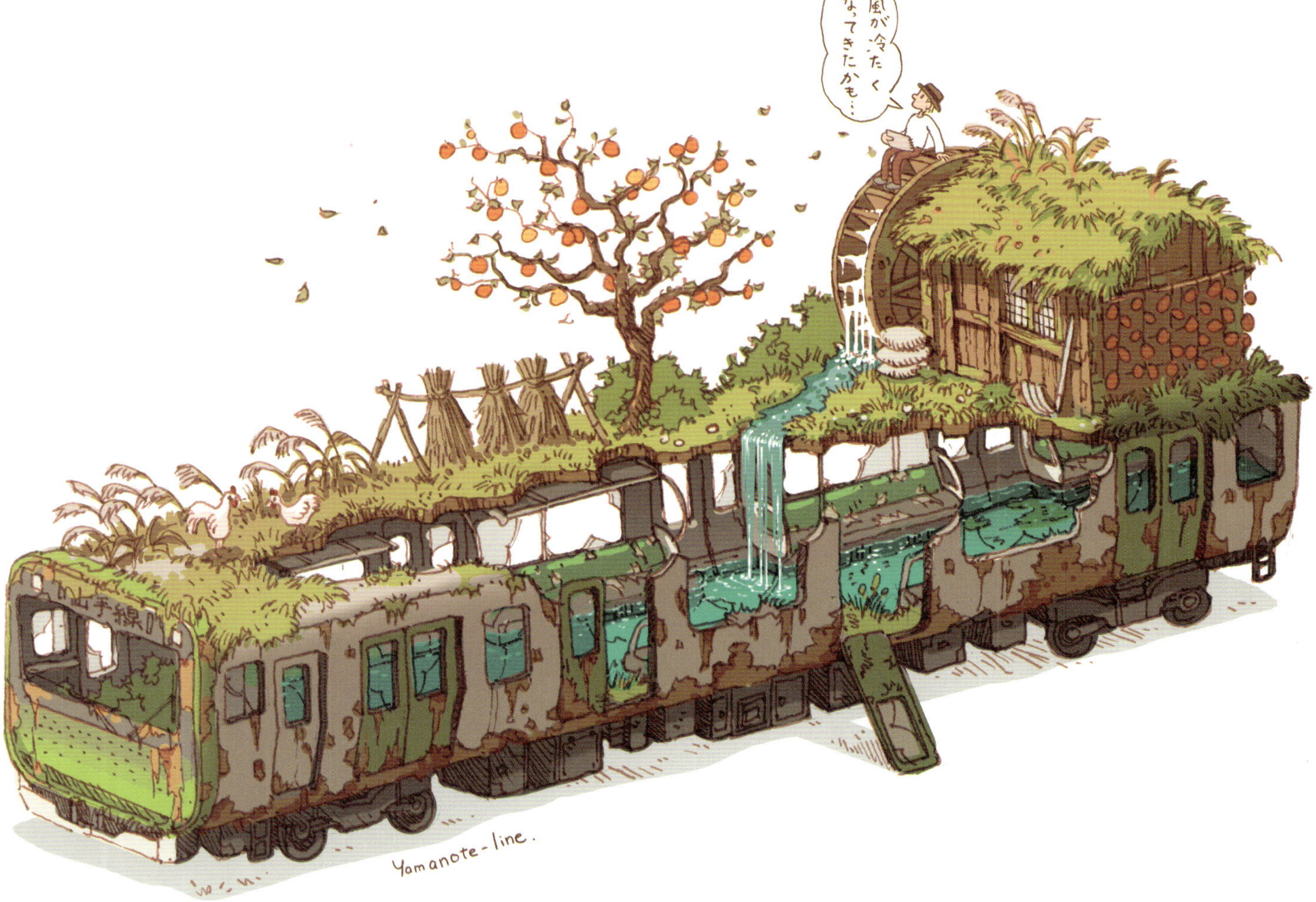
風が冷たく
なってきたかも…
山手線
Yamanote-line.

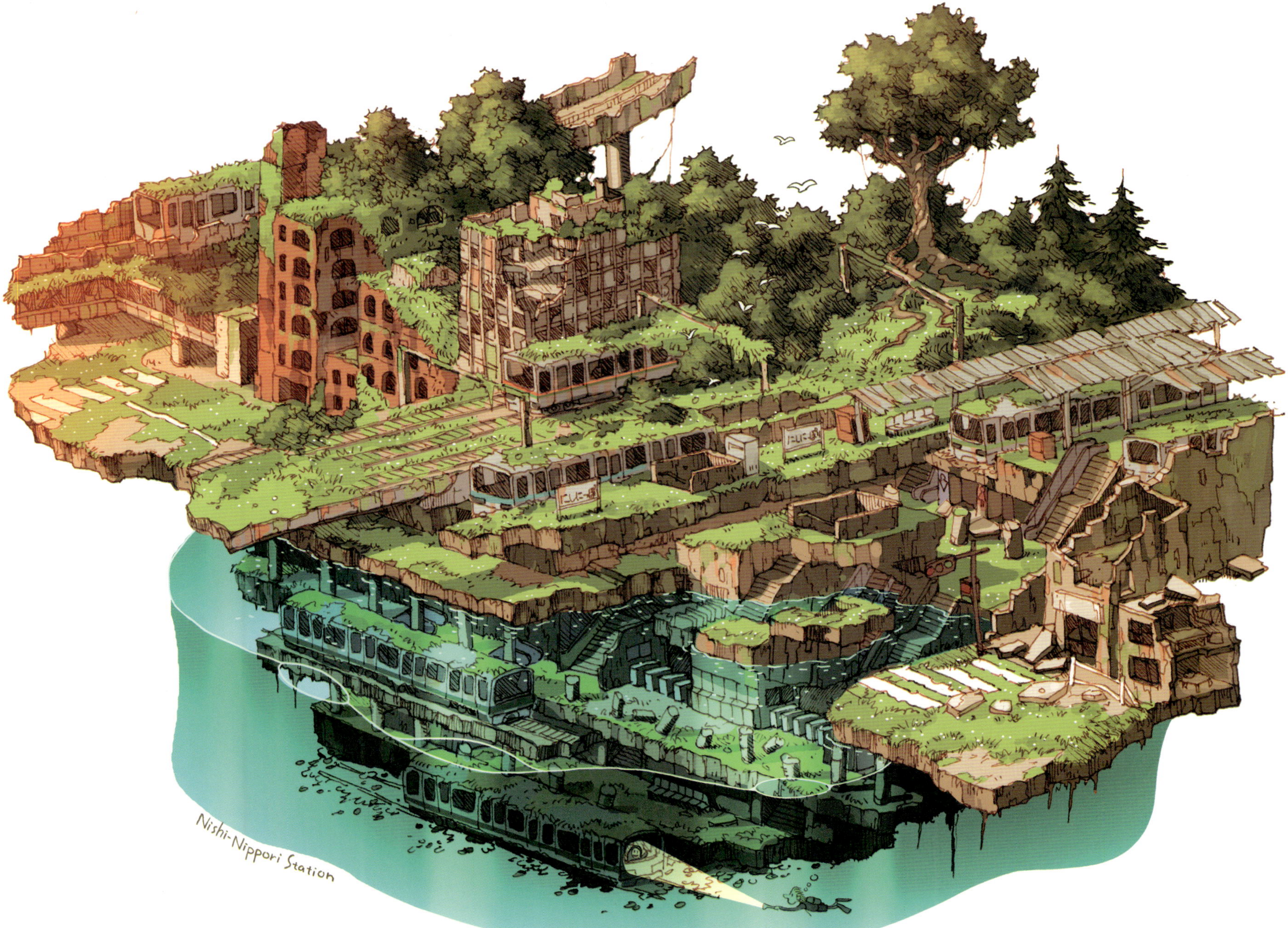
Nishi-Nippori Station

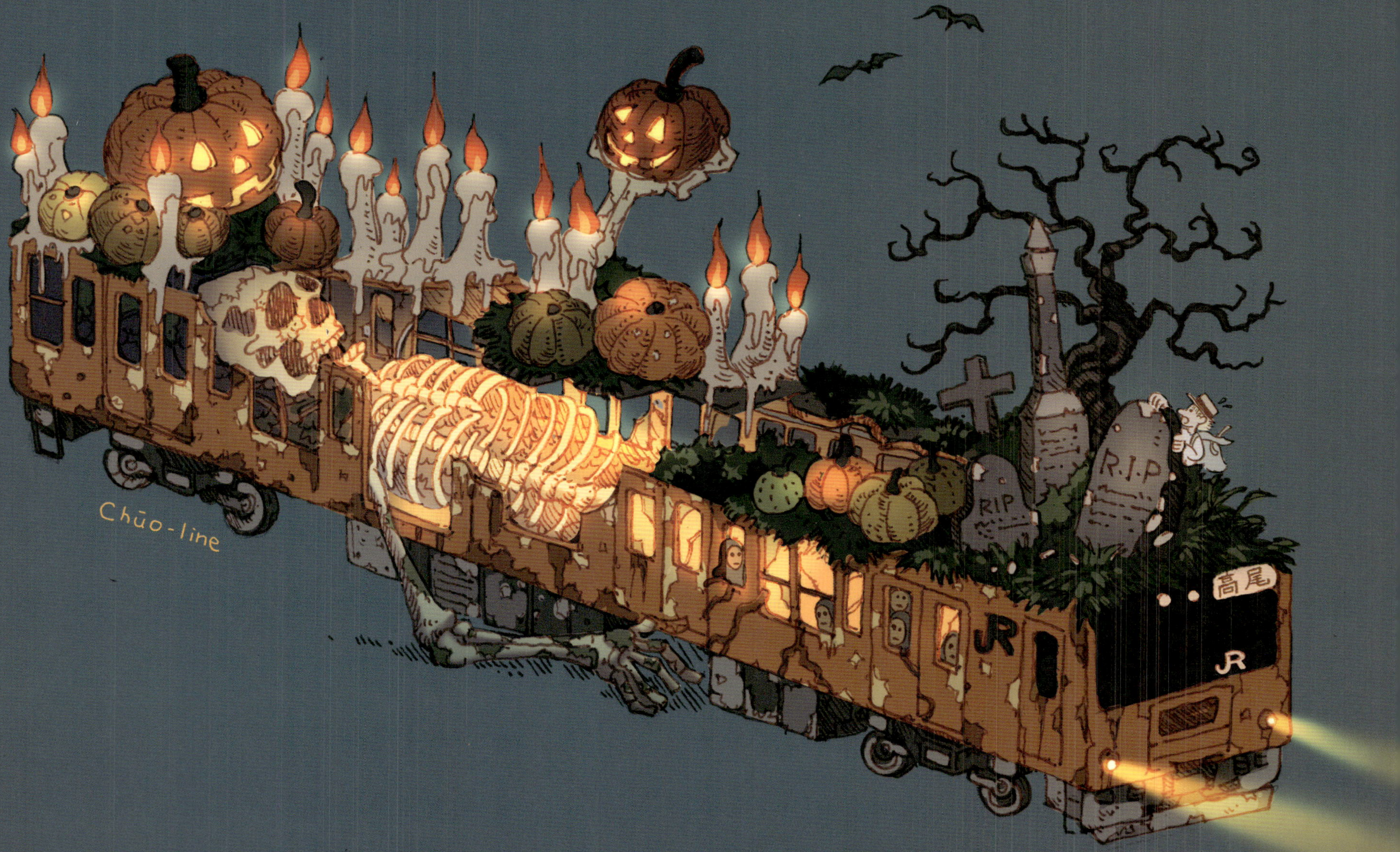
Chūo-line
R.I.P
RIP
JR
高尾
JR

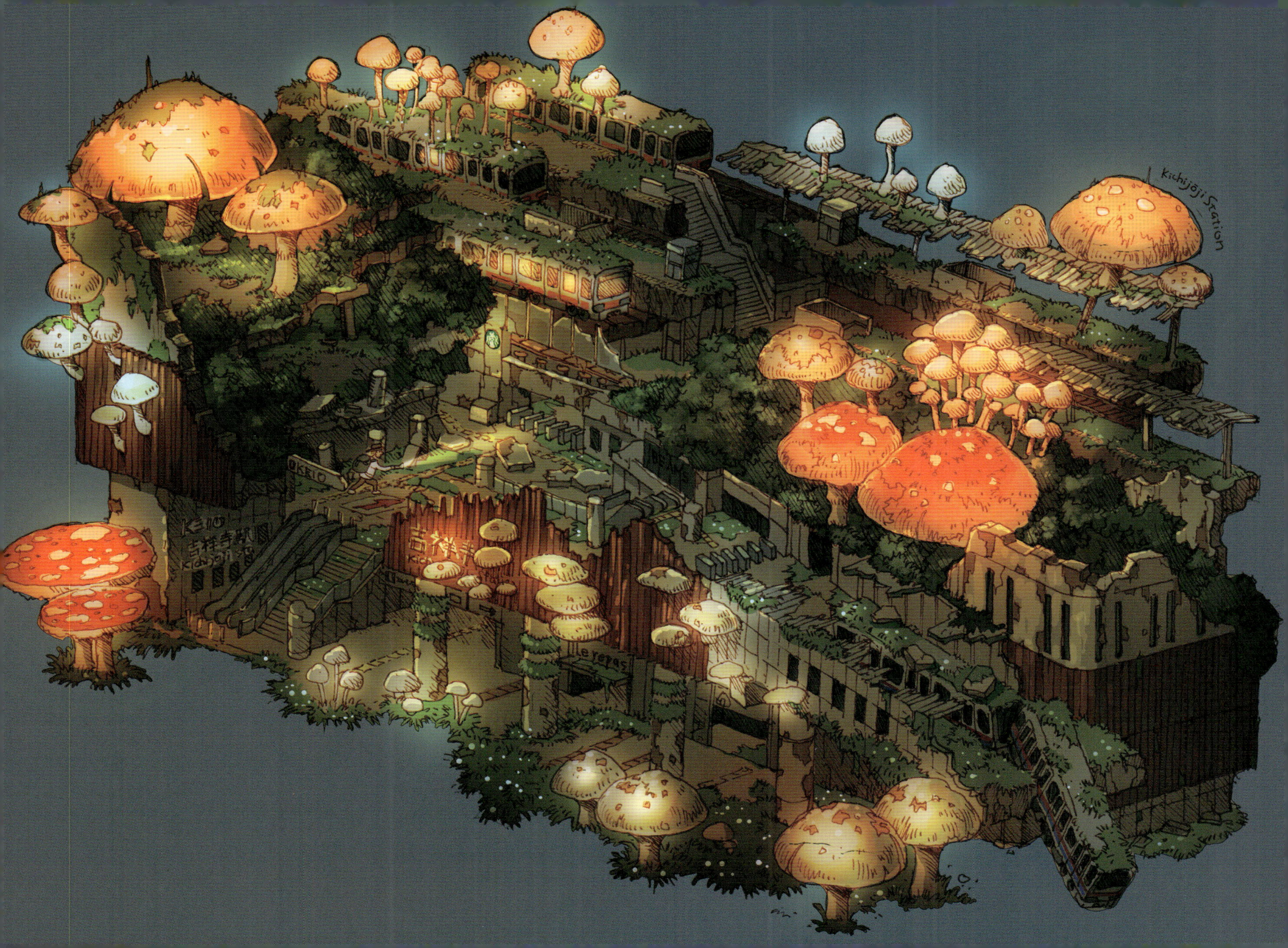
Kichijoji Station
KEIO
KEIO
吉祥寺駅
吉祥寺
Le repas

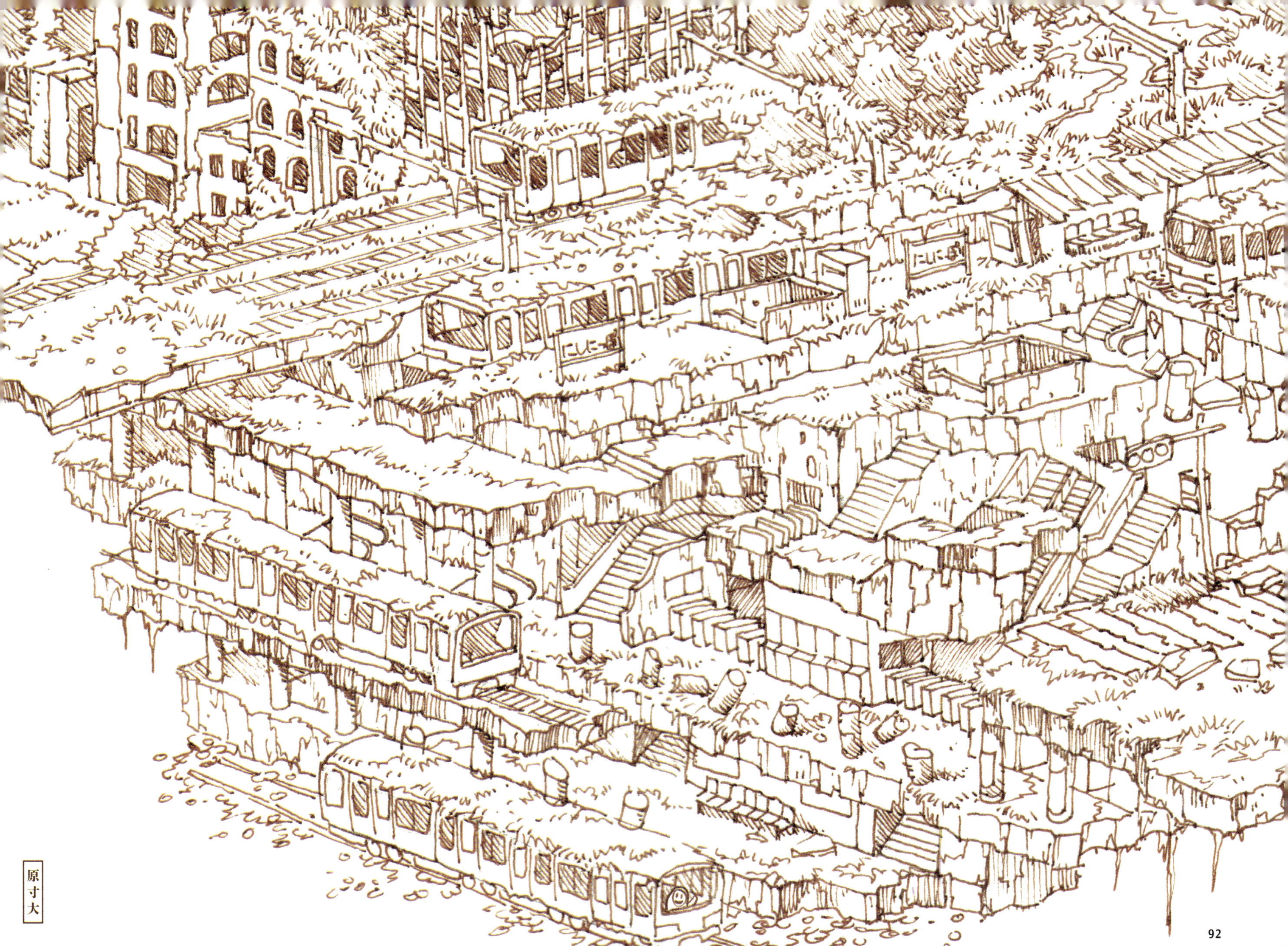

原寸大

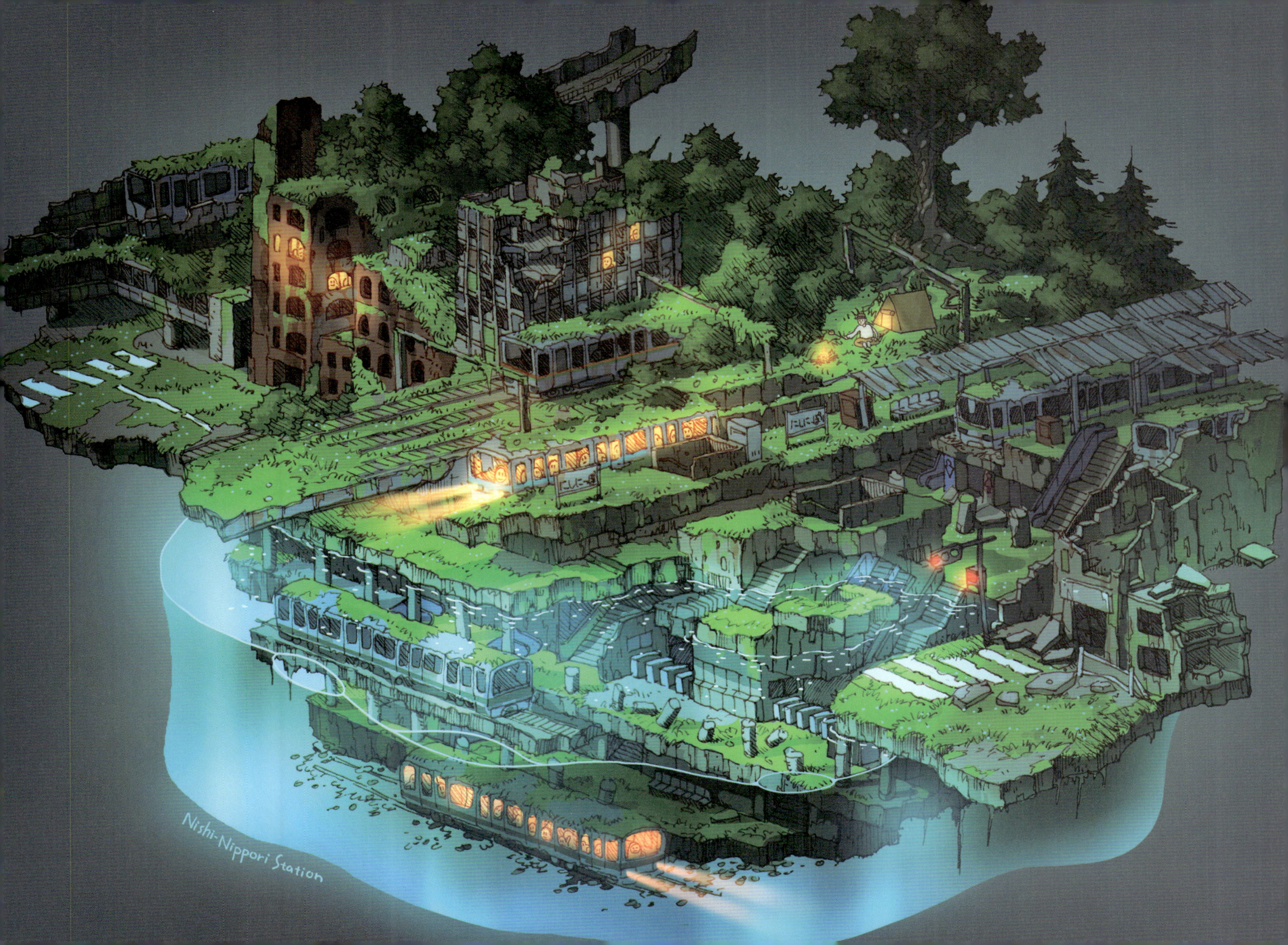
Nishi-Nippori Station

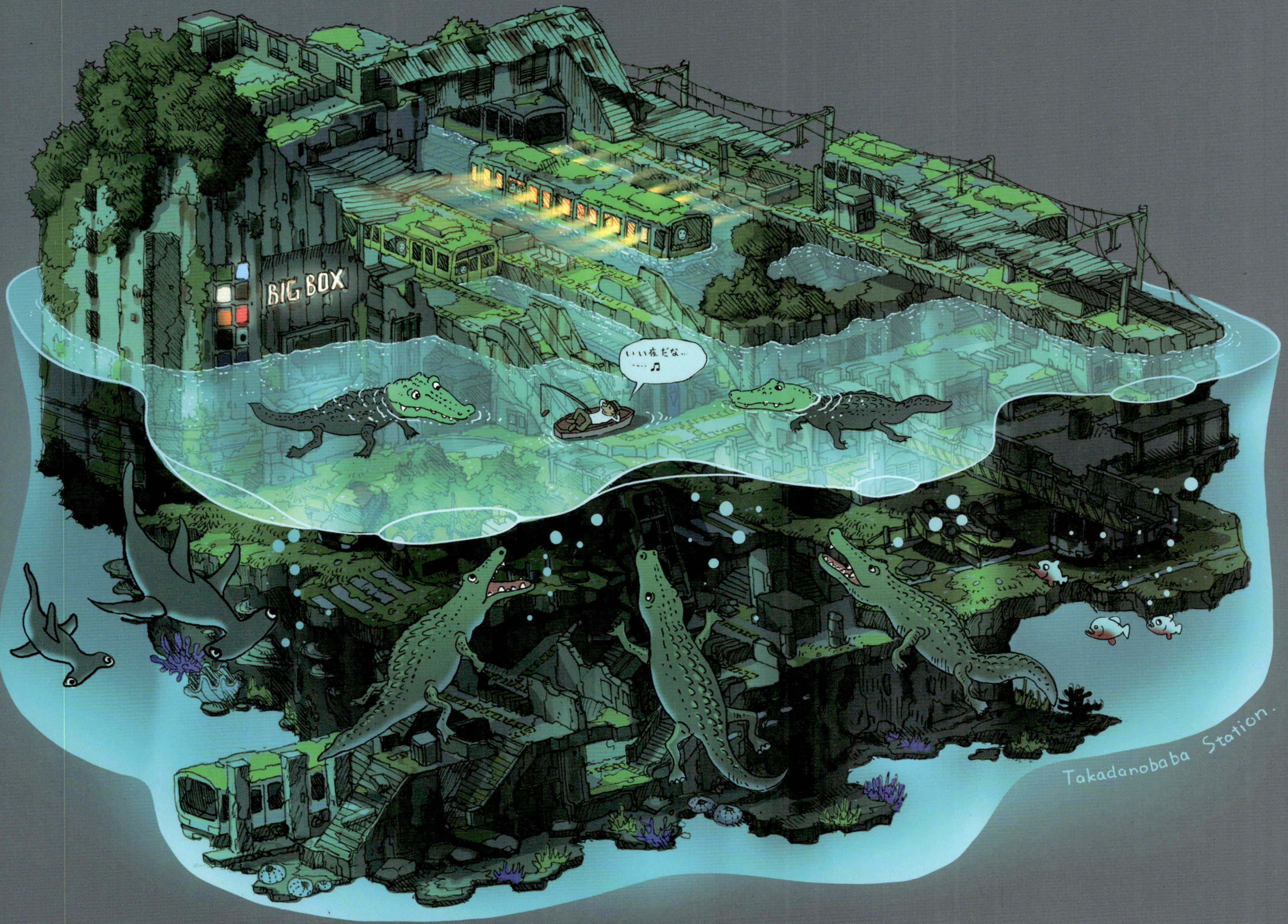
BIG BOX
いい夜だな…
……♫
Takadanobaba Station.

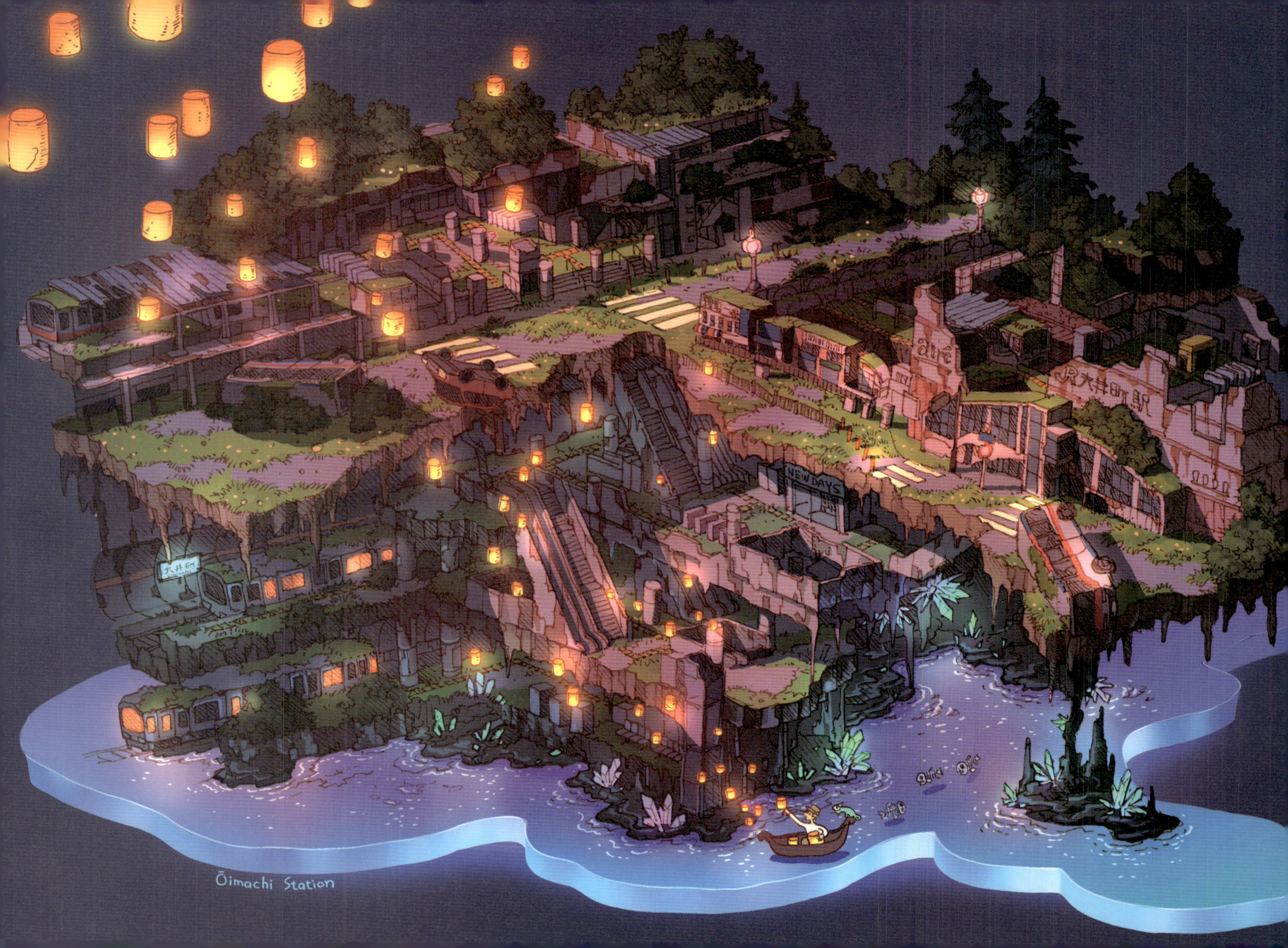

Ōimachi Station

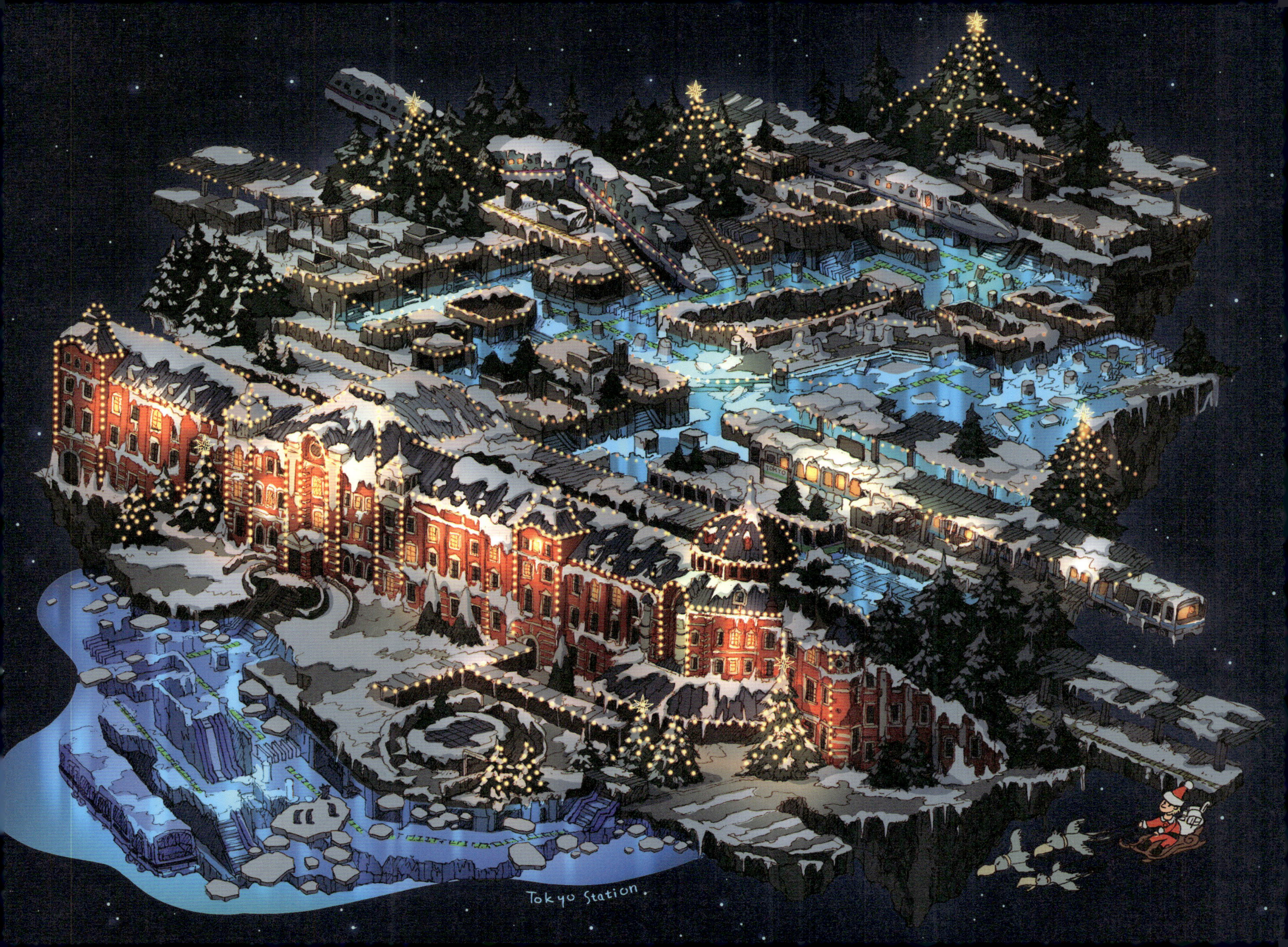
Tokyo Station.

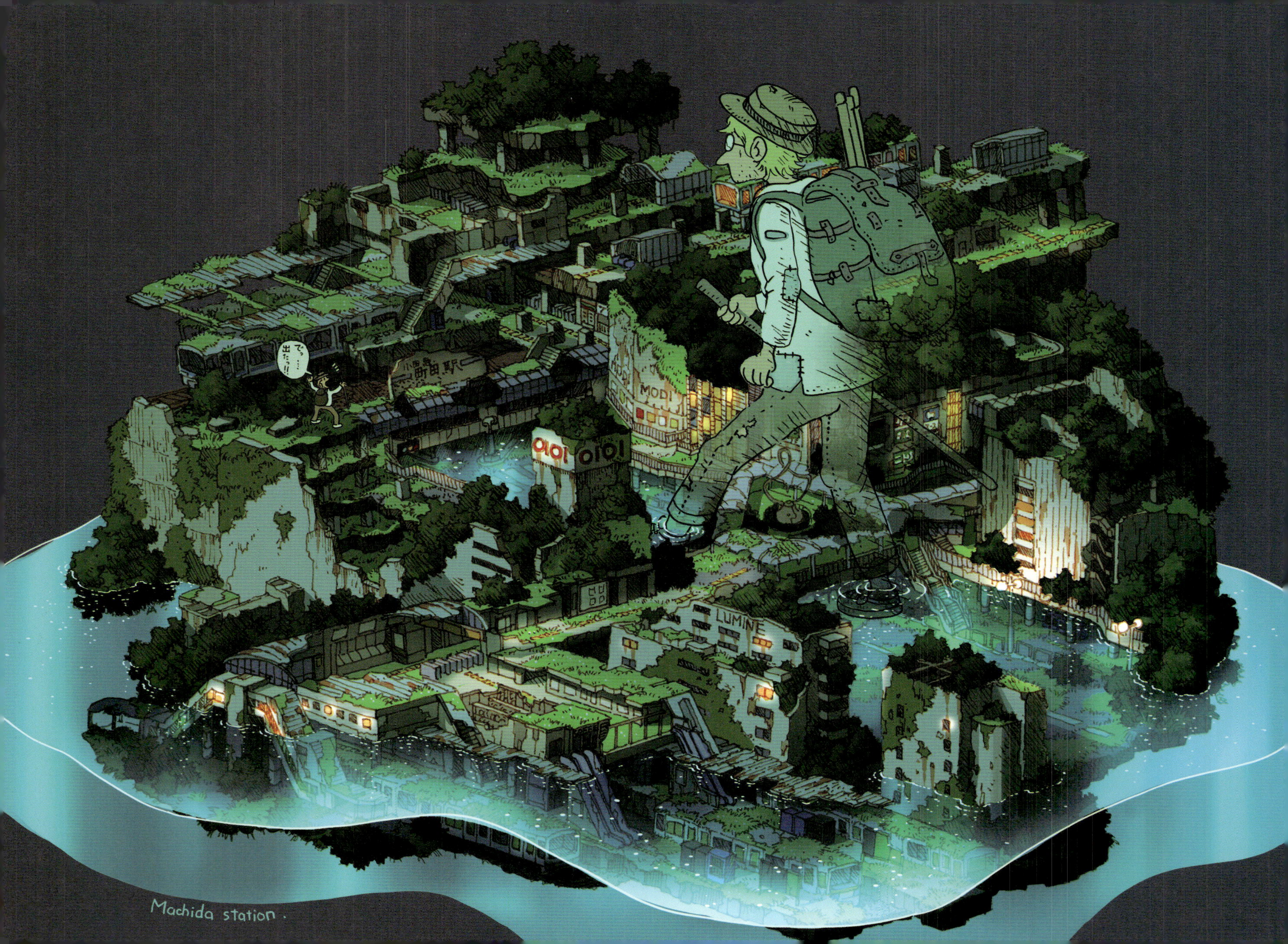
でっ…出たっ!!
町田駅
OIOI
OIOI
LUMINE
Machida station.

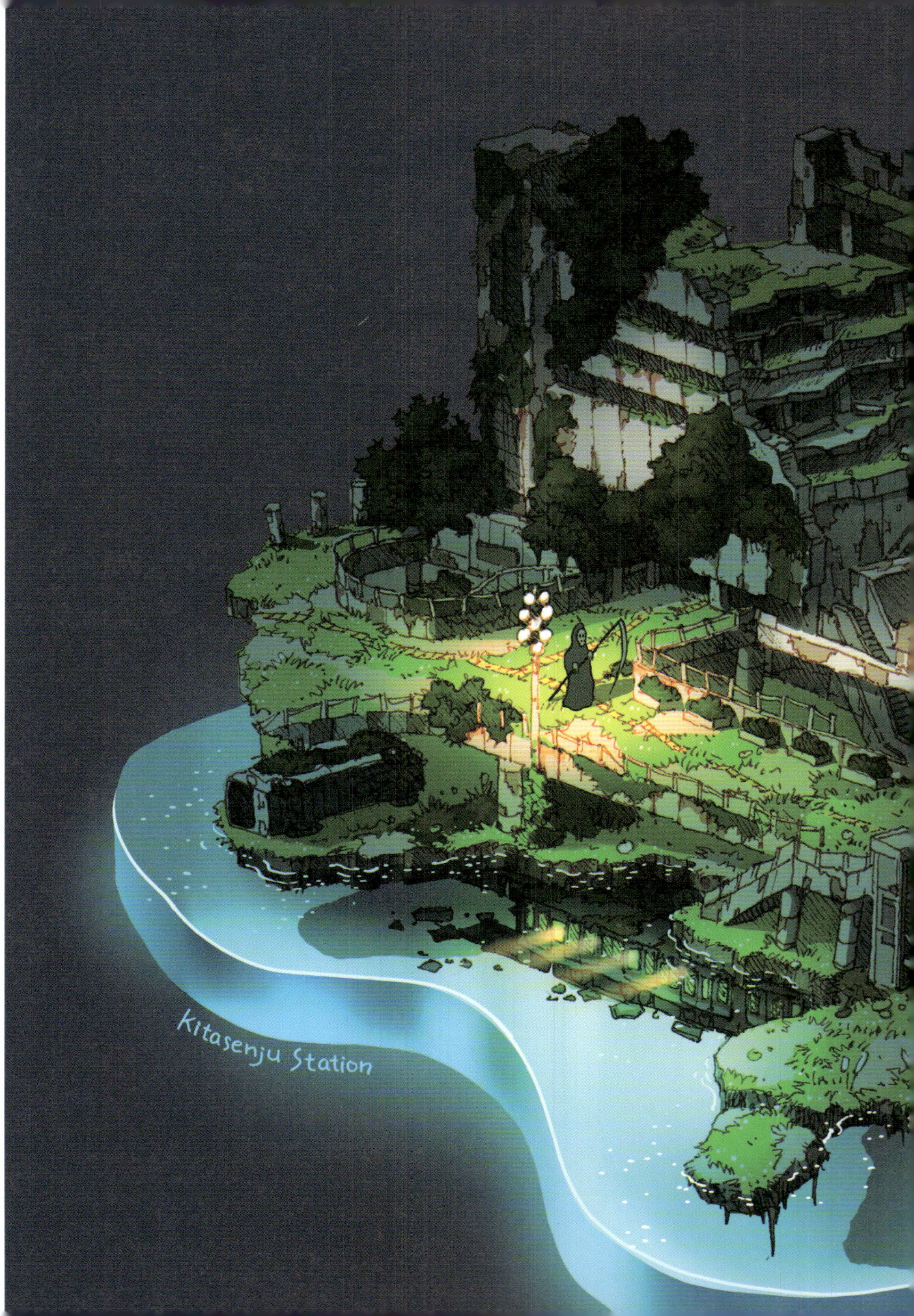
Kitasenju Station

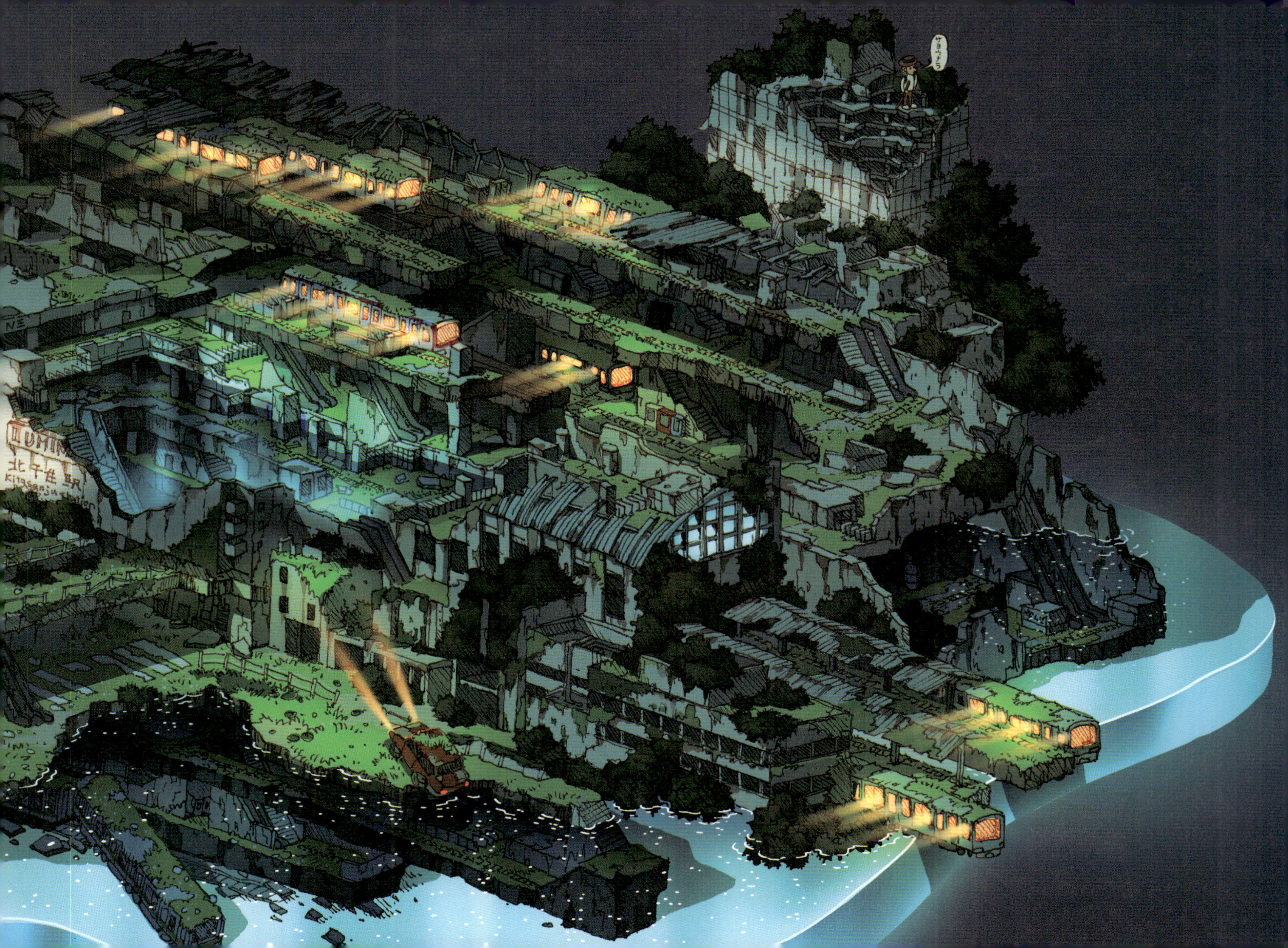
サヨウナラ
北千住駅

線画集

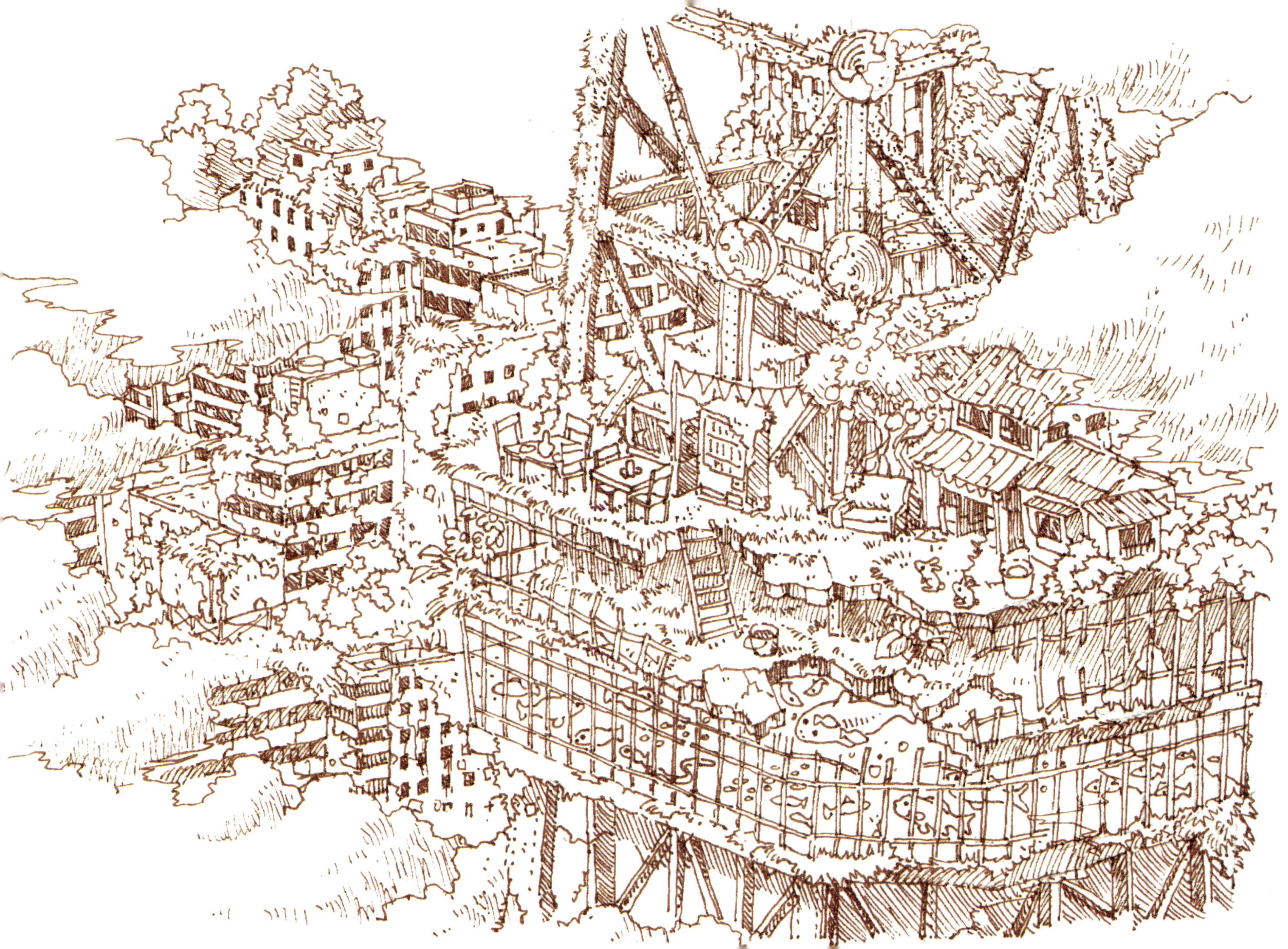

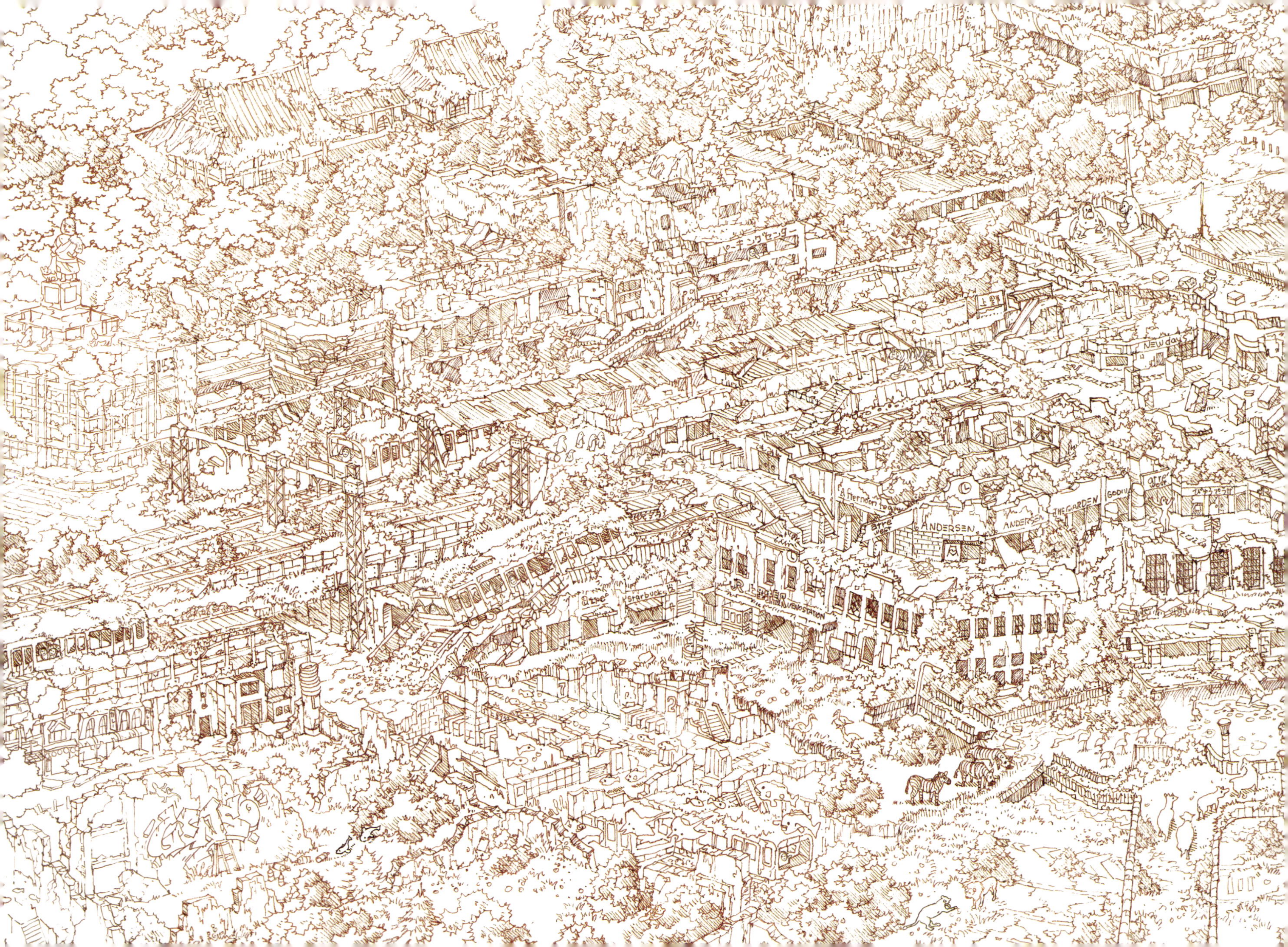

パーキングセンター
Afternoon Tea
atre west
ANDERSEN
ANDERSEN
THE GARDEN
GODIVA
atre west
UENO STATION
starbucks
NewDays

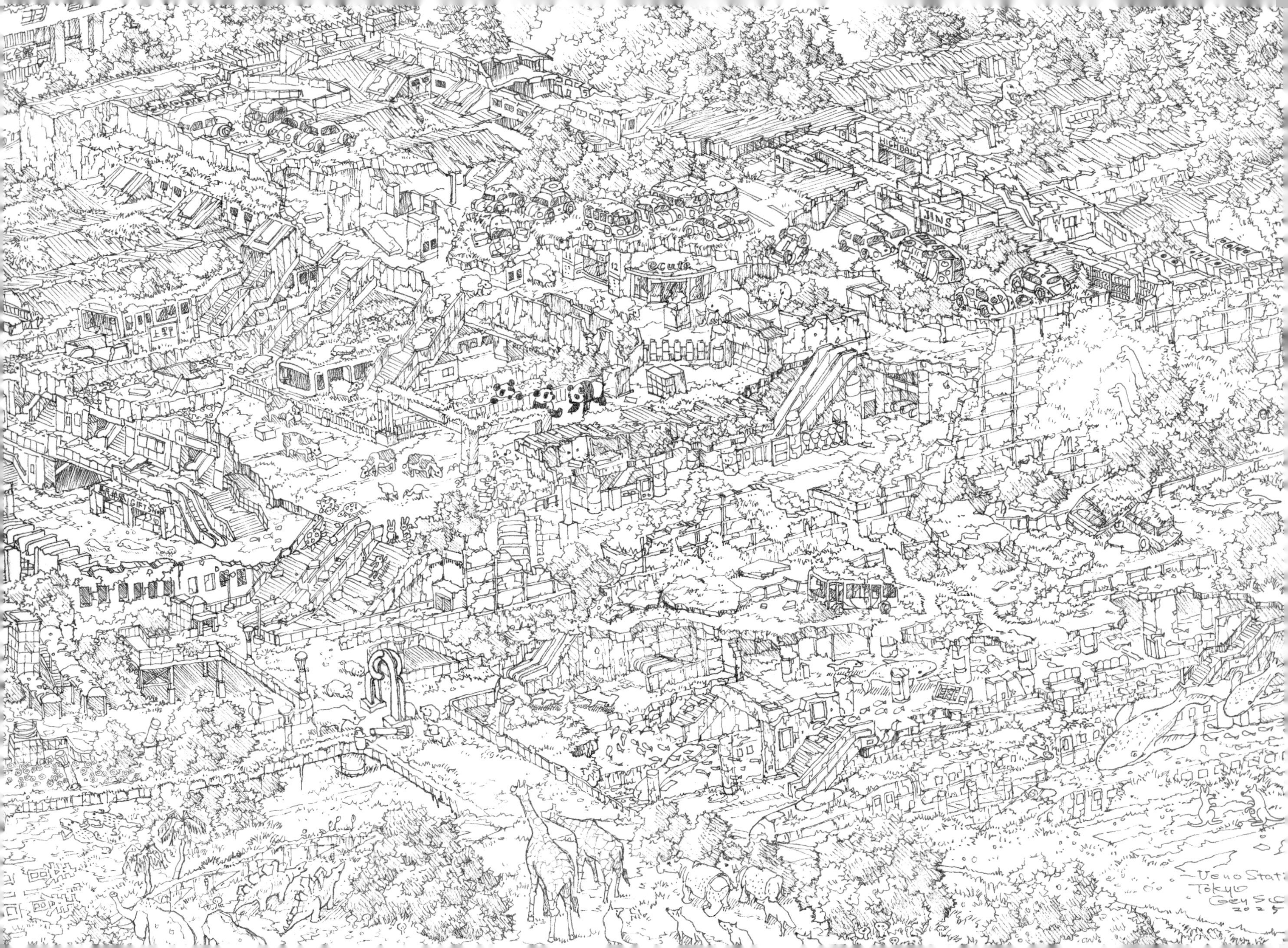

ecute
JINS
HIGHBALL
GIFT SHOP
Tokyo
2025

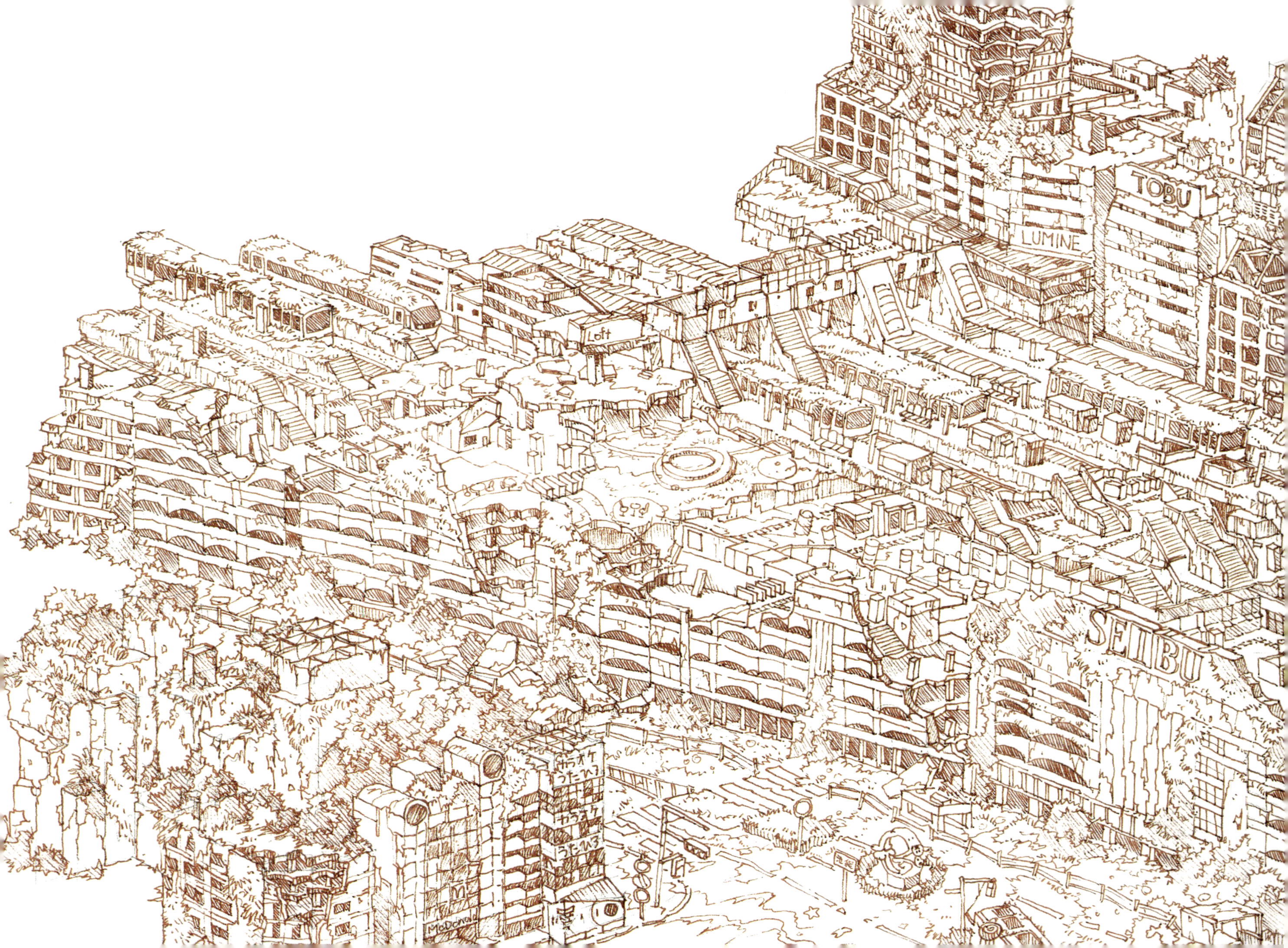
TOBU
LUMINE
Loft
SEIBU
カラオケ
うたひろ

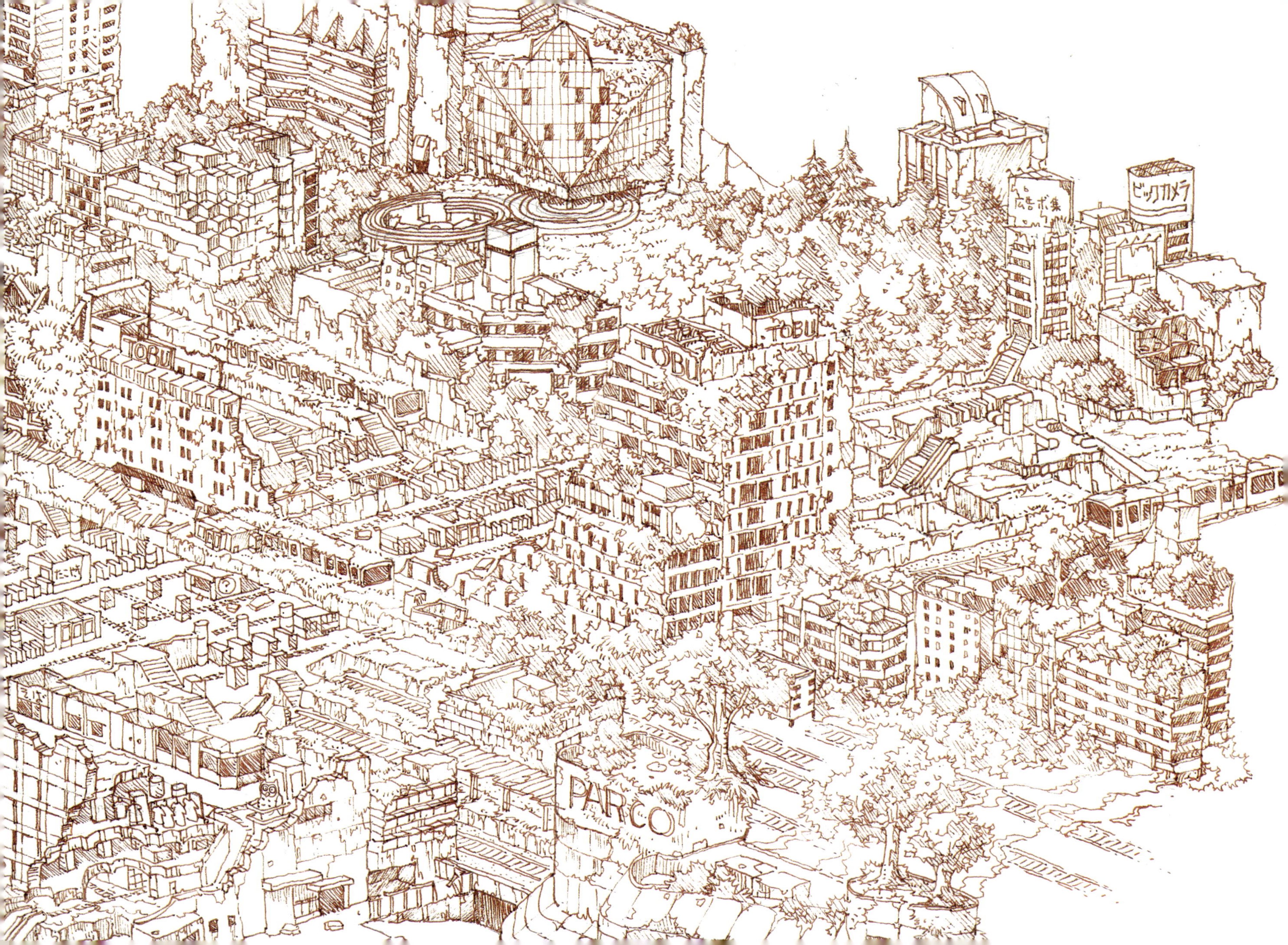
TOBU
TOBU
TOBU
ビックカメラ
PARCO

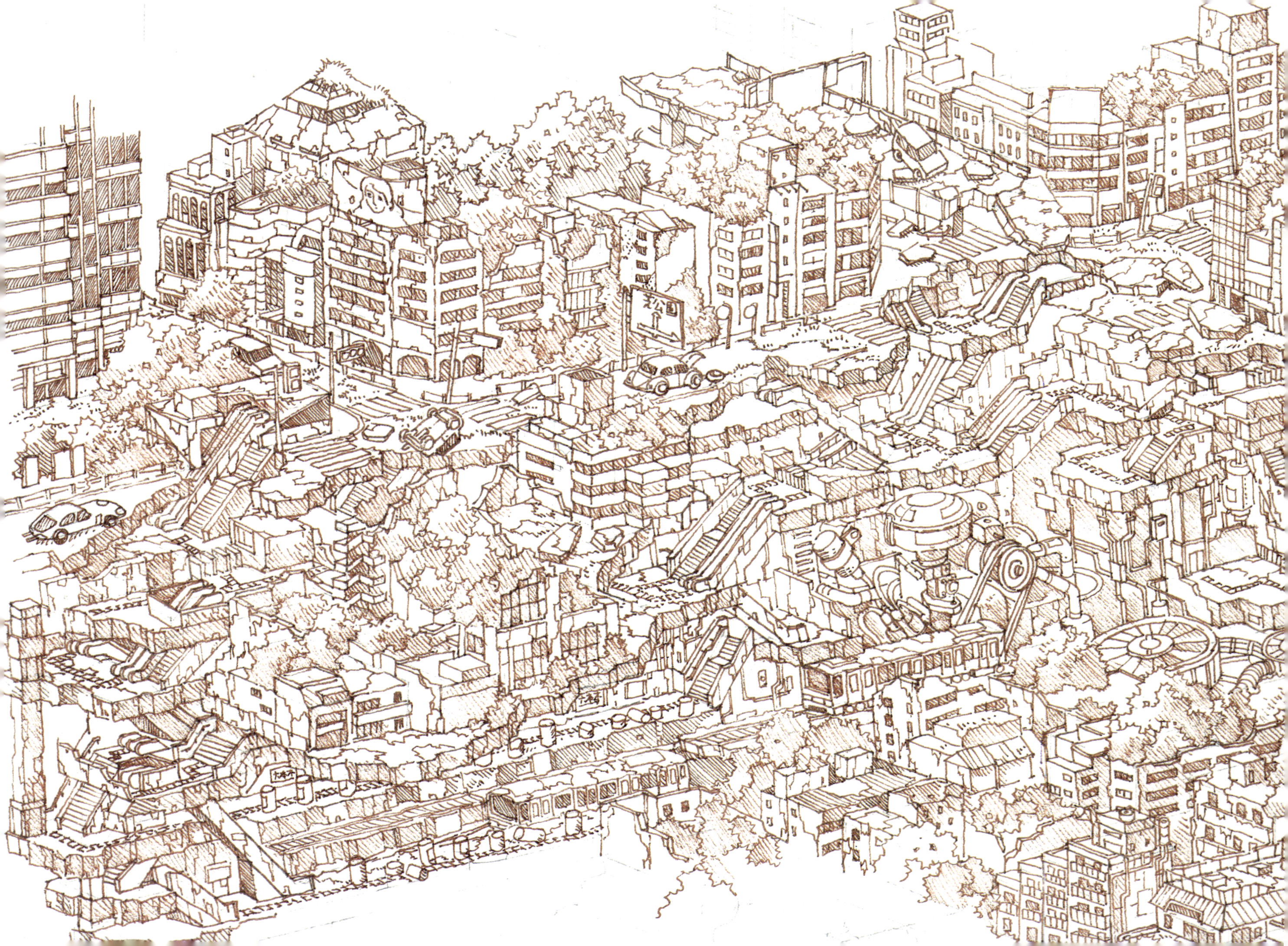

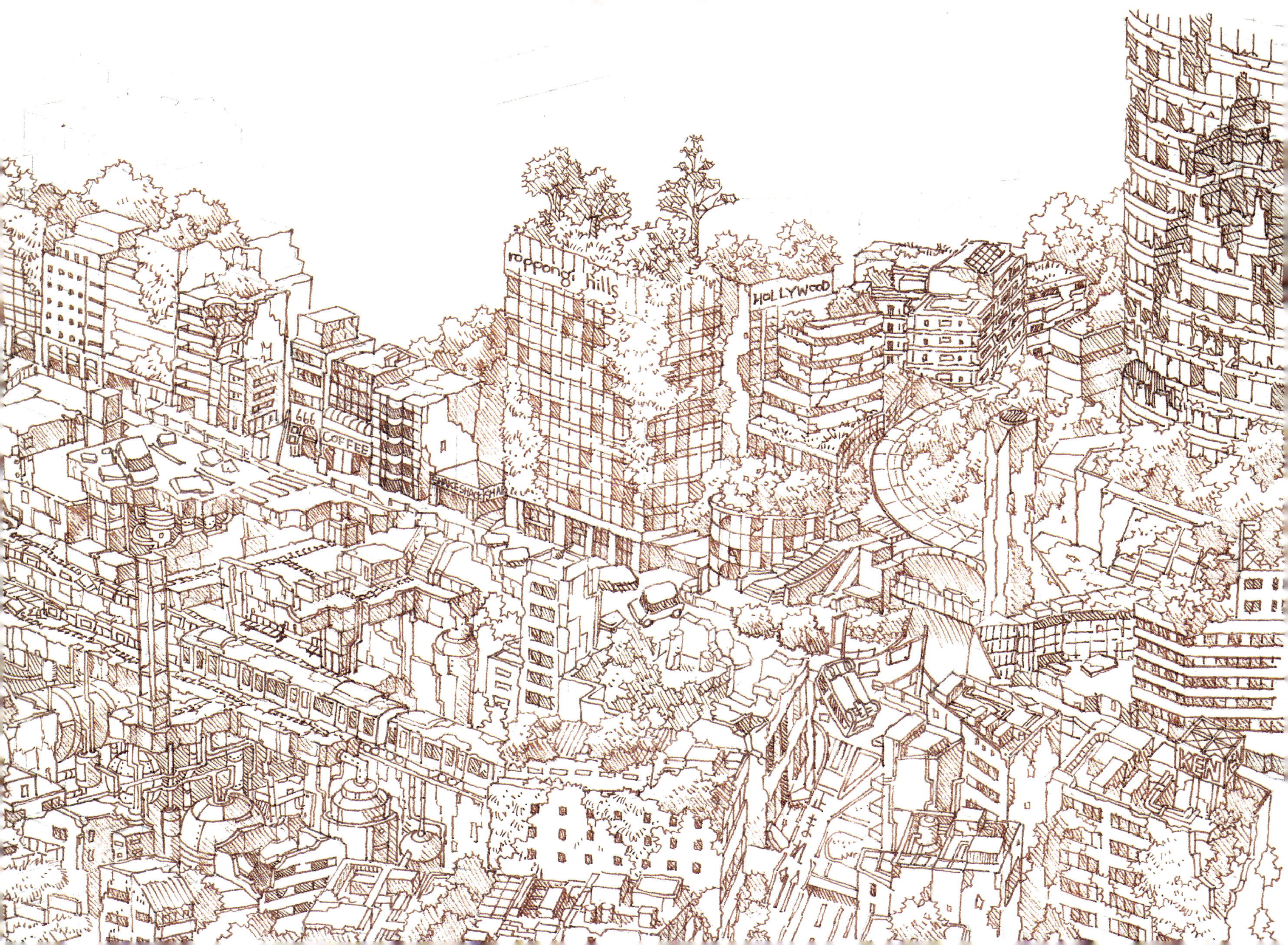
roppongi hills
HOLLYWOOD
666
COFFEE

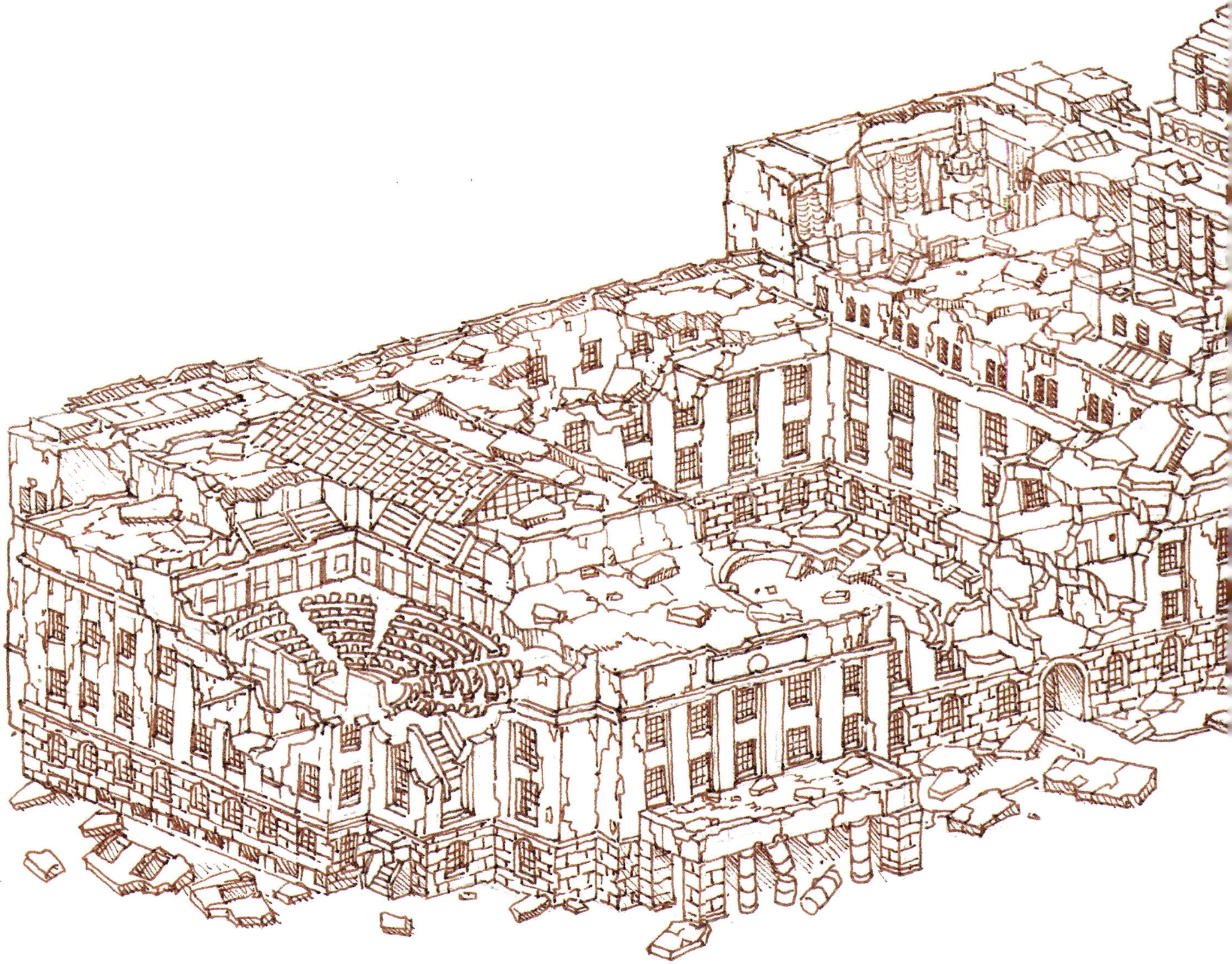

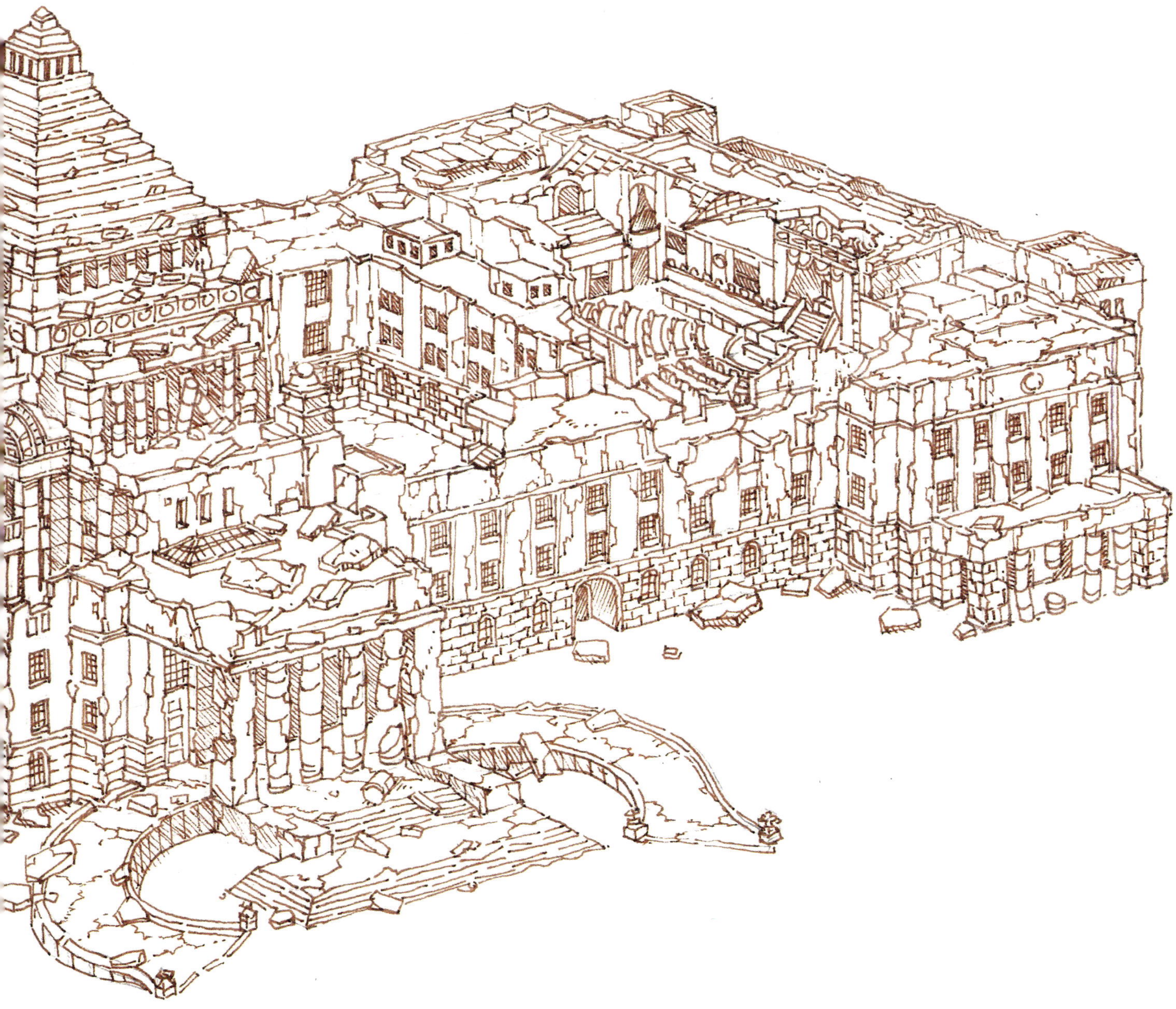

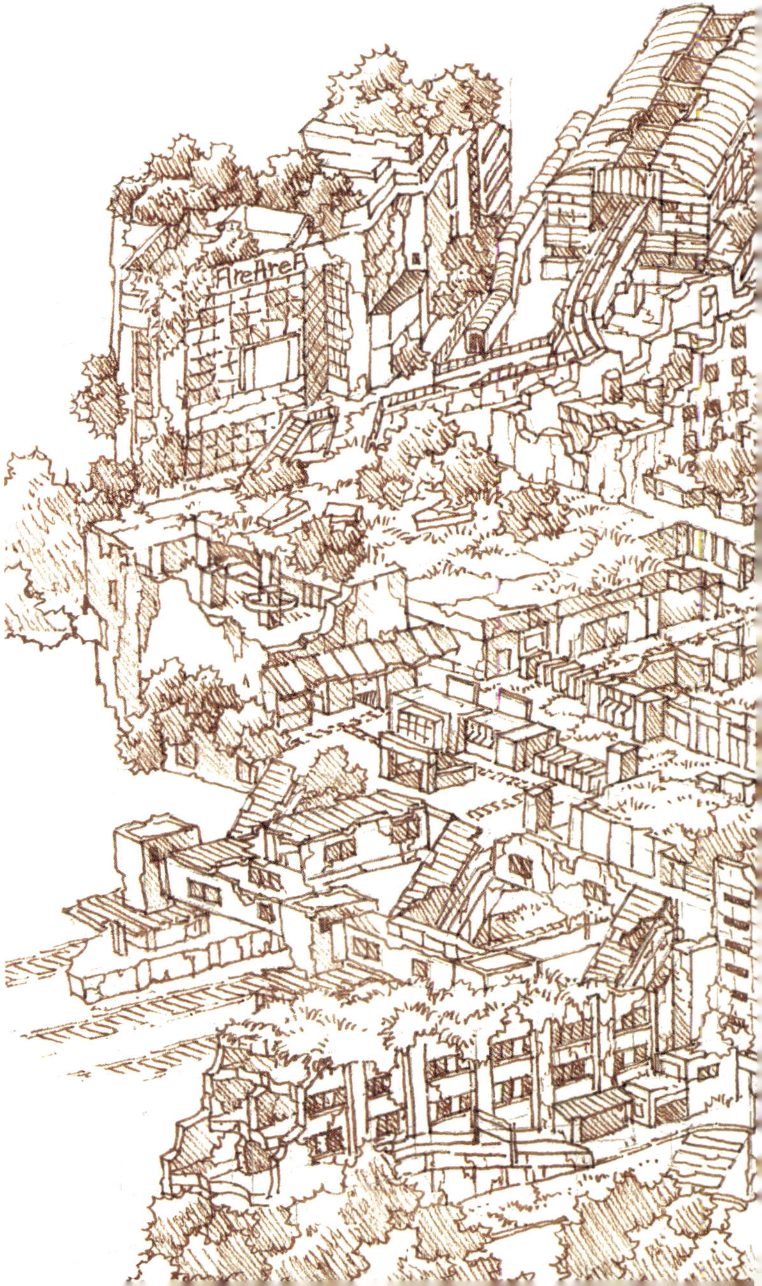
AreAreA

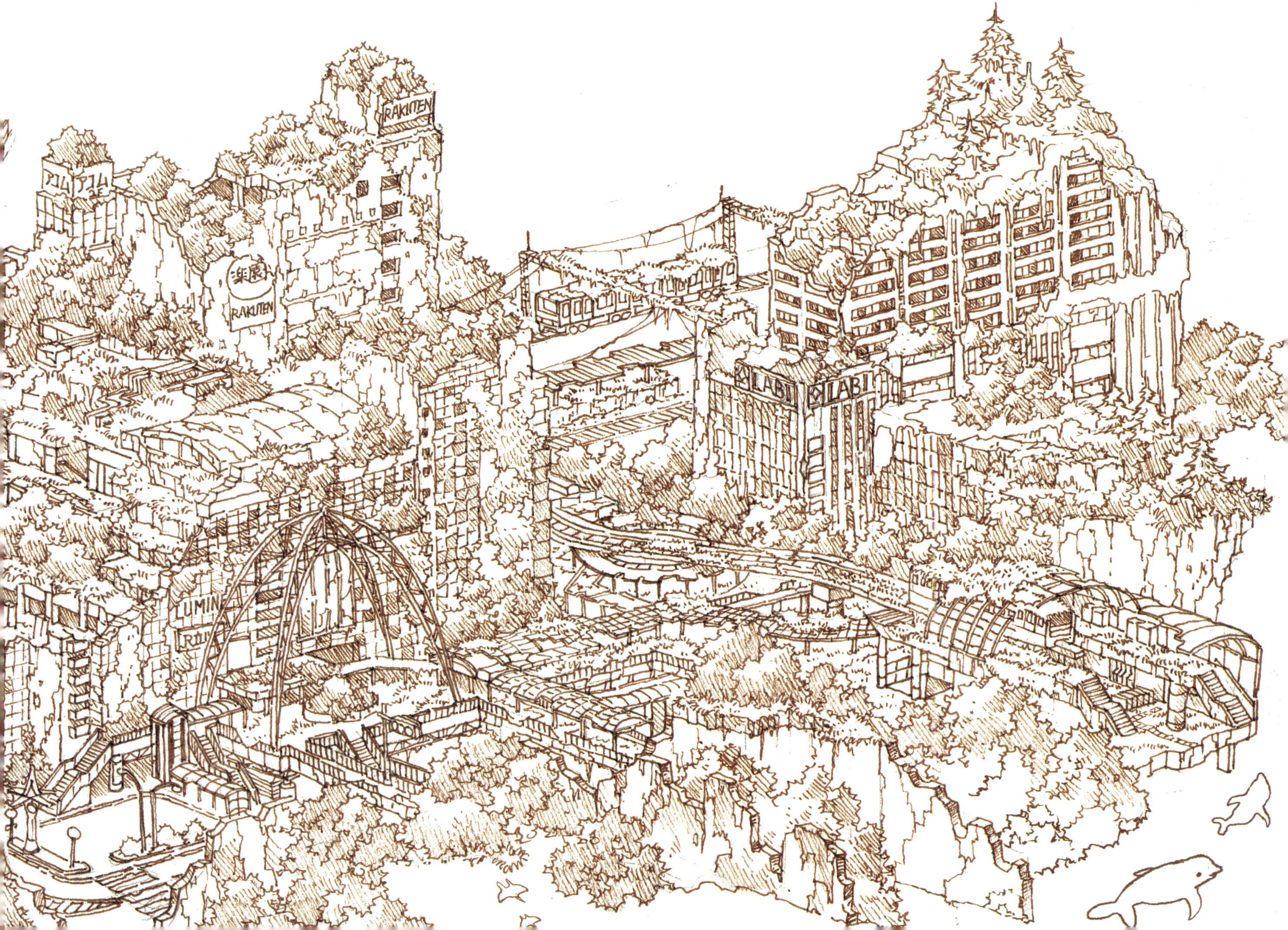
RAKUTEN
RAKUTEN
LABI
LABI

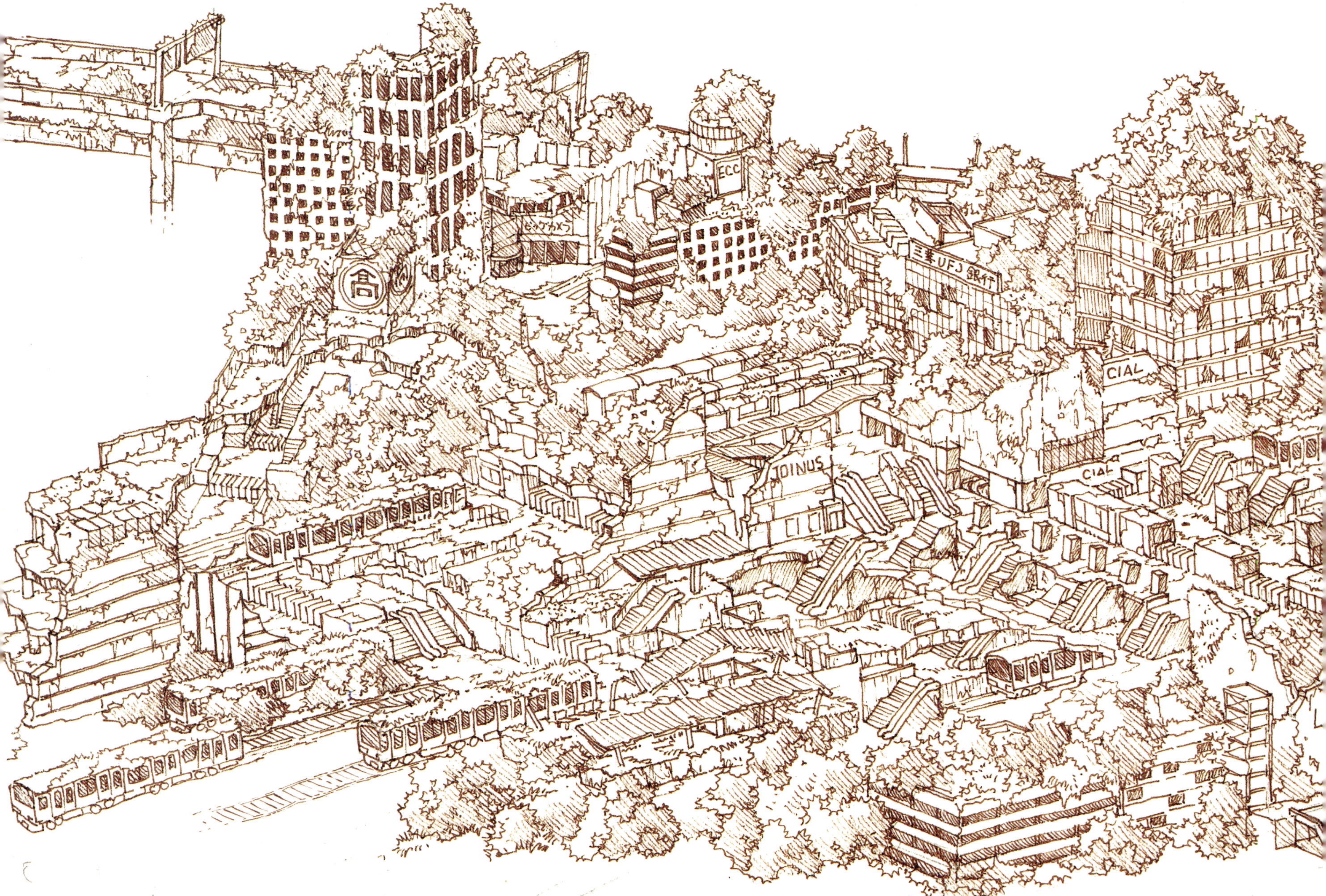
高
ビックカメラ
ECC
三菱UFJ銀行
CIAL
JOINUS
CIAL

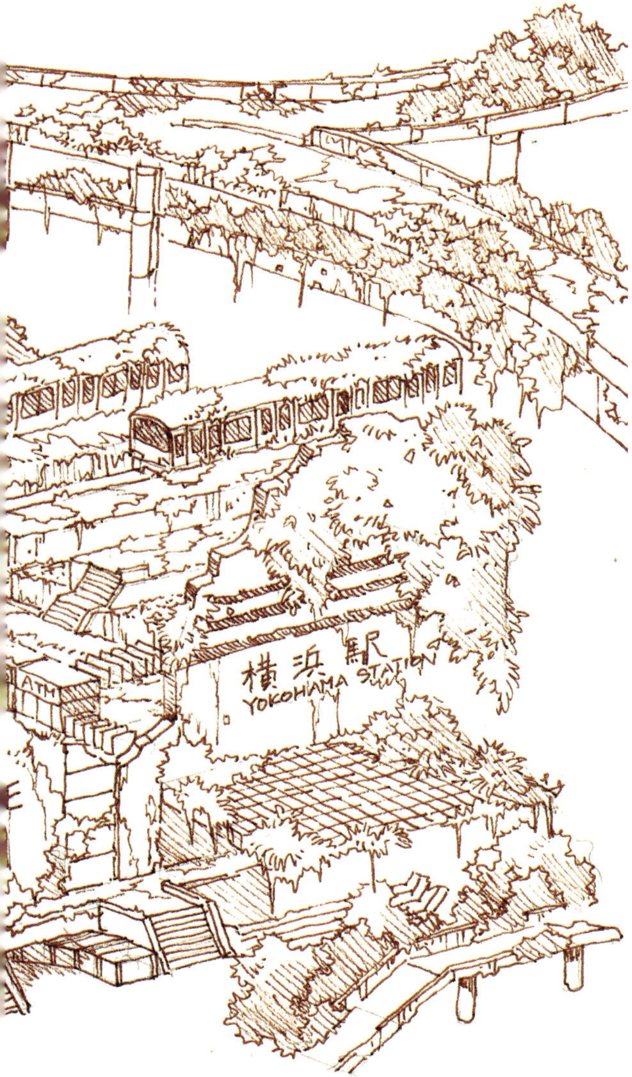
ATM
横浜駅
YOKOHAMA STATION

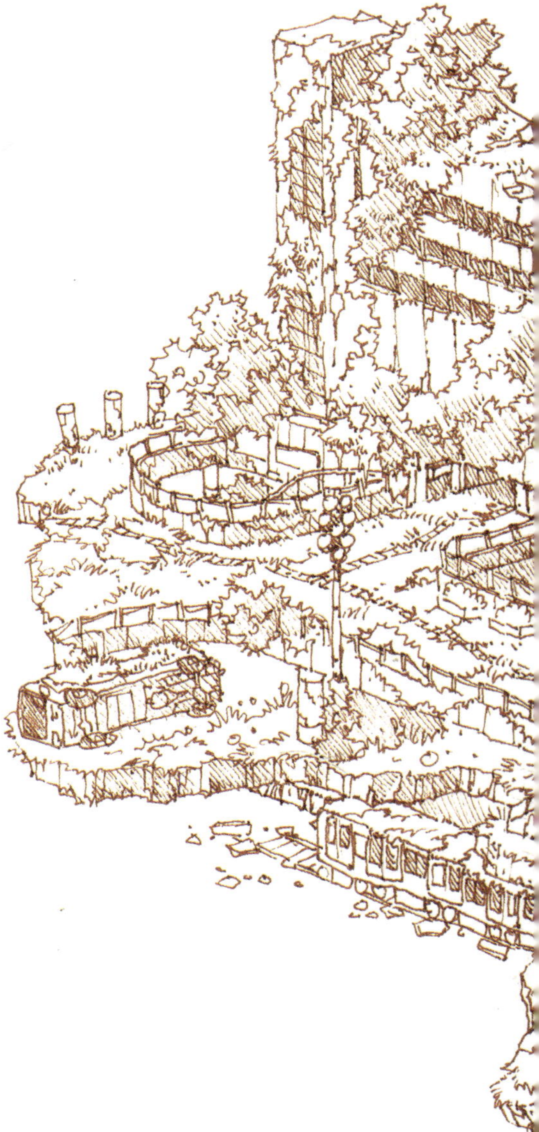

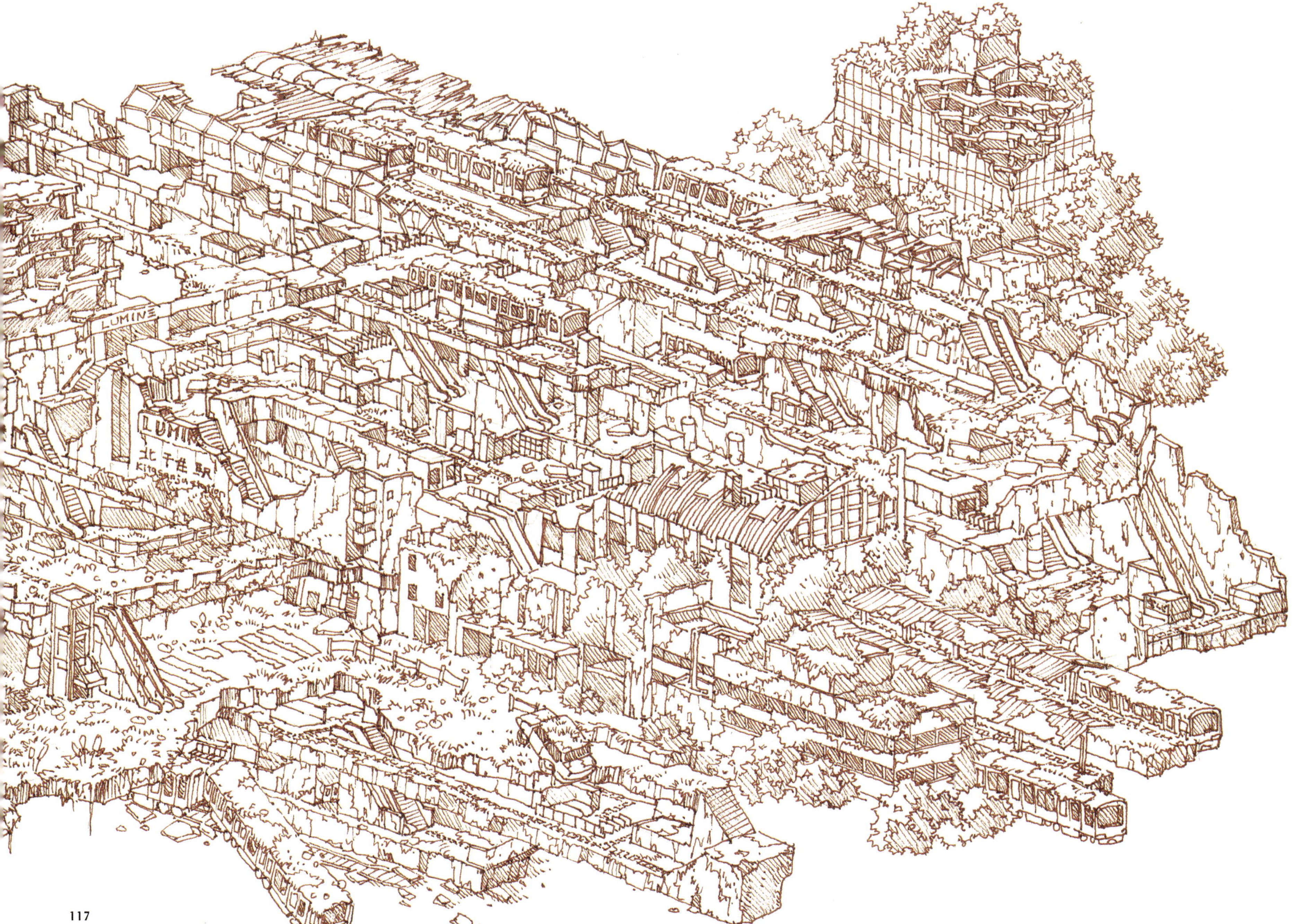
LUMINE
LUMIN
北千住駅
Kitasenju station

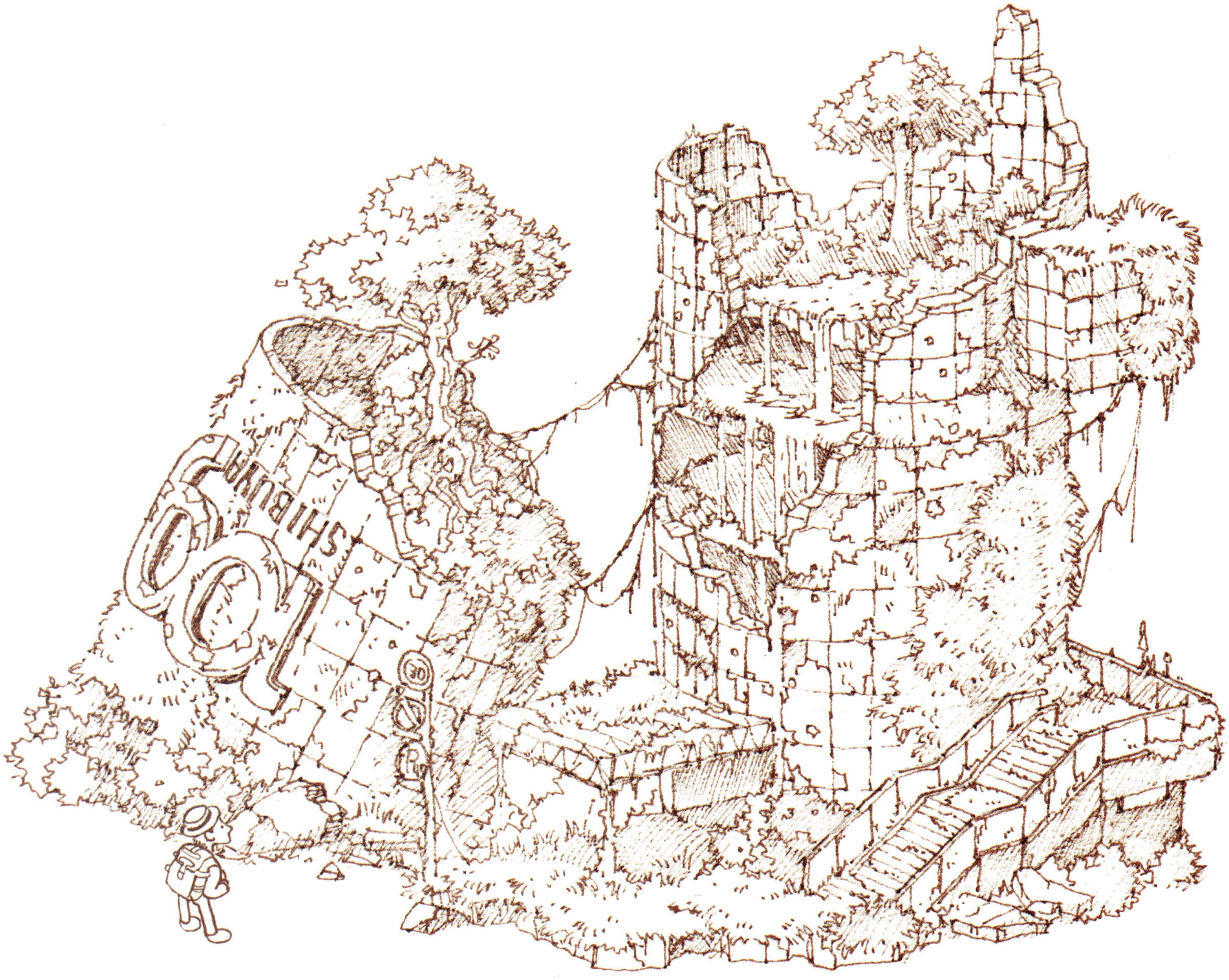
SHIBUYA
30

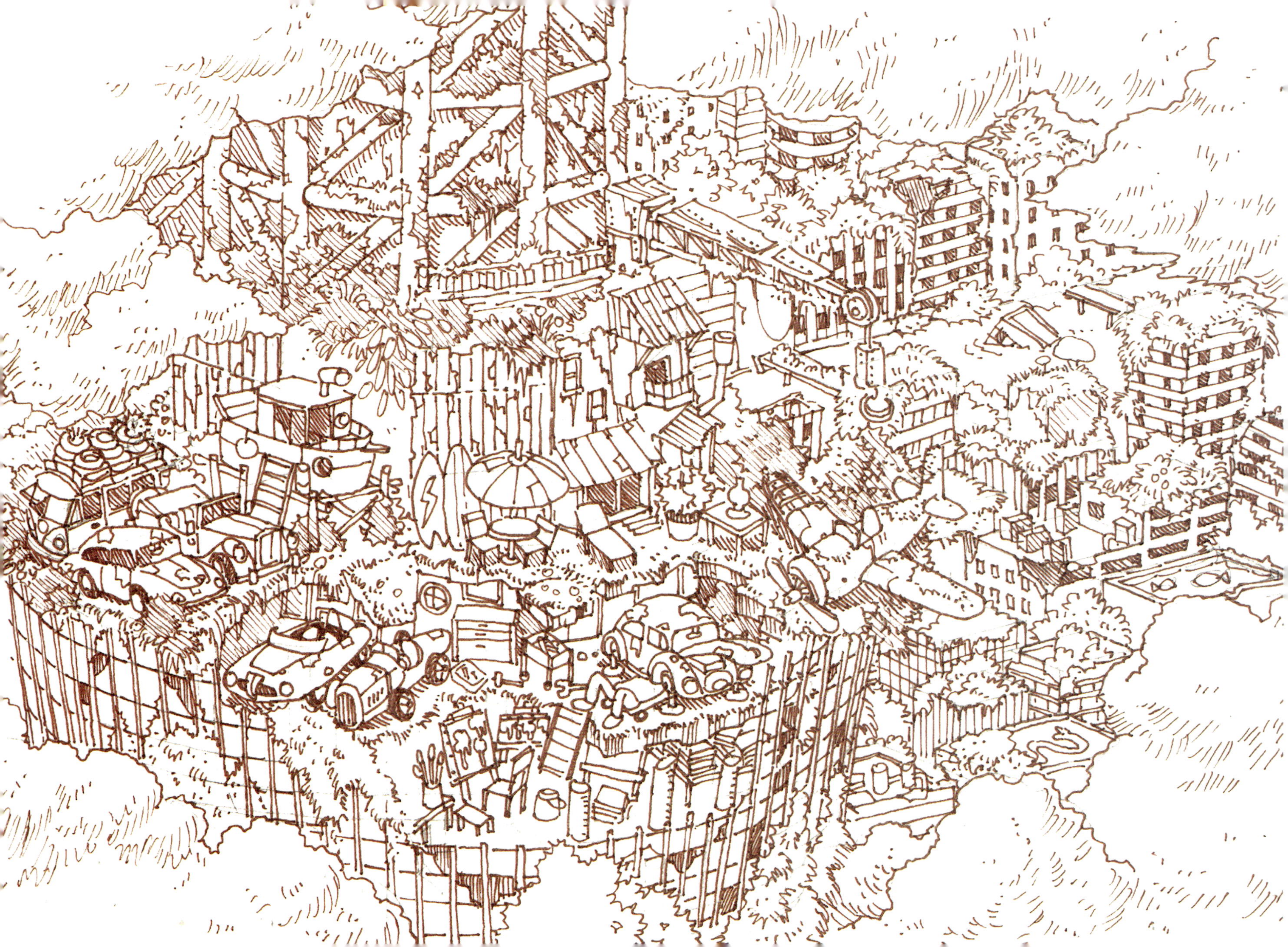

東京幻想、

メイキングオブ終末散歩

Making of TokyoGenso's Apocalyptic Stroll.

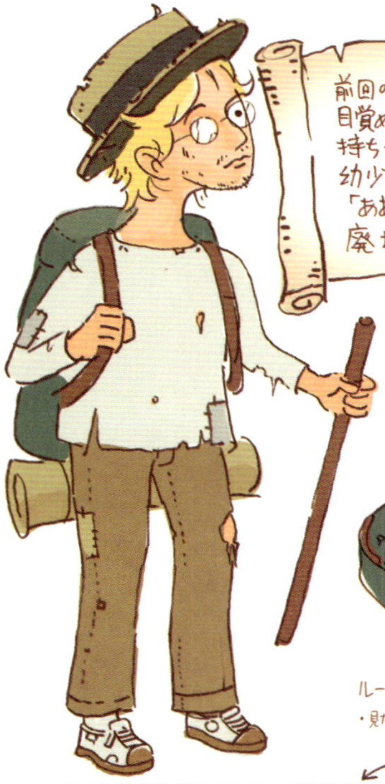

前回の『大阪幻想作品集』制作時に、アナログ水彩による「幻想スケッチ」に
目覚め、外出時には必ず小さなスケッチブックと簡易的な水彩セットを
持ち歩くようになった。
幼少期にテレビで「裸の大将」を観て育った私は、
「ああ、これこそが自分の思い描く本来の絵描きのスタイルだ」と確信し、
廃墟と化した終末の東京にひとり、旅に出たのである。。

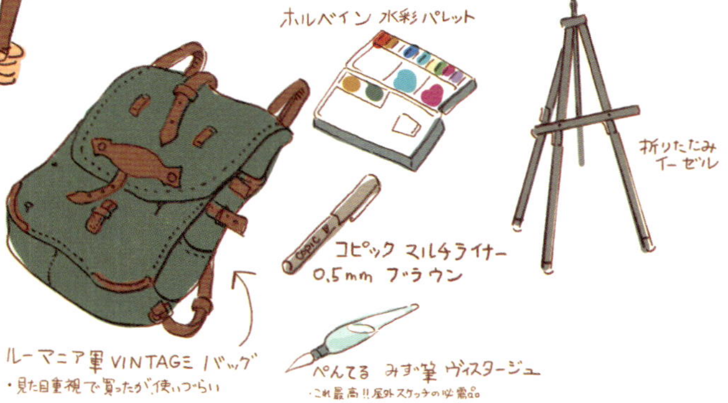

← あちらこちらでスケッチを試みる東京幻想 →

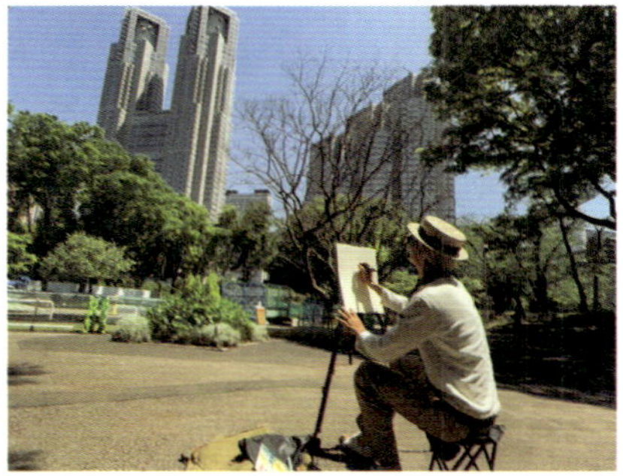

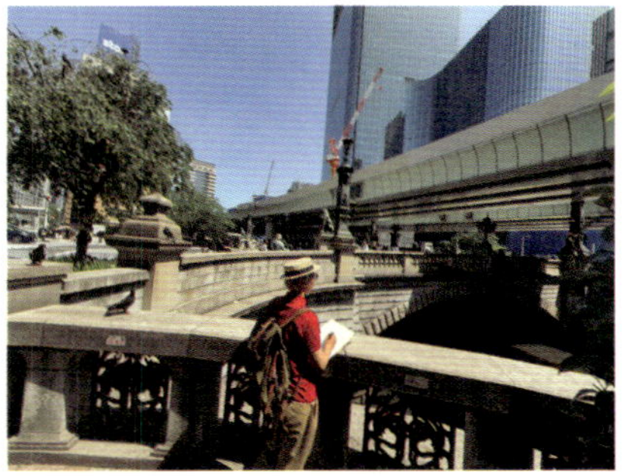

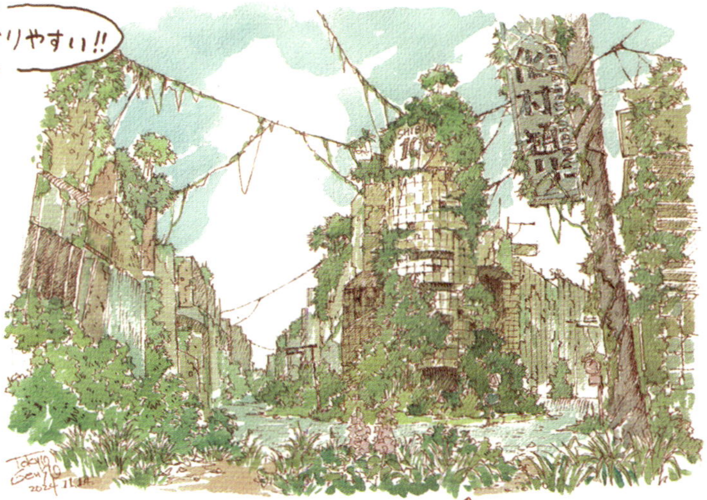

↑現在の渋谷109跡地

あてもなく街を徘徊しているうちに、難攻不落の地下ダンジョンと言われる、
渋谷駅に迷い込んだ。
学生の頃から毎日のように通っていた渋谷の駅も、今ではすっかり変わってしまった。
iPhone で東京メトロの駅構内図を眺めながら全体像を想像してみる。
頭がおかしくなりそうだ…。（終末だがスマホはつながるのだ）

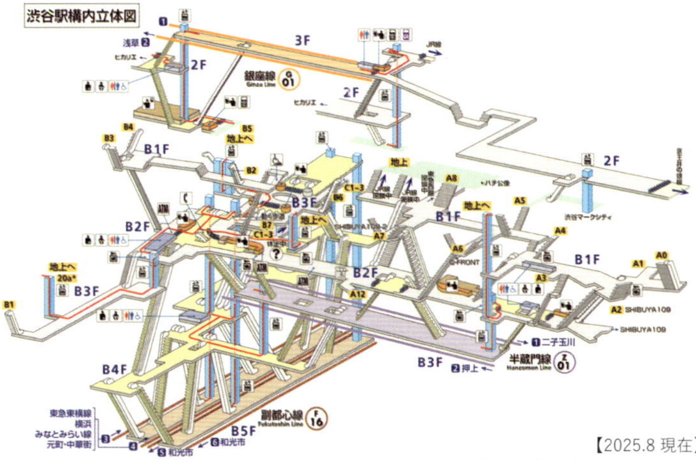

【2025.8 現在】
出典：東京メトロホームページ

自分がよく知っている場所から何となく取材を始めてみることにした。
馴染みのある半蔵門線のホーム（B3F）から、副都心線（B5F）や、
そこから地上への導線を、構内図を見ながらたどってみる。
必要があれば その都度 写真を撮る。

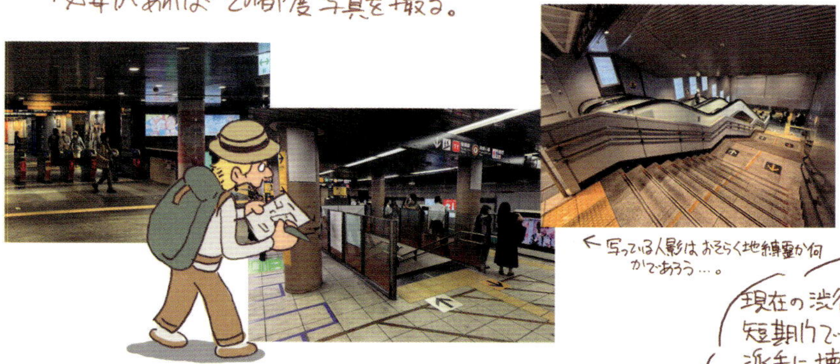

←写っている人影はおそらく地縛霊か何かであろう…。

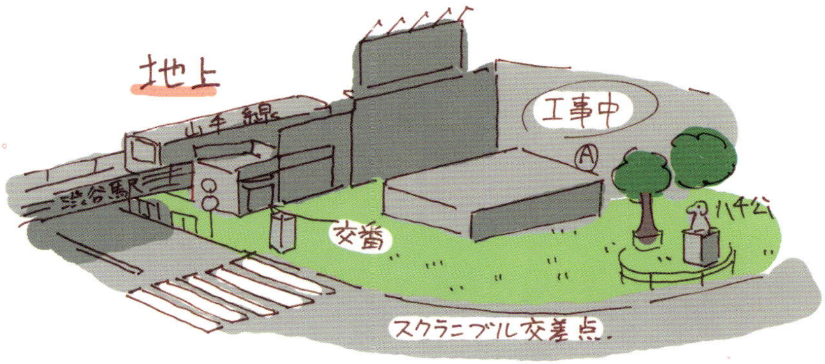

現在の渋谷駅は工事中の部分が多く改札や通路は短期間で形を変えてしまう。そういうところは 木で隠したり派手に壊して誤魔化す。

また、下の階を見せるために上階の床をどう壊すかを必死で考えるのだ。

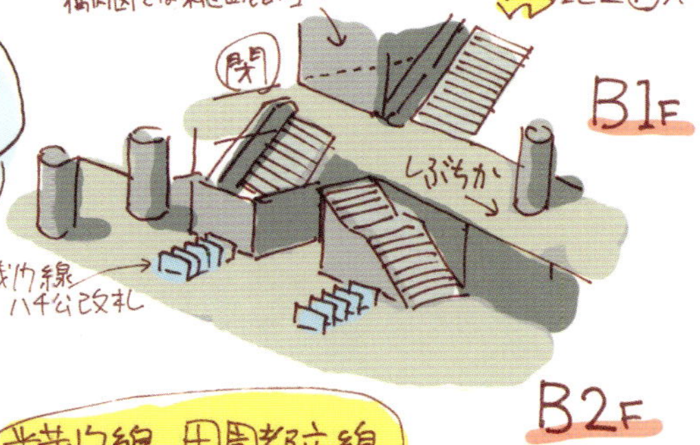

実際に現地で確認しながら描いたメモ ↓

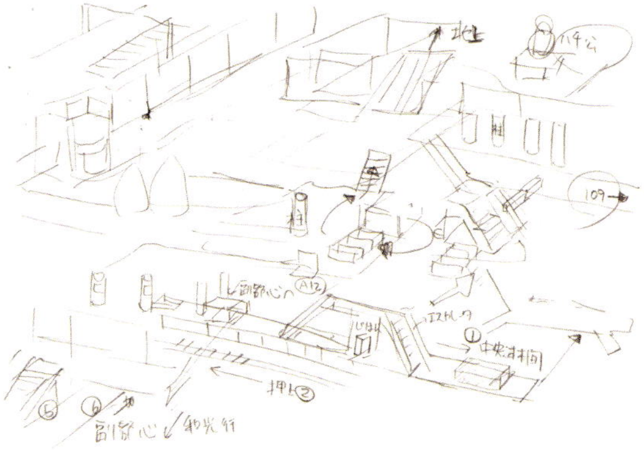

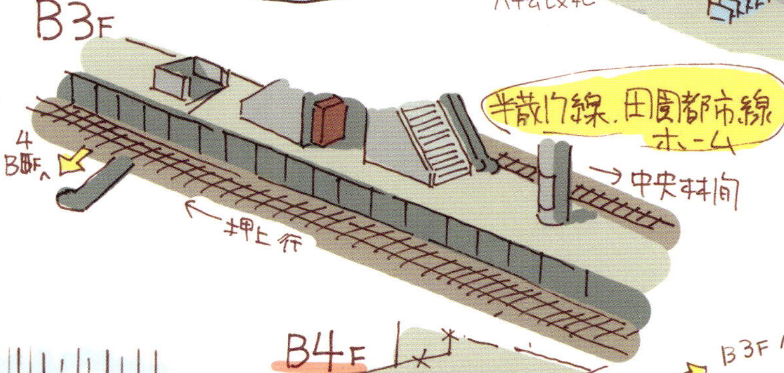

鉄道会社の作成した構内図はかなりデフォルメされていることが分かる。
地上出口との辻つまが合わなかったり、我々一般人が立ち入る事のない
フロアや部屋は省略されており、絵を描く上では大変困る。

↑
あたりまえだ

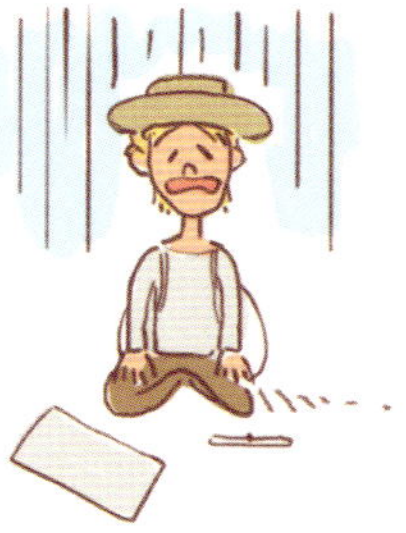

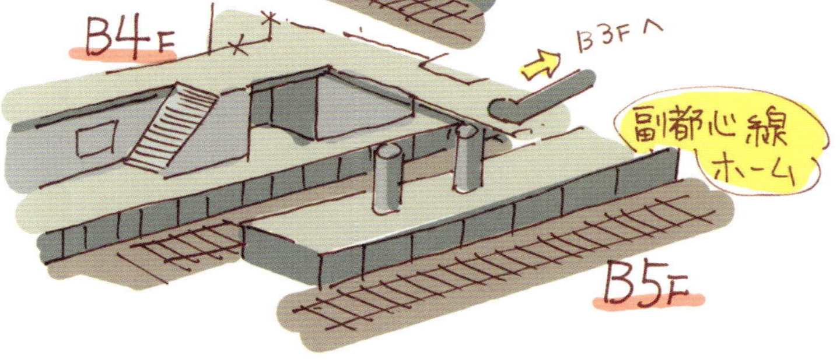

ラフが完成!!
地上から地下5階まですっきりと見渡せるようになった。
構図の関係上、ヒカリエ方面の銀座線は省略することにした。
ハチ公広場から地下1階に降りる階段を覆う屋根を
大胆にぶった切って見せるあたりが
我ながら惚れ惚れしてしまう。

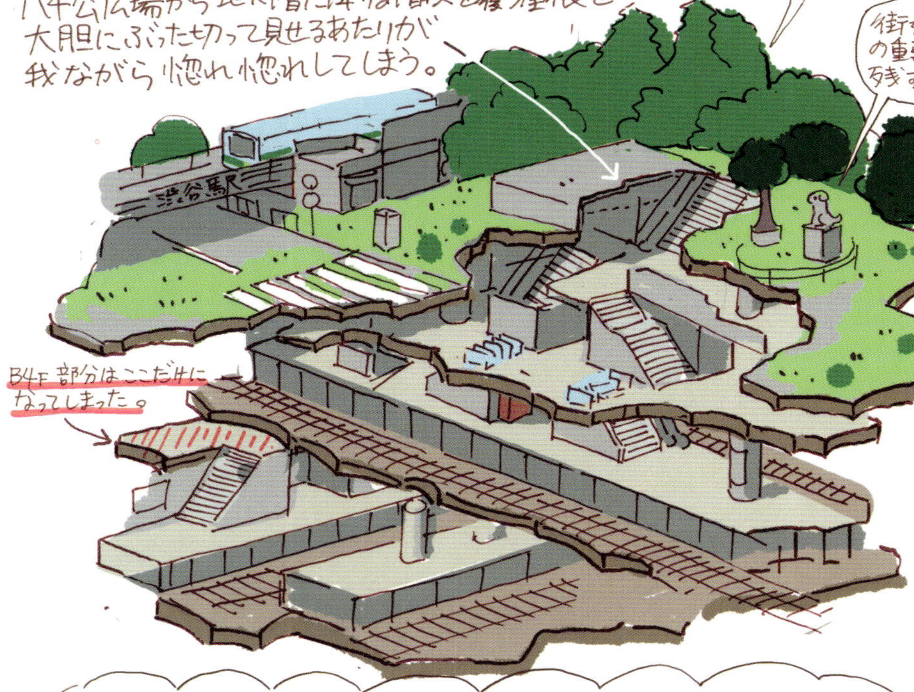

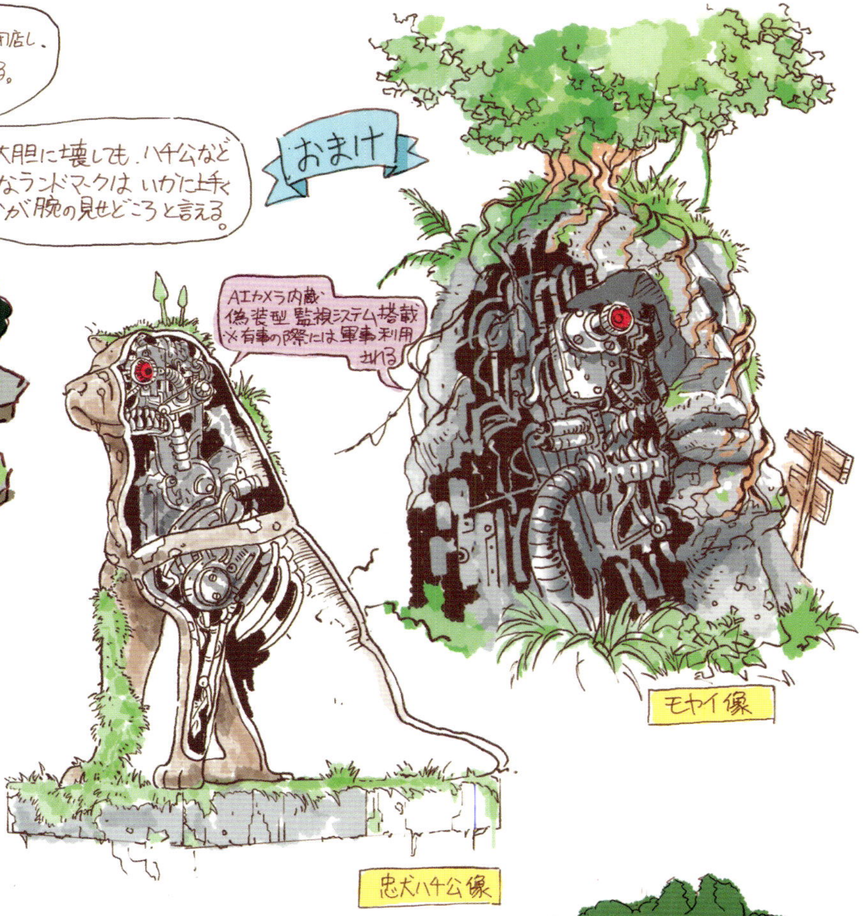

電車や植物、動物やその他キャラクターなどは全体のバランスを見ながら
次の段階で配置する。
この時点ではパースと大まかな構造だけ注意しながら、
あとは可愛くなれば何でもいいやと思っている。

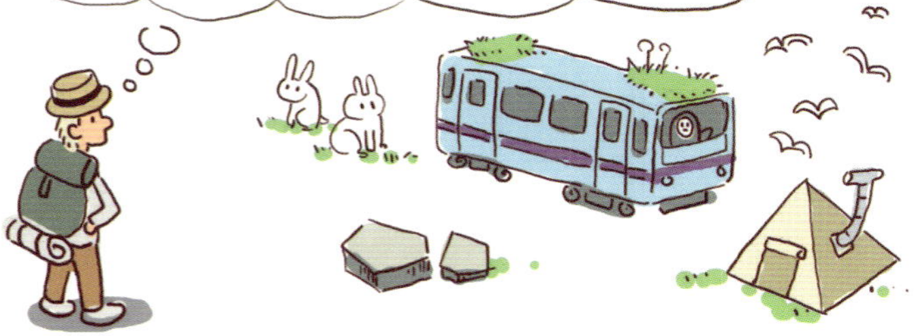

地下部分はあとで水没させることにした。
そのほうがみんなも喜ぶだろうし。
今回の終末散歩シリーズでは、着彩は
デジタル(PSD)にしようと早い段階で決めて
いたので、その辺は気が楽だ。
※ちなみに線画の修正もかなりデジタル
に頼ってしまった。

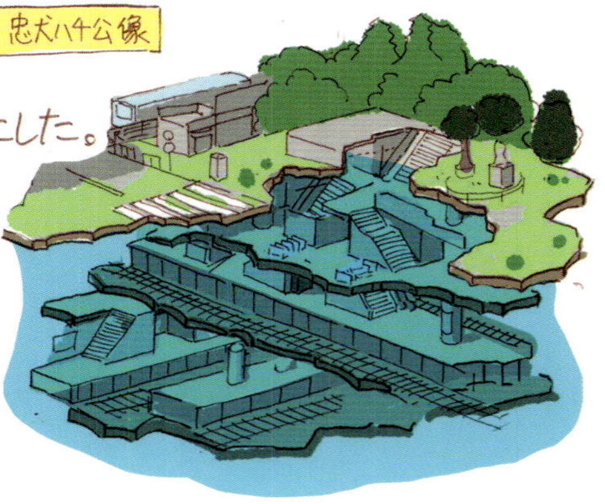

線画をプリントアウトする。
今回はA4 2枚分の大きさにした。

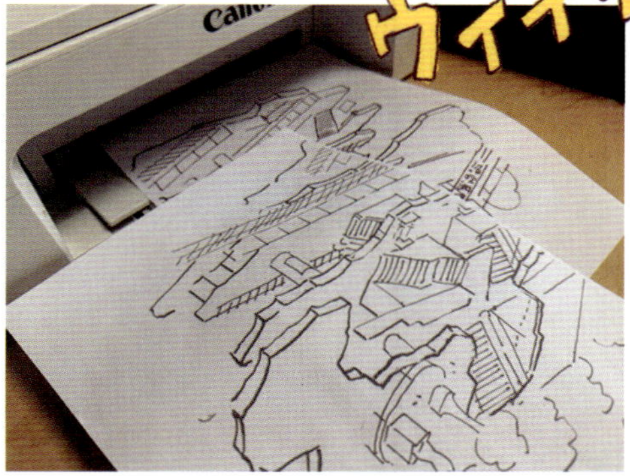

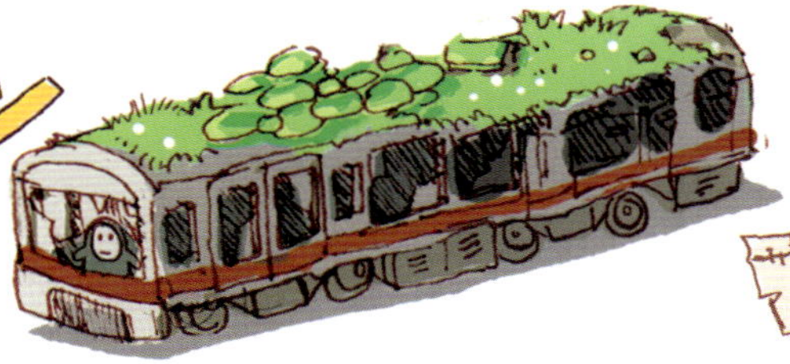

スーパーチャコペーパーを使って
水彩用紙にアタリをつける。

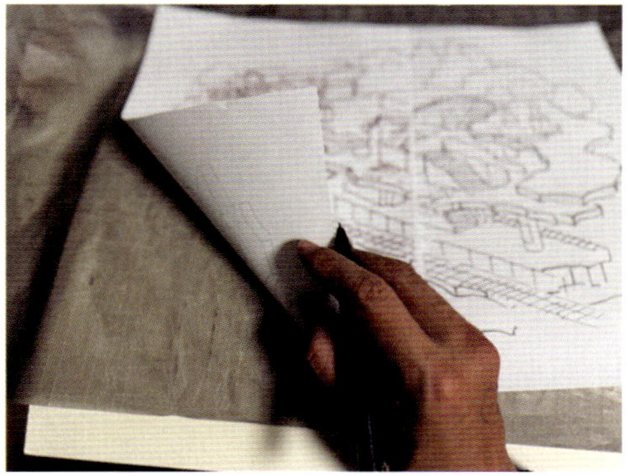

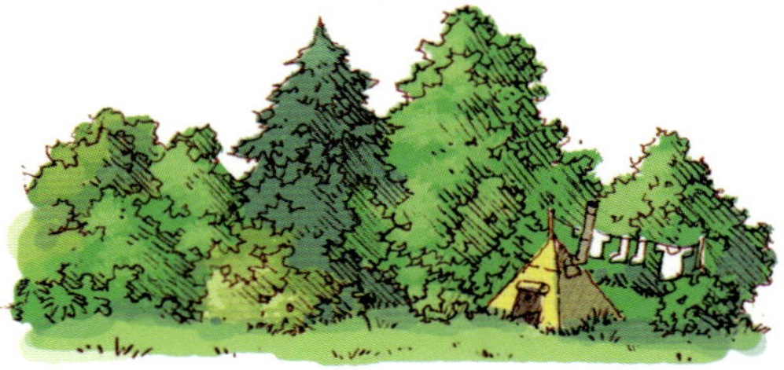

鉛筆でうっすらとディテールを描き込んだ後、いよいよペン入れ。

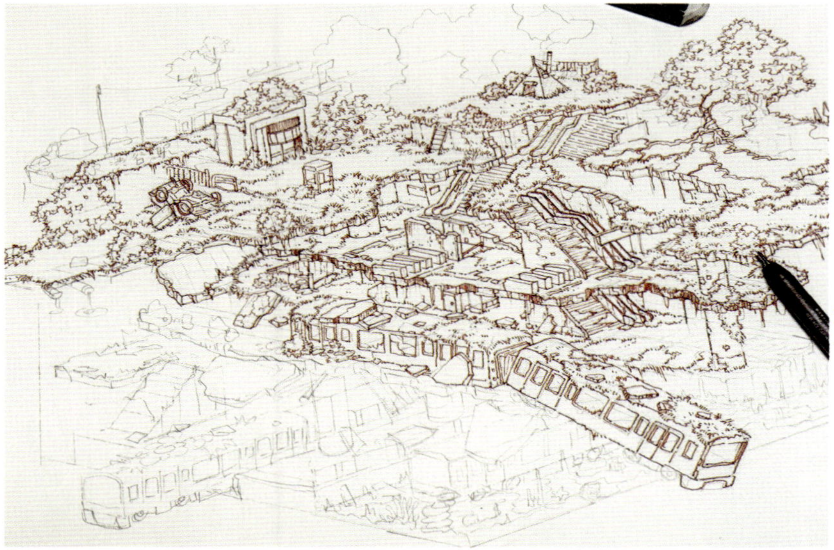

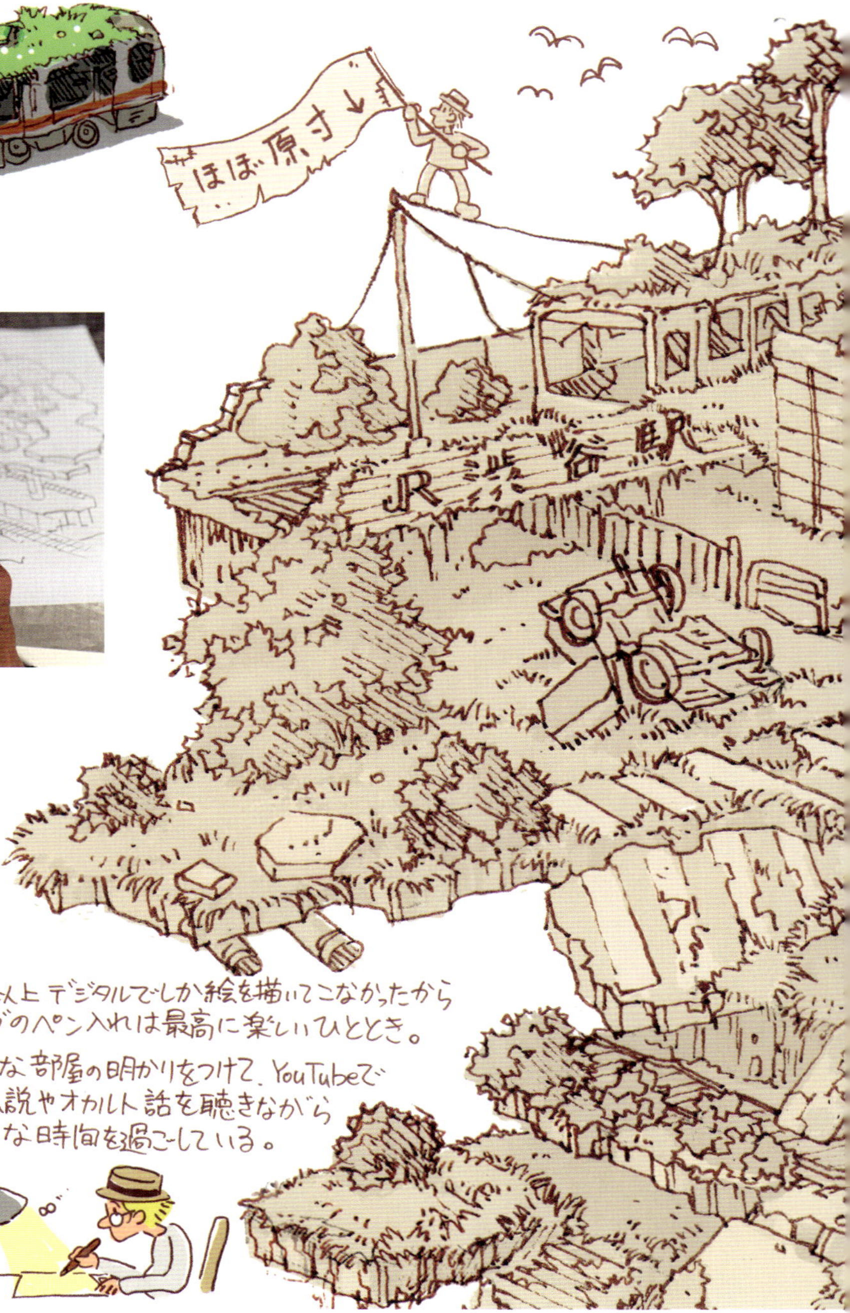

20年以上デジタルでしか絵を描いてこなかったから
アナログのペン入れは最高に楽しいひととき。
夜な夜な部屋の明かりをつけて、YouTubeで
都市伝説やオカルト話を聴きながら
優雅な時間を過ごしている。

線画が完成!!

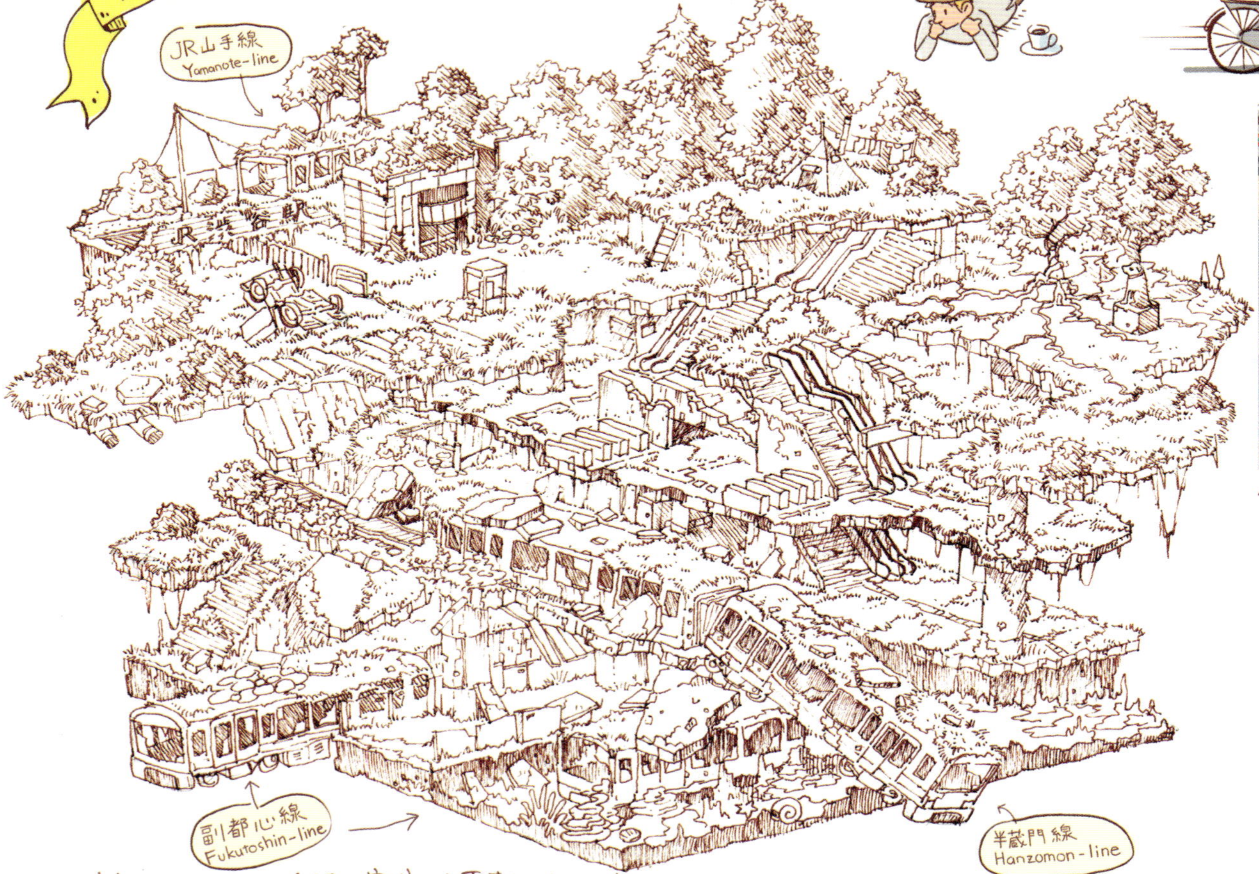

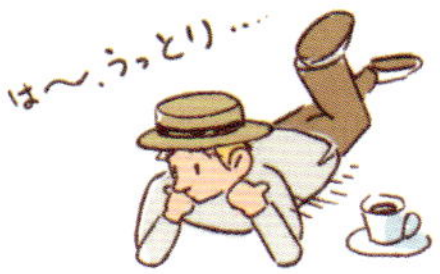

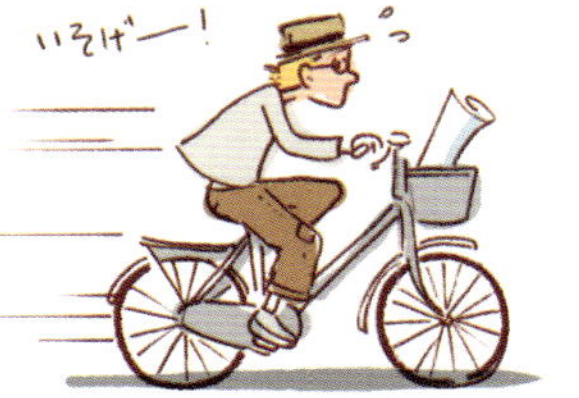

いそいそと原画を丸めて
コンビニのコピー機へダッシュ!!
今回はA2版になるので
家庭用のスキャナーでは足り
ないのだ。

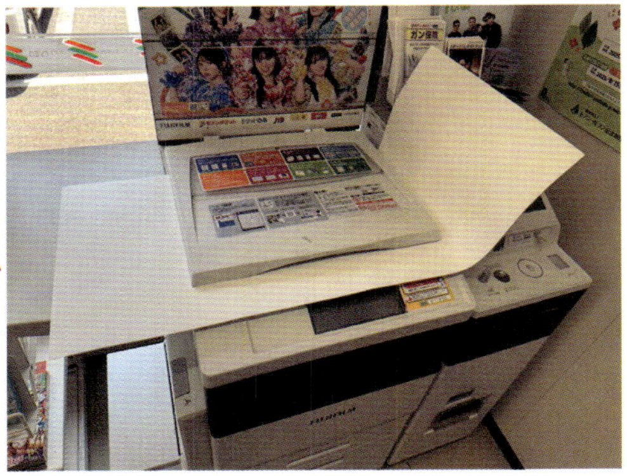

↑この写真は「上野駅」の原画をコンビニでスキャンしてるところ。
1m以上もあるので3分割してデータ化し、デジタル上でつなげた。
あまりオススメしない方法だ。

PCに取り込んで、コントラストなどの微調整。

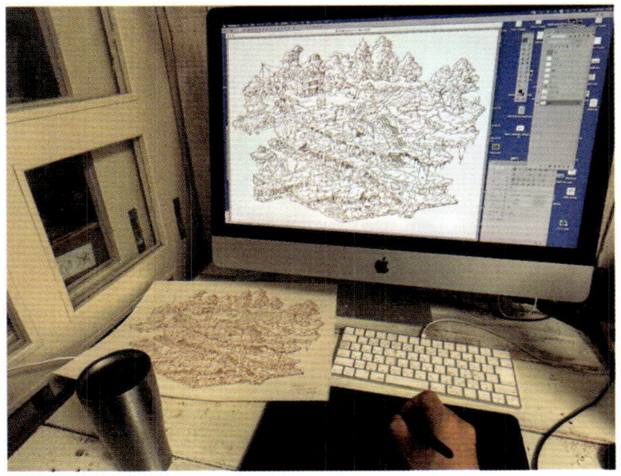

この時点でそれぞれの線路に窓の割れた電車や地上には
ひっくり返った車、がれき、飛び出した水道管などを加えてみた。
地下は水没する予定なので、海底にはサンゴや貝、ヒトデなどが
描かれているが、ここら辺は今後どうなるか分からず、少し不安
なので、控えめにしてある。
次の段階でまた次々とアイデアが浮かぶんだろうな、最終的
にどんな絵になるのかは自分でも分かっていない。

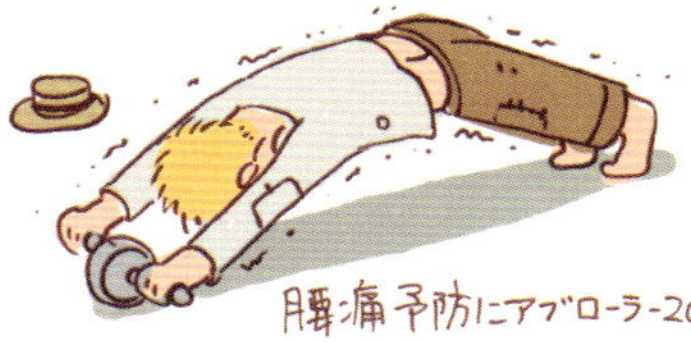

腰痛予防にアブローラー20回やる。
（しかも立ちコロだぞ。）

着彩の前に、フロアごとに分けておくと作業しやすい。
今回はそうでもないが、「上野駅」のような大きな作品は
自分がどこを描いているのか分からなくなるので。

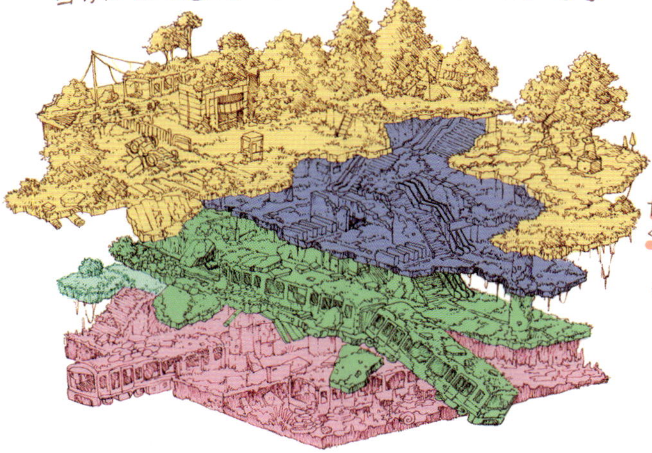

だいたい4時間くらいかかる。

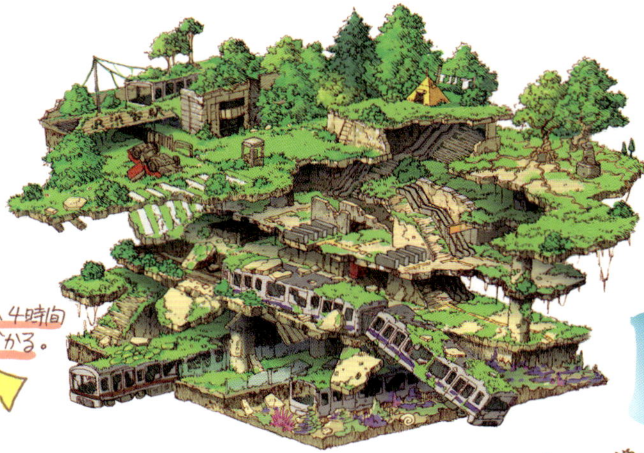

ここで試しに水没させてみる
綺麗な水色のレイヤーを
乗算で重ねてみよう。

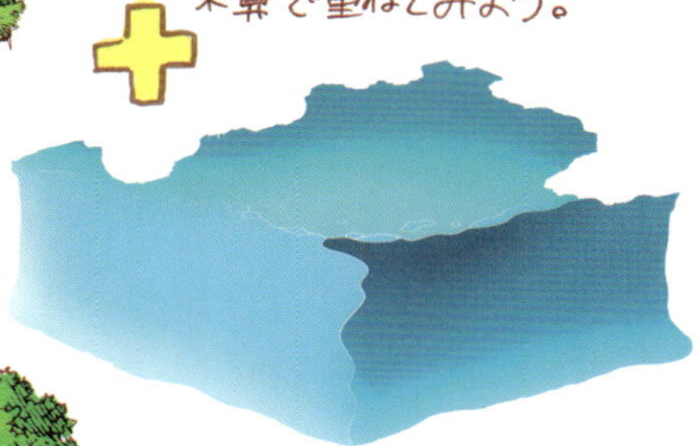

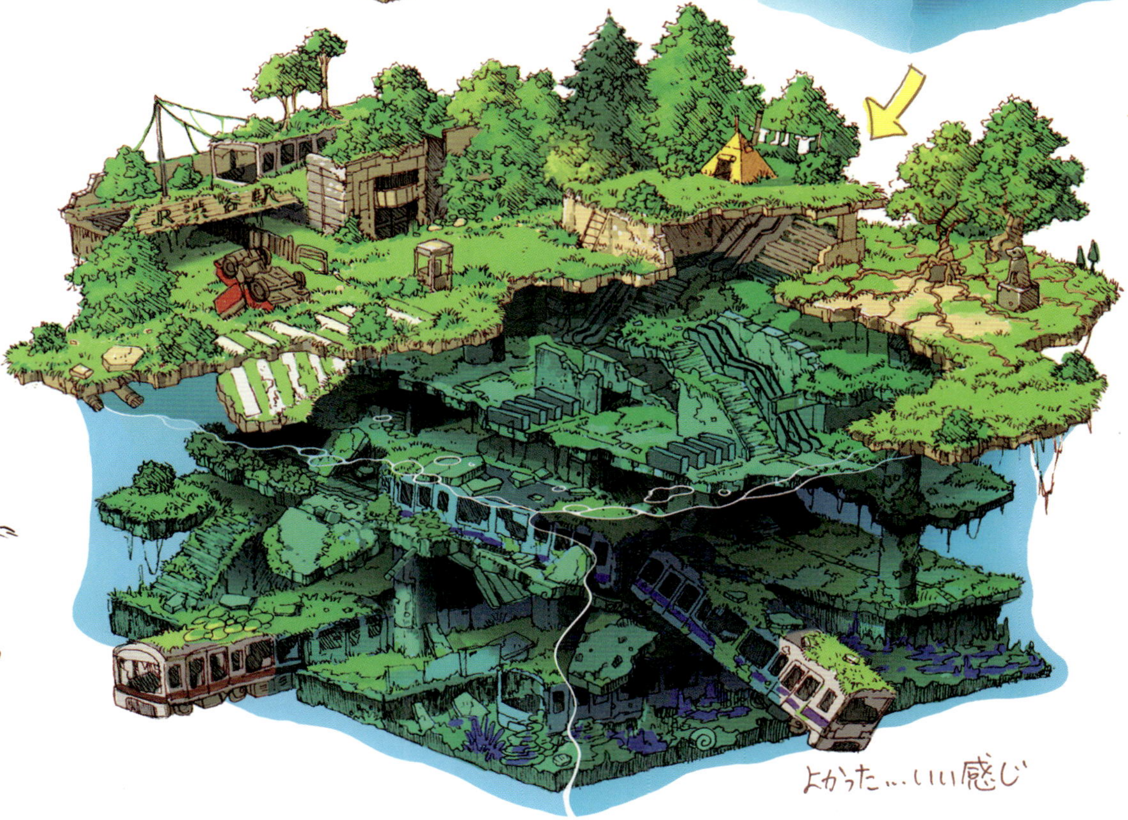

よかった…いい感じ

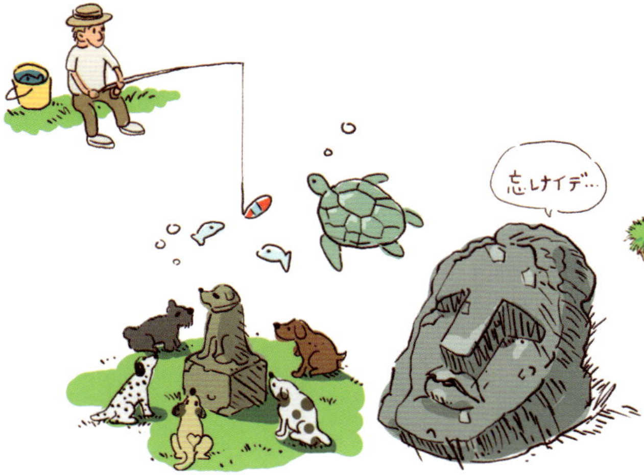

着彩後に描き加えられたモノたち。他にも色々いるので
完成版は本編のイラストをもう一度チェックしてみよう！

おしまい

場所リスト

頁数	場所名
3	新宿駅東口(線画)
5	東京タワー
6	東京駅(小)
7	日本橋
8	銀座駅(線画・部分)
9	銀座駅
11	渋谷109
12	秋葉原駅(小)
13	東京ドーム
14	上野駅(部分)
15	上野駅(部分)
16	上野駅
18	雷門
21	浅草うんこ
22	スカイツリー
24	北千住駅
26	秋葉原駅(春)
27	秋葉原駅(夏)
28	秋葉原駅(秋)
29	秋葉原駅(冬)
30	御茶ノ水駅(春)
31	御茶ノ水駅(夏)
32	代々木駅(線画・部分)
33	代々木駅
34	新宿駅南口
35	新宿駅南口(線画・部分)
36	山手線(夏)
37	新大久保駅
38	国会議事堂
40	国会議事堂(ピラミッド)
42	品川駅
43	品川駅(砂漠)
44	目黒駅
46	渋谷駅
47	渋谷駅(水没)
48	高田馬場駅
49	高田馬場駅(線画・部分)
50	池袋西武(線画)
51	池袋西武
52	池袋駅
54	大井町駅(線画・部分)
55	大井町駅
56	東京ビッグサイト1
57	東京ビッグサイト2
58	廃飛行機
60	新橋駅(線画・部分)
61	新橋駅
62	六本木駅
64	町田駅(線画・部分)
65	町田駅
66	高円寺駅
67	高円寺駅(線画・部分)
68	荻窪駅(線画・部分)
69	荻窪駅
70	吉祥寺駅
71	吉祥寺駅(線画・部分)
72	立川駅
74	東京駅(線画・部分)
75	東京駅(冬)
76	新宿駅東口(線画・部分)
77	新宿駅東口
78	都庁
80	横浜駅
82	四ツ谷駅(夜)
83	四ツ谷駅(線画・部分)
84	廃ビートル(線画)
85	廃ビートル
86	北千住駅(夕)
88	山手線(秋)
89	西日暮里駅
90	中央線(ハロウィン)
91	吉祥寺駅(夜)
92	西日暮里駅(線画・部分)
93	西日暮里駅(夜)
95	高田馬場駅(夜)
96	大井町駅(ランタン)
97	東京駅(クリスマス)
98	町田駅(夜)
100	北千住駅(夜)
103	東京タワー(線画)
104	上野駅(線画)
106	池袋駅(線画)
108	六本木駅(線画)
110	国会議事堂(線画)
112	立川駅(線画)
114	横浜駅(線画)
116	北千住駅(線画)
118	渋谷109(線画)
119	スカイツリー(線画)

東京幻想（とうきょう げんそう）

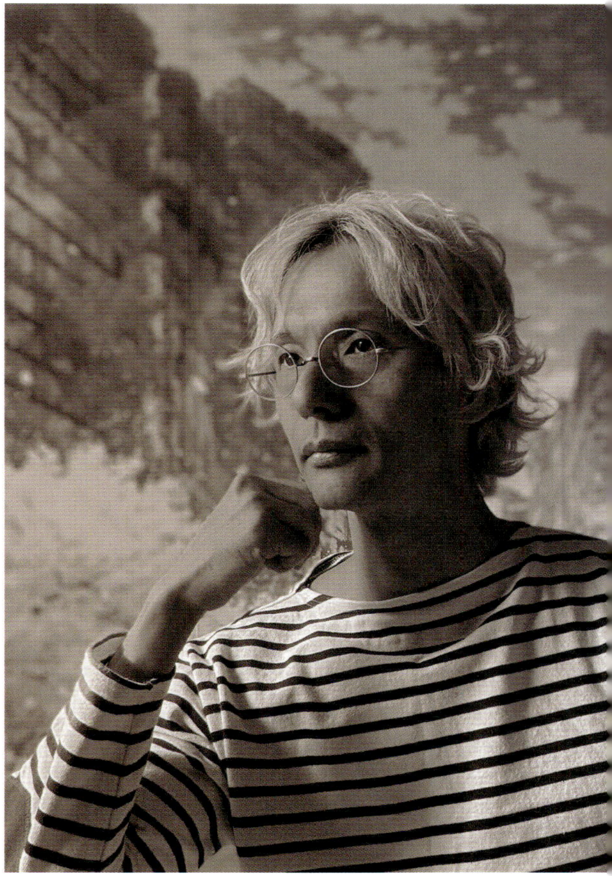

2008年5月　活動開始
2009年4月～11年3月　月刊「リベラルタイム」表紙担当（毎月）
2010年6月　米映画「ザ・ウォーカー」国内ポスターメインビジュアル制作（角川映画）
2011年9月　堂珍嘉邦（CHEMISTRY）主演舞台『醒めながら見る夢』背景イラスト制作
2012年1月～　フリーペーパー「R25」誌上にて「辻仁成×東京幻想」コラボ不定期連載開始
2014年11月　『東京幻想 ART BOOK』発売（宝島社）
2020年1月　「東京幻想 VR」（全4タイトル）発売（VirtualArts）
2020年5月　『東京幻想作品集』（芸術新聞社）発売
2020年11月　「東京幻想ジグソーパズル」（全11種）発売（エンスカイ）
2020年12月　「東京幻想2021」展開催（有楽町マルイ：vision8）
2021年4月　「東京幻想2021-spring-」展開催（新宿マルイアネックス：vision8）
2021年5月　「東京幻想作品展」開催（丸善丸の内本店ギャラリー：芸術新聞社）
2021年10月　「東京幻想2021×ゴッホ」展開催（上野マルイ ：vision8）
2022年3月　「東京幻想2022-SAKURA-」展開催（上野マルイ：vision8）
2022年6月　Shin Arts×手塚治虫キャラクターズ～Acrylic arts by Illustrations～（TWIN PLANET）
2022年7月　『東京幻想作品集II』（芸術新聞社）発売
2022年8月　「東京幻想2022 in 渋谷スクランブルスクエア」展（渋谷スクランブルスクエア：vision8）
2022年10月　「東京幻想カレンダー2023」発売（ハゴロモ）
2023年1月　RE:VISION アートプロジェクト（UNHCR国連難民高等弁務官：株式会社SEAMS）
2023年1月　週刊「Newsweek 日本版」表紙掲載
2023年6月　「東京幻想2023 キャンバスアート展」（銀座蔦屋書店）
2023年10月　「東京幻想2023 キャンバスアート展」（京都蔦屋書店）
2023年12月　マンガバルセロナ出展（スペイン：Ediciones Tomodomo）
2024年3月　「東京幻想2024 spring in 渋谷MODI」展（渋谷MODI：vision8）
2024年4月　東京幻想2024 SPRING　（北千住マルイ：vision8）
2024年12月　東京幻想2024 WINTER（有楽町マルイ：vision8）
2025年1月　『大阪幻想作品集』（芸術新聞社）発売
2025年5月　OSAKA INTERNATIONAL ART 2025出展（ササイファインアーツ）
2025年7月　「東京幻想スケッチ展」（銀座蔦屋書店建築）
2025年9月　AniFes by comic Fiesta　出展（マレーシア：紀伊国屋書店クアラルンプール店ブース）
2026年1月　『ドローン飛ばします』SKYFISH氏と共著（芸術新聞社）発売

その他、国内外の雑誌、新聞、TV、ネットメディア等、出演&掲載多数。現在は油彩画や水彩画を描き、画家として精力的に活動中。

X（旧Twitter）　Instagram

東京幻想　終末散歩

2026年4月30日　　初版第1刷発行

著者 ―――――― 東京幻想

発行者 ―――――― 相澤草多
発行所 ―――――― 芸術新聞社
〒101-0052
東京都千代田区神田小川町 2-3-12 神田小川町ビル
TEL 03-5280-9081（販売課）
FAX 03-5280-9088
URL http://www.gei-shin.co.jp

印刷・製本 ―――――― シナノ印刷
デザイン ―――――― 美柑和俊（MIKAN-DESIGN）

ISBN 978-4-87586-758-6 C0071

Tokyo Genso's Apocalyptic Stroll

Geijutsu Shinbunsha Inc.
Kanda Ogawamachi Building, 2-3-12 Kanda Ogawamachi,
Chiyoda-ku, Tokyo 101-0052, Japan
URL http://www.gei-shin.co.jp

ISBN978-4-87586-762-3 (Outside Japan)